U0649611

东方编译所译丛

国家、政党与社会运动

STATES, PARTIES, AND SOCIAL MOVEMENTS

JACK A. GOLDSTONE

[美] 杰克·A. 戈德斯通　主编

章延杰　译

上海人民出版社

Shanghai People's Publishing House · Century Publishing Group

献给我的家人，
他们的支持使一切皆有可能；
献给抗争政治学梅隆研究团队，
他们的辛勤努力使本书问世成为可能。

作 者 介 绍

罗格·卡迪那—罗阿:威斯康星大学麦迪逊分校社会学博士,目前是墨西哥国立自治大学社会政治科学和拉美研究院教授,也是该大学人文科学交叉研究中心国家研究员,"组织和社会运动分析实验室"主任,著有《策略建构、情感与墨西哥市的潜在改革者》(载于《动员:国际杂志》2002年第7期,第201—216页),编著有《民主转型:批判的视角》(墨西哥国立自治大学出版社2004年版)。

戴维·坎宁安:北卡罗来纳大学社会学博士,目前是布兰迪斯大学社会学副教授、研究生院院长,其最近的著作是《这里发生了一些事:新左翼、三K党和联邦调查局反间谍活动》(加利福尼亚大学出版社2004年版)。

马那利·德赛:加利福尼亚大学洛杉矶分校社会学院博士,目前任教于伦敦经济学院社会学系,她的主要学术著作:《1860年至1990年间印度的国家形成和激进民主》(罗特里奇出版社2006年版)。

约翰·K. 格伦:1997年哈佛大学博士,目前是美国的德国马歇尔基金会外交政策部主任,曾是哥伦比亚大学欧洲研究委员会执行主任,奥地利维也纳人文科学研究院访问学者,意大利佛罗伦萨欧洲大学研究院Jean Monnet研究员,纽约大学欧洲研究中心博士后研究员。其著作包括:《建构民主:东欧的公民社会与公民运动》(斯坦福大学出版社 2001 年版),《非政府组织的力量及其局限:对东欧和欧亚国家民主建构的批判性审视》(与萨拉·门德尔松合作编著,哥伦比亚大学出版社 2002 年版)。

杰克·A. 戈德斯通:乔治·梅森大学 Virginia E. and John T. Hazel Jr. 讲座教授,其获奖著作是《早期现代世界的革命与反抗》(加利福尼亚大学出版社 1991 年版),另编著有《政治革命百科全书》(《国会季刊》1998 年版);最近的著作有:《为什么是欧洲? 1500 年至 1850 年间西方的崛起》(麦克格罗,1998 年版),向美国国家科学院提交的研究报告《改进民主援助:通过评估和研究建构有关知识》(华盛顿特区,2008 年版);还是斯坦福大学行为科学高级研究中心研究员,美国学术团体委员会研究员,麦克阿瑟基金会研究员,澳大利亚国立大学社会科学研究院研究员,加拿大高级研究院研究员。

约瑟夫·勒德斯:社会研究新学院政治学博士,目前担任犹太大学 David and Ruth Gottesman 教席,著有学术论文:《成功经济学:公民权运动的经济反应》(《美国社会学期刊》2006 年第 111 期,第 963—998 页)、《公民权运动的成功与激进暴力的政治学》(《政治》2005 年第 37 期,第 27—44 页)。

道格·麦克亚当:斯坦福大学城市研究所主任、社会学教授,行为科学高级研究中心前任主任,其著作《自由夏天》(牛津大学出版社 1988 年版)获得赖特·米尔斯奖,还著有《1930 年至 1970 年间的政治过程与黑人叛乱的发展》(芝加哥大学出版社 1970 年版),与悉尼·塔罗、查尔斯·蒂利合著《抗争动力学》(剑桥大学出版社 2001 年版)。

海迪·J. 斯沃茨:康奈尔大学政府学博士,她目前是罗格斯大学纽瓦克分校政治学助理教授,著有《组织城市美国:以信仰为基础的世俗进步运动》(明尼苏达大学出版社 2008 年版)。

查尔斯·蒂利:哥伦比亚大学社会科学约瑟夫·L. 伯滕威泽(Joseph L. Buttenwieser)讲座教授,其著作《双重不平等》(加利福尼亚大学出版社1998年版)以及《斗争的法国》(贝尔纳普出版社1986年版)获得美国社会学学会杰出学术著作奖,最近的著作:与道格·麦克亚当、悉尼·塔罗合著的《抗争动力学》(剑桥大学出版社2001年版)、《民主》(剑桥大学出版社2007年版)、《抗争的成就》(剑桥大学出版社2008年版)。

尼拉·范戴克:亚利桑那大学社会学博士,目前是加利福尼亚大学墨西德分校社会科学、人文科学和艺术学学院社会学副教授,最近的学术论文:与马克·狄克逊和海伦·卡隆合写的《制造异见:劳工复兴、工会的夏天与学生抗议活动》(《社会力量》2007年第86期,第193—214页)、与伦达·克雷斯合写的《1970年至2000年间俄亥俄州同性恋运动中的政治机遇与集体认同》(《社会学展望》2006年第49期,第503—526页)、与萨拉·A. 索尔和沃塔·泰勒合写的《社会运动的靶标:超越国家层面的观察》(《社会运动、冲突与变革研究》2004年第25期,第27—51页)。

金·M. 威廉斯:康奈尔大学博士,现在是哈佛大学肯尼迪政府管理学院公共政策学副教授,曾获得如下机构的研究资助:达特茅斯学院、福特基金会、霍罗威茨社会政策研究基金会、美国政治学学会,其第一部著作《一个还是多个:多元种族美国的公民权》(密歇根大学出版社2006年版)研究了最近以来的美国种族划分体制及其前所未有的变化所揭示的含意,目前,威廉斯副教授正在写作她的第二部著作《转变:城市美国的种族变迁政治学》。

内容提要

学者通常认为，社会运动研究和政党研究互不相干、截然不同。事实上，二者是深深地交织在一起的。社会运动常常塑造选举竞争和政党政策，甚至可能导致新政党的出现，同时，政党和政治活动塑造社会运动的机遇、人员结构和结果。在很多国家里，选举民主制本身就是社会运动的产物。本书考察了自20世纪50年代以来发生在美国乃至全世界的社会运动和政党政治之间的交互作用。本书揭示出，在对美国公民权运动、新左翼、捷克斯洛伐克持不同政见者运动、墨西哥人争取民主的斗争以及其他种种事件的研究中，如若忽视政党政治和社会运动之间的紧密关系，就不可能理解这些事件。

译 者 序

（一）

本书是国外学者关于社会运动研究的一部力作，是一项政治社会学集体研究项目的结晶，由八篇文章组成，这些文章以社会运动作为中心议题，围绕国家、政党与社会运动三者之间的交互关系，以案例研究方式深入分析了一些典型的社会运动，所揭示的许多问题发人深省，值得一读。

作为非制度化政治的社会运动，是社会发展过程中必然出现的现象，其与制度化的传统政治之间存在着内在的紧密交互关系，如若忽视对社会运动的研究，就难以全面深刻地理解制度化政治。国外，尤其是美国，对于社会运动的研究成果卓著，目前业已形成了比较完善的理论体系，对于社会运动的起源、性质、运动过程和影响等问题的研究都已达到相当的深度，提出了一些有影响的理论体系，相比而言，国内学者对于社会运动的研究则比较薄弱，窃以为这对于国内政治学研究是不利的。

本书分为两大部分：第一部分阐述的是国家与社会运动的交互关系，第二部分阐述的是政党与社会运动的交互关系，每一部分分别由四篇文章组成。全书的主旨是：国家、政党、社会运动三者之间是紧密交叠在一起的，它们之间的交互关系共同作用于斗争政治之中，深刻地影响着一个国家的社会发展进程。

仁者见仁、智者见智，为了不影响读者诸君对本书的理解，译者不打算对书中的内容做具体详细的评介，而宁愿让读者自己去做这个工作，相信读者读完本书后定会有所收获。

应译者的请求，戈德斯通教授在百忙之中为本书写了中文版序言，并为“作者介绍”(包括戈德斯通教授)提供了最新的信息，译者深表谢意！

本书除“后记：社会运动研究者的议程”之外由江苏科技大学人文社科学院教授章延杰博士翻译，严雷先生、郑娟先生、邓小清先生参与了部分初稿的翻译工作，院长姚允柱教授对翻译工作给予了大力支持；“后记：社会运动研究者的议程”的翻译由王先文先生承担；上海人民出版社副总编范蔚文先生为译作的顺利出版做了大量的工作；在此对诸位谨表谢忱！

承蒙上海人民出版社徐晓明博士委托我翻译《国家、政党与社会运动》，译者不胜惶恐，唯有尽心尽力，努力做好语言转换工作，虽如此，由于译者智识有限，译文讹误之处在所难免，敬请读者诸君批评指正。

章延杰

2009 年 7 月 24 日

（二）

杰克·A. 戈德斯通教授是美国著名社会学家、政治学家，长于社会运动、革命、国际政治方面的研究。2009 年受上海人民出版社的委托，翻译了他主编的《国家、政党与社会运动》，译作出版后，受到了国内相关学术界的关注。社会运动是民主社会中日常生活的基本要素，是让民主运转起来的一个特定要素。当今中国，随着中国特色社会主义协商民主建设步伐的加快，国家、政党与社会运动之间的关系研究会越来越受重视。责任编辑徐晓明先生提出重版此书，恰逢其时。译者对照原著，改正了译作初版的少量错误，感谢上海人民出版社提供了这样一个机会。

章延杰

2015 年 4 月 23 日

中文版序

中华人民共和国正处在富有挑战性的时代，从胡锦涛到众多研究学者，每个人都在探讨民主问题及其前途。但是，“民主”意味着什么？它是如何运转的？全世界的政治领袖、研究学者和广大民众都在思考这些问题。

本书分析了使民主运转起来的一个特定要素：社会运动。人们常常认为，社会运动主要是抗议活动，抗议活动是社会运动的功能之一。然而，在民主政制里，社会运动具有很多功能：它们有助于确立政治议事日程，与政党交互作用，而且社会运动常常发展出政党，社会运动有助于政府判断人们对于国家行动的支持或反对的程度。因此，社会运动是现代民主社会里一个重要而广泛的活动。

同时，社会运动有时会产生社会混乱和暴力，从而给国家带来许多问题。在社会抗议活动面前不能维持社会秩序的国家是无法长治久安的，但是严厉镇压社会运动的国家会丧失公民对国家的信任，而且有害于民主政治。

本书提供了几个案例研究，这些案例分析了社会运动与国家以及社会运动与政党之间的关系。第一部分聚焦于社会运动与地方政府和全国政府之间的关系。第一章分析美国南方公民权运动期间两个地方政府如何应对由于社会运动和逆向运动而产生的暴力。第二章探究美国联邦政府如何应对20世纪60年代美国的学生运动和反越战抗议活动。第三章研究以教会为根基的社会运动如何有助于美国城市政府设定公共政策议事日程。第四章分析社会运动在墨西哥从党国政体向民主政体的渐进转型过程中所扮演的角色。

第二部分研究社会运动与政党之间的关系。第五章和第六章揭示了前共产主义东欧国家的社会运动是如何催生出政党的,社会运动是如何影响在印度喀拉拉邦和西孟加拉邦执政的共产主义政党的政策制定的。第七章和第八章通过美国的一些案例,探讨了政党竞争是如何导致社会运动的成功、导致抗议活动升级的。

社会运动是民主社会中日常生活的基本要素。我们希望,本书能够清楚地阐述社会运动、政党和国家之间的关系,能够帮助中国读者理解,在增进国家、政党和人民之间形成更加和谐的关系这个过程中,社会运动可以扮演重要而积极的角色。

杰克·A. 戈德斯通

2009 年 4 月

前　言

本书源自一项独特的集体协作项目，该项目始自20世纪90年代早期，一直延续到新千年里。最终，该项目涉及21位核心参与者以及一大批参加了规划该项目的九次会议中一次或多次会议的人员。就形式和内容而言，该项目是关于“抗争政治学”的本质与动力的集体探讨的成果。

对社会运动、革命、民主化、种族冲突以及其他非定论的或曰有争议的问题的研究，是该项目的参与者共同关心的问题，加之政治学已趋碎片化、许多思想狭隘的学术团体一味糊涂地互相戒备，受此激发，该项目试图超越这些弊端，探索可能的整合途径——无论是经验层面的还是理论层面的——这可能超越某些既有的划分研究领域的学术传统。在这些学术传统之中，有着诸如理性主义者、文化主义者、结构主义者的理论划分；在各种争议（例如社会运动、革命、农民起义、工业冲突）中存在的许多公认的差异；还有在各领域的专家们之中长期存在的一种假定：对于一些一般性现象——诸如抗争政治学，只有依据其发生地的特殊历史和文化传统才能理解。该研究项目尊重这些传统差异，但试图努力探索政治斗争研究的范围、有助于解决问题的新方法和新的研究主题。

说一下该研究项目的历史：该项目始自1993年锡德·塔罗（Sid Tarrow）* 和我之间的一次偶然交谈，在这次交谈中，我们发现我们对于社会运动研究的扩展都爱恨兼具，一方面，我们很高兴地看到，长期以来被政

* 即悉尼·塔罗。——译者注

治学家和社会学家都视为边缘的这个研究议题，如今已被看作许多学术研究中的一个正规主题；另一方面，我们也深感担忧学术研究领域的日益狭隘化，即使与最相邻的研究领域也缺乏联系。我们思忖着，如果不同学科的学者能够超越这些貌似截然不同的研究领域，共同探讨综合研究的可能性，这岂非大好事？我们的交谈依次深入，逐渐得出一个具体的研究意见：为何不能递交一份研究建议书给行为科学高级研究中心，把我们想好的综合研究设想正式确立为一个为期一年的特别研究项目？实际上，有何不能！我们增列了查克·蒂利(Chuck Tilly)*为第三位合作者之后，草拟了研究建议书，经才能出众的菲尔·康弗斯和鲍勃·斯科特(Phil Converse and Bob Scott)，其时他们是行为科学高级研究中心的主任和副主任，令人尊重)的审查，1994年得到研究中心特别研究项目顾问委员会和研究中心董事局的批准。

这个特别研究项目确定之后，此项研究事宜又经过了一个重大而可喜的变化，鲍勃·斯科特知道我们的研究目标虽未定形却是如此的雄心勃勃，因此他鼓励我们寻求另外的资金支持，以便我们的研究能够延续更长的时间，我们接受了他的建议，于1995年向梅隆基金会的索耶研究系列基金申请一项为期三年的高级研究系列资助，该高级研究围绕一个更宽广的主题——“抗争政治学”。让我们惊喜的是，梅隆基金会同意了我们的申请。

之后的问题主要是确定核心研究团队以便组织今后的研讨，最后，我们幸运地吸收了其他四位同道加入本研究项目，他们是：罗恩·阿明萨德(Ron Aminzade)、杰克·A. 戈德斯通(Jack A. Goldstone)、利兹·佩里(Liz Perry)和比尔·休厄尔(Bill Sewell)，我们无法找到更胜任、更儒雅的研讨团队了。(就我个人而言，在该研究项目周期内有机会与这六位同道研讨，是我职业生涯中最有益的经历之一，他们无人能知道，我从他们那里已经学到的和将继续学到的都是如此之多。)

尽管我们研究中心和梅隆基金会赞助者未做要求，我们七人都赞同吸收研究生加入该项目研究。就此重大课题，谁能够比局限于分科传统

* 即查尔斯·蒂利。——译者注

的才华横溢的年轻学者提出更加新颖的观点呢?我们偶然发现的推进学生参与该项目研究的模式是:经过一年的竞争,从申请者之中挑选五个来自各社会科学学科的研究生加入该项目。我们第一次通过竞争挑选学生的结果证明这种方法行之有效,第一批五位研究生助研者是:莉莎·贝尔(Lissa Bell)、帕米达·伯克(Pameda Burk)、罗宾·埃克哈特(Robyn Ekhardt)、约翰·格伦(John Glenn)、约瑟夫·勒德斯(Joseph Luders),他们的声音整齐地融入研讨之中,以至于最后迫使我们重新修改我们原定一年的研究计划,并请求梅隆基金会予以资助,使我们能够让研究生朋友参与整个项目研究周期,梅隆基金会给了我们第二次机会,其他九个才能出众的学生:罗格·卡迪那—罗阿(Jorge Cadena-Roa)、戴维·坎宁安(David Cunninghan)、马那利·德赛(Manali Desai)、戴比·古尔德(Debbie Gould)、金恩永(Hyojoung Kim)、海迪·斯沃茨(Heidi Swarts)、尼拉·范戴克(Nella Van Dyke)、希瑟·威廉斯(Heather Williams)、金·威廉斯(Kim Williams),在随后的两年中参加到我们之中来,这使得参与该研究项目研究的研究生达到十四人,正是这些年轻学者开创性的努力方才产生本书的成果。

这些年轻学者超乎我们的希望,出色地构建了研究抗争政治学的新方法,他们的诸多参与、独到的质疑、新颖的见解,使我们的讨论变得活泼生动,促使我们形成了审视社会运动和社会变化的新路径。本书中的论文冲破了把制度政治学、社会运动、政党和革命性变革的研究分割开来的樊篱,讨论的主题相当广泛:东欧共产主义的崩溃、印度共产党的建立基础、墨西哥民主制度的发展、美国的新左翼和公民权运动、美国城市地方政治,这些论文致力于阐释由于国家、政党和社会运动之间复杂的交互作用而产生的政治变化。与以往分科研究不同,本书中的论文多次说明,在发达民主国家和发展中国家,社会运动和公共政治之间已经深深地交织在一起。

另外,这些勇敢探索的学者接受了社会运动理论的标准术语,从他们丰富的经验性研究成果中可以看出,我们以往认为社会抗议植根于政治机遇、认同结构、动员体制的传统观点过于简单,无法说明社会抗议运动和制度变化的动力问题,这些论文反复说明,政治机遇与特定社会问题、精英联盟、社会运动和能导致不同结果的政党领袖的选择之间是相互作用的。理论建构本身并非概念化的自发进程，而是受到社会活动家的既有经验和社会运动组织的调节的，这些学者反复说明，当动员体制成为社会抗议活动的关键问题时，社会抗议的结果并非仅仅与社会动员和抗议活动的规模和强度有关。政治领袖和政治议程、国家、社会公众和社会精英复杂多变的反应之间的相互作用，会使相对温和的社会动员产生戏剧性的变化，甚或挫败广泛的民众抗议活动。

简而言之，从新一代学者关于社会运动和政治制度的动力学的研究中，我们还有太多的东西需要学习。这些学者在梅隆基金项目研究期间使我们受益良多，也使我们能在本书中呈现他们的第一批研究成果，对此，我们感到自豪和高兴。

加利福尼亚州门洛公园市。

2000 年 4 月 20 日

道格·麦克亚当

致　谢

诸多个人和机构提供的支持使本书问世成为可能。了解如此众多的高尚学者在这个议题宽广的研究项目中扮演的角色，将有助于了解本研究的实施过程。在这个梅隆研究基金项目实施的三年里(1995—1996年、1996—1997年、1997—1998年)，本研究项目的全体核心成员组织了三次分别为期两天的小型研讨会议，每次会议集中讨论与理解争议政治有关的一个特定议题，在这些会议中讨论的议题有：宗教和争议、情感和斗争、斗争的全球化、斗争中的认同与体制等问题。除了起着重要作用的研究生朋友们以外，每次会议还邀请两三位与特定议题相关的有关专家参与，我们对这些同道也表示感谢。本书论文中的许多理念得益于这些会议嘉宾的洞见，这些卓越的同道是：马克·贝辛格(Mark Beissinger)、克雷格·卡尔霍恩(Craig Calhoun)、比尔·加姆森(Bill Gamson)、杰夫·古德温(Jeff Goodwin)、罗杰·古尔德(Roger Gould)、苏珊·哈定(Susan Harding)、迈克尔·赫克特(Michael Hechter)、林恩·亨特(Lynn Hunt)、简·詹森(Jane Jenson)、阿瑟·克莱恩曼(Arthur Kleinman)、汉斯彼得·克雷西(Hanspeter Kriesi)、马克·利希巴赫(Marc Lichbach)、约翰·迈耶(John Meyer)、安·米舍(Ann Mische)、奥尔多·莫里斯(Aldon Morris)、玛丽安·奥萨(Maryjane Osa)、盖伊·赛德曼(Gay seidman)、凯瑟琳·西金克(Kathryn Sikkink)、沃塔·泰勒(Verta Taylor)、马克·特劳戈特(Mark Traugott)、保罗·韦普纳(Paul Wapner)、蒂莫西·威克姆—克劳利(Timothy Wickham-Crowley)。

本书的主要作者们也希望向对每篇论文作出帮助和提出建议的那些学者致谢：盖伊·鲍德温(Gay Baldwin)、彼得·比尔曼(Peter Bearman)、艾琳妮·贝蒂(Irenee Beattie)、保罗·伯斯坦(Paul Burstein)、玛格丽塔·法韦拉·卡萨诺瓦(Margarita Favela Casanova)、伊丽莎白·克莱门斯(Elisabeth Clemens)、迈克尔·多德斯塔德(Michael Dauderstadt)、史蒂文·爱泼斯坦(Steven Epstein)、巴勃罗·冈萨雷斯(Pablo Gonzalez)、罗纳德·赫林(Ronald Herring)、格蕾塔·克利普纳(Greta Krippner)、查尔斯·库兹曼(Charles Kurzman)、派特·洛姆(Petr Lom)、萨拉·门德尔松(Sarah mendelson)、帕姆·奥利弗(Pam Oliver)、雷切尔·罗森菲尔德(Rachel Rosenfeld)、菲利普·施密特(Philippe Schmitter)、克里斯琴·史密斯(Christian Smith)、戴维·斯诺(David Snow)、杰克·斯奈德(Jack Snyder)、萨拉·索尔(Sarah Soule)、布拉德·厄舍(Brad Usher)、莫里斯·蔡特林(Maurice Zeitlin)、简·西隆卡(Jan Zielonka)，以及参加了本项目研究实施过程的北卡罗来纳大学研究班的成员们。我们也感谢玛格达丽娜·埃尔南德斯(Magdalena Hernandez)和勒内·弗朗西斯科·波特文(Rene Francisco Poitevin)的宝贵帮助。

本书的研究成果得到了下列出资单位的支持：安德鲁·梅隆基金会、阿斯本学院博士论文答辩全美非盈利部门研究基金会(NSRF-24)、卡内基公司、康奈尔大学梅隆研究生奖学金、全国科学基金会(编号：SBE-9521536, SBR-9701585)亚利桑那大学社会科学和行为科学研究院、加利福尼亚大学全球冲突和合作研究院、加利福尼亚大学洛杉矶分校国际研究海外合作项目。我们感谢《社会力量》的编辑们允许我们重印第6篇论文的部分内容，该部分内容首次发表在《政党结构、政治权力和变革能力：印度喀拉拉邦和西孟加拉邦左翼政党比较》一文中(《社会力量》2001年第80卷，第37—60页。)；我们要感谢剑桥大学出版社的编辑卢·贝特曼，他支持出版抗争政治学研究丛书，也感谢本书的出版编辑路易斯·卡拉布罗，他审查了本书初稿；J. 扎克·席勒提供了珍贵的研究协助，并编辑了本书索引。

我们要向两个研究机构表达特殊的感谢，我们指的当然是对我们的研究资助申请创新性地和慷慨地予以回应的两个赞助机构。对于梅隆基金会，特别是哈里特·祖克曼为本研究项目作出的创造性管理工作，我们表示诚挚的谢意，若没有梅隆基金会，我们不可能从事这项如此独特而又雄心勃勃的研究项目。

我们从行为科学高级研究中心受惠甚多，正是研究中心特别研究项目组的期望促使我们首先投入到此项研究之中，鲍勃·斯科特对于一个长期项目的洞察力促使研究组成员寻求梅隆基金会的支持，研究中心先后两位主任菲尔·康弗斯和尼尔·斯密尔赛一贯的支持使得本研究能够维持一个较长的研究周期，我们也深信，正是研究中心研究经验的特质，使得本次颇大的项目研究组成员在研究中紧密合作，取得丰富了成果。因此，我们对在本次成功的研究中起着关键作用的研究中心全体成员致敬。本书中的许多论文都是在研究中心完成的，有的是这个特别研究项目的一部分，有的是 1995 年 8 月在研究中心举行的各种小型研讨会议的成果。

最后，梅隆研究会所有后辈学者集体向梅隆研究会前辈学者致以诚挚的谢意，这些前辈学者有：道格·麦克亚当(Doug McAdam)、悉尼·塔罗(Siclney Tarrow)、查尔斯·蒂利、伊丽莎白·佩里(Elizabeth Perry)、罗恩·阿明萨德、比尔·休厄尔，特别是杰克·A. 戈德斯通，他慷慨地同意编辑本书。对我们而言，这个自 1995 年至 1998 年为期三年的学术研讨小组，每三至四个月举行一次研讨会议，这是我们研究生生涯中最珍贵的经验之一。前辈学者慷慨地与我们分享他们的观点和知识，花费了大量时间与我们每个人讨论我们的毕业论文研究课题。对我们很多人而言，把社会运动研究的各个领域和分科加以集中研究，是一个丰富的思想源泉；对其他人而言，关注社会运动研究中的“缄默之处”，诸如情感或宗教，也是非常可贵的。我们在著作中构建了新的研究理路，这种研究理路在我们今后的学术生涯中将继续下去，为此，我们必须感谢前辈学者的热情和帮助(以及幽默！)，他们使得本次研讨成为一次值得我们记忆和珍视的经验。

序言：
跨越制度化政治与非制度化政治

杰克·A.戈德斯通

几年前，克雷格·詹金斯（Craig Jenkins）和伯特·克莱德曼斯（Bert Klandermans）说过："令人惊讶的是，几乎没有人注意到社会运动和国家之间的相互作用"（1995, p.3），这话在那时是完全正确的，现在则不然。过去五年里，关于社会运动和国家之间相互影响关系的大量著作业已面世，这类著作主题广泛，诸如：社会抗议问题（Gamson and Meyer 1996），镇压问题（Kurzman 1996; Ralser 1996）、运动结果问题（Dalton 1995; Miztal and Jenkins 1995），研究最多的是政治机遇的结构问题（Kriesi 1995; McAdm, McCarthy, and Zald 1996; Tarrow 1996）。

尽管如此，仍然有一种久远的学术倾向，认为社会运动和国家之间的相互作用与诸如选举、游说、政党、立法、法院和选举领导人这些制度化政治截然不同，詹金斯和克莱德曼斯曾阐述过这种区别："社会运动……对于政治代议制度构成潜在挑战。"（1995, p.5）这种把运动政治和制度化政治分割开来的方法，集中体现在查尔斯·蒂利那个具有极大影响的分析范式之中，此分析范式视社会运动为"挑战者"，寻求进入惯于使用权力手段的制度化"政制成员"的世界。这种分析范式在威廉·加姆森（William Gamson 1990）那里得到极大的强化，他把社会运动描绘成挑战现存秩序获得成功的"外部"团体，在某种意义上，这种"外部"团体成为制度化政治的重要参与者，如同玛丽·芬索德·卡赞斯坦（Mary Fainsod Katzenstein 1998, p.195）所说："参加社会运动的学生通常把制度化和停止运动联系在一起……社会运动……必须是超制度的。”

这种观点一个明显的结论:如果社会运动参与者获得了通往现行政治体制的制度化路径,我们就可以希望这些参与者进行的抗议活动将会(规范地说,是“应该”)逐渐消退。佩雷拉等人(pereira 1993, p.4)提出:“如果改革在民主条件下进行,广泛的社会冲突必须被制度化,所有社会团体必须在民主制度内规范其要求,并放弃其他手段。”换句话说,抗议活动是现行政治体制的局外人和反对者举行的;寻求政策改变或社会改革的正常公民应该坚定地支持政党及其候选人,运用法律手段、请愿和游说追求其目标。

本书中的论文提出了一个不同的观点:社会运动是现代社会规范政治的基本要素,制度化政治和非制度化政治之间的界限是模糊不清而且容易穿透的。当然,在制度化政治和非制度化政治的两个极端存在着明显不同的行为表现,就形式和内容而言,选举、立法投票、法院判决与游行示威或集体抵制之间是大不相同的。然而,就如社会运动的分析家已经认识到的那样,他们不可能单独研究社会运动的政治背景,包括正式政治机构的运转,我们认为相反的情况也是客观存在的。50 年前,鲁道夫·希伯莱(Rudolph Heberle, 1951)首先提出一个观点,此观点在现在研究社会运动的学者中日益流行(Burstein 1998b, 1999; Clemens 1997; Tarrow 1998b),我们认为,如果不理解社会运动对法院、立法和行政机构密切而持久的影响,就无法理解这些机构规范的制度化运作过程。确如本书文章所示,国家机构和政党由于社会运动而交互渗透,这种交互渗透通常超出社会运动本身、对社会运动作出回应,或者与社会运动紧密相关。

1998 年迈耶和塔罗曾断言,西方民主国家正日益成为“运动社会”,在这种社会里,社会运动如此常见、如此日益制度化(法律允许示威游行、公民投票和请愿),以至于现在已经成为规范政治的一部分。我们同意这种观点,但做了进一步深化,社会运动并非仅仅是政治表达(通常伴随着法院、政党、立法机构和选举)的另一个平台或方法,更确切地说,社会运动已经成为社会环境和社会结构的一部分,规制政党、法院、立法机构和选举,而且,不仅西方民主国家如此,根据罗格·卡迪那—罗阿、约翰·K.格伦和马那利·德赛在本书中的文章,在新兴民主国家,如墨西哥和东欧国家以及如印度那样的非西方社会，也是如此。

实际上，就此意义而言，今天民主制度正在全世界扩展，这并非仅仅是政治精英已经适应并支持民主制度的结果，而是对以寻求民主化为目标的大众社会运动作出回应的结果（Markoff 1996；Valenzuela 1989）。社会运动发展的典型事例是，作为对日益扩大的公民权和西方民主国家政党制度发展的回应，社会运动业已成为规范政治的一部分（Koopmans 1995；Tilly 1984）。今天，与此相反的情况也是存在的：在东欧、非洲、拉丁美洲和东南亚，公民权和政党制度的发展程度已经超出了社会运动之外。

第一节　内部还是外部？社会运动与制度化政治

早在20世纪80年代，对于社会运动参与者的流行印象是，他们都是外部人，用詹金斯（1995，p.15）的话来说，他们是“被排斥在政治秩序之外的人或者是政治秩序的边缘人”。知识分子、职业精英以及参与所谓“‘新’社会运动”——在众多社会问题中主要关注健康、环境与和平——的学生们认可中产阶级所扮演的角色，这稍微改变了关于社会运动参与者的上述观点，但是，学者们仍然把社会运动看作是制度化政治之外的事情，认为社会运动仅仅是由于为建立政治制度和权威所产生的断断续续的社会冲突而出现的（Melucci 1989），然而，经验研究多次表明，政党的成员、命运和结构与社会运动是密切关联的。

自从19世纪法国共和运动以来（Aminzade 1995），同一个人常常既是社会运动的积极参与者，又是政治候选人，在美国，总统候选人拉尔夫·纳德（Ralph Nader）以第三党候选人身份参加2000年总统竞选，以扩展其消费主义者/环境保护主义者运动，与此同时，在欧洲，前环境保护主义者运动的积极参与者成为德国议会议员，甚至作为绿党政治家成为政府部长，同性恋政治激进分子在竞选地方官职，艾滋病研究运动领导人已经在地方政府立法机构任职（Epstein 1996）。同一个人常常把时间和金钱既投给社会运动，也投给传统的政党运动（Dalton 1995；Rucht 1991），如同迈耶和塔罗（1998a，p.7）所解释的那样：“社会抗议活动的参与者不会放弃其他形式的参与活动……那些参与抗议活动多的人，而不是参与少的人，更有可能在传统的公民政治领域投票和参与政治活动。”

不仅个人，组织也经常既参与社会抗议运动，也参与传统政治活动，克里斯等人（Kriesi et al.，1995，pp.152ff）指出，社会运动组织有时候表现得就像抗议团体，组织抗议活动，另外时候则表现得类似标准的游说组织，寻求为官员提供信息和建议，而再一个时候则像政党或政党附属机构一样，帮助某个候选人拉选票。

事实上，在美国和西欧，政党和社会运动在政治活动中已经成为交叠的、相互依赖的因素，中肯地说，为了赢得选举的胜利，甚至长久存在的政党也欢迎来自社会运动的方面支持，并且经常特别依赖其与社会运动的关系，例如美国共和党和宗教右翼之间的关系就是如此（Green，Guth，and Wilcox 1998）。反面的事例是，没有制度化政党的赞助，许多社会运动几乎无法存在，当然也就无法获得成功（Jenkins 1985），例如，马古尼（Maguie 1995）曾阐述过英国核裁军运动和意大利和平运动是如何依靠政党的支持的，当工党予以支持的时候，核裁军运动起初发展迅速，几近成功，然而当工党认定核裁军运动不是其感兴趣的事情并表示反对的时候，核裁军运动成功的机会就降为零，其支持者迅速消解；在意大利，和平运动“只有当意大利共产党支持的时候才能出现，并且在组织上和财政上依赖于意大利共产党”（Maguie 1995，p.225）。

制度化政党对于社会运动问题的看法常常决定着社会运动的方法和命运（della Porta and Rucht 1995；Kriesi 1995），作为回应，社会运动对于政党的支持与否能够决定后者在选举中能否获得成功（Dalton and Kuechler 1990；Koopmans 1995；Lo 1990），即使在地方政治层面，如同海迪·斯沃茨在本书文章中所说的那样，选举市议会议员和市长需要依靠社会运动组织的指导来制定议事日程和决策，同时，如同尼拉·范戴克文中所示，在国家层面，社会抗议运动周期和选举变化周期具有明显的同步性。

社会运动参与者及其活动与传统政治活动和政党之间的这种交叠和

渗透作用并不是什么新奇的东西，也并没有阻碍西方民主的建立。在欧洲，19世纪所有主要的劳工运动同时致力于建立联盟以便组织社会抗议活动、建立劳工政党以便组织投票和选举议员；在20世纪30年代的美国，罗斯福总统的社会福利计划就是由于受到与劳工组织和改革主义者社会运动有着紧密协作关系的民主党的推动而产生的，劳工组织和改革主义者的社会运动协调了社会抗议活动和传统政治动员之间的关系（Amenda 1998；Cloward and Piven 1999；Piven and Cloward 1979），自此，劳工运动积极参与民主党政治成为一个长期的政治遗产。在右翼势力方面，纳粹主义源自一项社会运动，后来成为政党而获得成功。

再往前追溯的话，在美国，19世纪和20世纪早期产生了社会运动组织——反对奴隶制度的社会团体、农场主联盟、主张关闭酒店的联盟——的主要的社会运动，它们也创建了政党，在地方和全国选举中推举候选人，这些政党分别是：自由国家党、人民党、禁酒党。社会运动的命运极大依赖于这些政党的命运，反之亦然：自由国家党后来加入亚伯拉罕·林肯的共和党，林肯最终完成了废除黑奴制度事业；人民党在1892年得到22张选举人票，选出了7位州长和众议院议员，后来人民党融入民主党之中，1896年民主党总统候选人威廉·詹宁斯·布赖恩选举失败，导致自美国内战以来分布最广泛的一次社会抗议运动最后瓦解；尽管禁酒党从未成为美国全国选举中的一个举足轻重的角色，然而通过参与全国规模的规范政治活动，通过领导各州关于禁酒令的投票运动（这是全国禁酒的基础），反酒店联盟和妇女基督徒禁酒联盟最终却获得了成功。因此，主要政党的命运和与其密切合作的社会运动紧密相关。在第一次世界大战以前的重大社会运动中，只有妇女选举权运动始终没有牵扯到制度化政治活动和政党之中。[1]

在美国以外的地方，我们发现，社会运动积极分子和政党组织也交叠在一起，这种情况甚至出现在早期的民主政党之中。简·库比克（Jan Kubik 1998）发现，在最近转向民主制度的四个东欧国家里：波兰、东德、匈牙利和斯洛伐克，民主参与和社会抗议活动并非二中择一的，而是相互补充的，二者共同进退。那些政党参与最积极的国家——波兰和东德——也是社会抗议活动最多的国家。在俄国，那些成功地支持了鲍里斯·叶利钦挑战共产党的民主俄罗斯党积极分子,都是人权运动中的持不同政见者领导人和环境保护主义积极参与者,他们是苏联社会运动的早期组织者(Brovikin 1990)。在南非,通过民主选举上台的现执政党非洲人国民大会,其政纲带有源自反抗种族隔离的暴力斗争的挥之不去的印记(Seidman 2001)。

众多的学者不仅把社会抗议活动看作是社会运动的一个方面,而且看作是社会运动的正规的或主要的行为模式,并把它与制度化的政治活动区别开来,这是为何?我想,这可能是由于社会运动理论在20世纪50年代到60年代产生的时候,因为专注于某些特殊的社会运动——民主社会中被法律剥夺了选举权的人们参与的一些社会运动,因而没有预见到社会抗议运动和选举政治之间基本的互补关系。黑人公民权运动和新左翼学生运动(在选举权法定年龄18岁之前)可以在传统政治活动(选举、竞选公职)和社会抗议活动(结社、游行示威、抗议)之间画出一条异常清晰的界限,因为对这些团体而言,只有社会抗议活动是切实可行的。

另外,新左翼和黑人权力团体也常常认同更具革命性的明显敌视和反对现存政制的社会运动(他们认同诸如切·格瓦拉和菲德尔·卡斯特罗那样的反资本主义英雄),非常正确的是,对于许多社会抗议活动而言,自我认同问题有时涉及一个具有决定性的问题——"敌视"和"反对"既有政党和现存政治制度恰好避免了过分妥协的污点。然而,社会科学家不应该把这种社会运动参与者的战略或战术部署看作是社会运动的固有特性,事实上,如同本书业已明确阐述的那样,社会运动是联合还是敌对传统政党和政府官员的问题,存在多种可能性,并且经常变化。

社会抗议运动与传统政治行为(游说、参与竞选活动、投票表决)之间的互补性表明,根据抗议运动团体的特性来研究社会抗议运动的效果可能是错误的思路,进而言之,可能是社会运动团体兼用社会抗议和传统政治策略以影响政府官员的这种能力最有利于运动的成功(Andrews 2001; Cress and Snow 2000)。[2]

此外,大多数研究者通常采用的比较方法,是把社会抗议运动多发的20世纪60年代和70年代与抗议运动相对平静的二战后40年代和50年代做比较分析(Kriesi et al. 1995; Rucht 1998),早期被视为传统政治时期，而60年代被视为“标准的”社会抗议运动时期。早期的社会抗议运动，例如20世纪30年代的劳工抗议运动(Piven and Cloward 1979)，或者19世纪的中产阶级运动，以及更早的废奴主义运动和禁酒运动(Calhoun 1995)，它们的某些不同特点都被忽视了。一个暗含的假定是，一旦那些领导60年代社会抗议运动的团体获得成功，并加入现行政体——比如被授权进行全面的政治参与——的时候，他们就会运用这种地位通过传统政治活动来影响国家政策，社会运动也就逐渐衰退或者逐步摆脱了受排斥的状态。

然而这种假定根本就得不到证实，妇女运动、学生左翼运动(关注国际和平、反种族隔离、校园文化多样性以及其他社会问题)和公民权运动持续使用社会抗议手段和规范政治参与手段寻求达成自己的目标，现在已经扩展到不仅仅是通过选举来解决广泛的社会公平问题(经济公平和政治公平)和社会福利问题(Koopmans 1995; Lucht 1998)，他们应对有争议的社会问题并没有从抗议活动转向规范的政治参与，毋宁说，他们两种手段都使用。诸如环保运动和反堕胎运动那样的“新的社会运动”，从未被正式剥夺参与社会运动的权利，它们从事的多种抗议活动、社团活动和政党活动，其目标都是使国家政治活动符合它们的意图。

由于查尔斯·蒂利对于18世纪后期和19世纪早期社会运动的产生所作出的开创性阐释，社会抗议活动和制度化政治之间形成的这种紧密而持久的关系，其原因已经愈益清楚(Tilly 1995; Tilly and Wood in press)。在英国，社会抗议活动大量出现的时间与公众参与并极大影响议会选举的时间大致相同，社会抗议活动和参与议会选举的目的也是基本相同的：影响议会辩论的结果。这并非偶然巧合，而是代表着政治活动本质的发展：民主化进程和社会运动基于相同的基本原则——普通公民的政治意见是值得咨询的。通过向社会公众和在某些特定目标上得到公众支持的机构陈述建议，社会抗议和正式的选举活动都寻求对议会的决策施加影响(Burstein 1999)。社会运动和传统政治活动有所不同，但对于影响政治结果而言却是同等重要的方法，两者常常是同样一批参与者，其活动指向相同的机构，追求同样的目标。

社会抗议和常规政治参与在几个方面是互补的。首先，对于绝大多数普通公民而言,制度化政治活动是高度间歇性的过程,集中在选举期间,社会抗议和结社活动则可以不受季节和年份限制持续进行;第二,绝大多数传统政治参与活动仅仅允许相当粗泛的选项表达——对于具有相当广泛主张的某个候选人或政党,是赞成还是反对。社会抗议和结社活动却可以专注于某个特定的社会问题,赋予活动以特异性,确实,就如伊丽莎白·克莱门斯(Elisabeth Clemens 1997)在关于社会抗议活动在促使政党更积极地回应特定的社会团体及其要求的研究中已经揭示的那样,社会抗议活动在此方面能够塑造政党的行为。但情况并非总是如此,反共产主义运动和支持社会民主运动有着非常宽泛的目标,而传统的投票活动和法律诉讼却常常是针对特定议题的。然而总的来说,抗议活动可以引起一定程度的社会关注,普通公民在常规的选举活动和政党参与中是难以得到这样的社会关注的。

第三,抗议活动和社团活动提供了纯化和强化选举结果的新方法。当右派政府掌权的时候,左翼运动就可能进行更多的社会抗议活动,(反之亦然),以确保自己关心的事情能被政府考虑,或者调和新政府的行动;在其他情形下,当左派政府当政的时候,左翼运动也可能进行更多的社会抗议活动,(反之亦然),以促使当选政府兑现选举诺言、尊重选举承诺。这两种情况在美国全国层面和州层面以不同方式发生的有趣过程,本书中尼拉·范戴克的论文提供了相关证据。

第四,不仅政党,而且社会运动也能够影响公共选举的结果。社会运动能够影响选举,不仅是通过动员其支持者参加投票以支持某个政党,还可以通过凸显与某个政党或政治家合为一体的社会问题来影响选举。因此,在州选举中,美国公民权运动不但动员黑人在民主党选民基础薄弱的北部各州投票支持民主党候选人,而且,通过渲染种族隔离的不公正凸显公民权利问题的重要性,公民权运动在全国范围内对于反种族隔离的政党和政治家也给予支持。

总而言之,没有理由认为社会抗议活动和传统政治活动应该是替代关系,也没有理由认为当社会团体能够运用后者的时候就会放弃前者。在不同的时间里,就其与当局加强合作这个意义而言,一些社会团体可能更多地处在"政治体制之内",而另外一些团体则更多地处在"政治体制之外”,在挑战者和内部人之间,既没有简单的性质区别,也无法在这两者之间“一劳永逸”地划出分界线。把社会运动对于传统政治的这种合作和影响看作是一个连续体,才更为准确,一些社会团体对于传统政治几乎没有参与途径和影响力,而另一些则要多一些,再一些社会团体则更多;但是,根据其与国家和政党的合作情况,社会团体可能相当快速地在这个连续体中来回移动位置。社会抗议活动有时可能是在连续体中向上移动的手段,或者可能是对于社会运动低落作出的反应,甚至可能是扩展制度化参与途径的更容易、更有效的选择。因此,社会抗议活动的动态影响对于一个社会团体融入制度化政治具有复杂而偶然的关系。那种区分内部社会团体和外部社会团体、认为后者从事社会抗议活动而前者从事传统政治活动的观念,是与事实相悖的谬见。

社会抗议活动比传统政治活动具有某些优势以及与传统政治活动的互补性,使得社会抗议活动可以作为后者的一个选择对象和有益补充。事实上,人们会认为,我们一般也会发现,在社会通过政党和选举增进和扩展其制度化政治参与的同时,也会扩展社会运动和政治抗议活动的体制化内涵和参与活动。选举和社会抗议活动都是随着民主化的进展而出现的普通人参与政治活动的途径。

还有一个难题,至少从20世纪40年代甘地领导的印度独立运动以来,最近一些年的民主社会运动在非民主国家为何成为一个重要因素(Markoff 1996)?我相信,这正是全球化造成的诸多影响中一个独具特色的问题(Meyer et al. 1997)。成人天赋民主权观念在全球的扩展(就如18世纪、19世纪和20世纪早期在英国、法国以至其他欧洲和亚洲国家一样,天赋民主权观念现正在发展中国家扩展),鼓舞着人们进行社会抗议活动、寻求社会民主,这种尝试植根于这种信念:普通民众的行动和诉求应该被全世界视为值得支持的事情(如果现存政权没有这样做的话)。

此外,如若国家民主的扩展是社会抗议组织和社会运动组织全新内涵发展的自然过程,那么,伴随着国际组织、跨国联盟和多国协议的发展,民主理念和规范的国际扩展应该是寻求影响那些组织和社团[例如玛格丽特·凯克(Margaret Keck 1998)和凯瑟琳·西金克(Kathryn Sikkink)所研究的为民主辩护的国际组织]的新国际组织发展的肥沃土壤,对此,人们不应该感到诧异。这种辩护组织关注诸如人权、环保和促进民主等问题,吸引了许多专家重视游说、建立政党以及其他传统政治活动(Wapner 1995)。然而,这种社会团体的发展伴随着更具争议性的社会抗议活动,诸如在世界银行和国际货币基金组织会议所在地组织的抗议活动,再者,甚至在政治活动扩展到的新全球化地区和新全球化问题方面,我们也发现制度化活动和社会抗议活动之间的紧密交织关系,作为相互补充的方法,两种活动都会影响议会和决策机构的行为结果。

评价社会抗议活动和制度化政治的动力学问题,也要求我们重新反思暴力的作用。基于体制内团体和体制外团体的这种简单的二分法,产生了一个关于抗议活动中暴力的作用的简单理论:体制外团体是绝大多数暴力活动的标靶和源泉,当一些团体获得了更多参与制度化政治的路径时,他们为引起社会注意所需采取的暴力活动的水平就会下降,针对这些团体的暴力活动的水平也会下降。但是,这个简单的理论并非完全正确,参加社会抗议和反对镇压活动的学生们早已认识到,没有实质性的资源和途径参与制度化政治的社会团体,对于针对他们的分化瓦解和暴力活动,几乎没有什么应对的手段,对于镇压活动也几乎没有防卫措施。因此,缺乏参与制度化政治途径的社会团体,不可能像具有很多参与途径的团体那样,能够从事持久的社会抗议活动。总的来看,政治参与途径和政治暴力之间的关系是曲线的,暴力抗议活动较多的国家,也有着相应程度的起调节作用的镇压和政治参与途径(Muller 1985;Weede 1987)。

然而,这个简单的曲线型分析模式并不能解释一些重要的事情。国家在什么时候认定一个抗议团体是个威胁并需要镇压?认定它是个威胁取决于抗议团体的规模、抗议强度、暴力程度吗?本书中戴维·坎宁安的文章提出,这些都不是政府决定镇压的可靠指标(也可参考 Davenport 2000 年的文章),关于革命和反抗的研究业已揭示出,进行最暴力的或革命性动员的,常常不是那些最远离制度化政治参与路径的社会团体,而是那些业已获得了相当多制度权力却突然被排挤到制度之外的社会团体,或者是那些业已取得了相当多的经济权力却又感到应该扮演更大的政治角色的社会团体(Goldstone 1991;Goodwin 2001;Walton

184)。在美国公民权运动中,公民权利法案颁布以后,运动取得了初步成果,此后黑人进行的大众暴力活动却急剧增加,原因很清楚,即使是那些获得了制度化认同和参与权利的胜利者,也不会继续放弃由于住房、工作以及其他形式的歧视待遇产生的大量的直接经济利益或救济(McAdam 1982)。19 世纪后期,恰好是美国劳工运动在广泛的社会动员方面获得非同寻常的成功之时,劳工运动却遭受了来自雇主方面异常多的暴力阻挠(Voss 1993)。事实上,如本书中约瑟夫·勒德斯文章所示,从沃斯关于美国劳工冲突的著作中可以得出一个明确的教训:暴力有时候是政府故意为之的产物,意在挑动不同社会团体相互敌对,或者是由于政府在团体冲突中未能加以干涉并恢复秩序,从而出现了暴力,而不是大量体制外团体遭到国家镇压或者是社会团体选择暴力抗议才出现暴力的。

现在,在新的研究成果和研究批评的猛烈冲击下,曾把社会运动研究和制度化政治研究分割开来的藩篱崩溃了。我们必须挑战制度化政治和非制度化政治的分界线,最主要的社会运动研究学者现在认为这是理所当然的(Costain and McFarland 1998; McAdam, Tarrow, and Tilly 2001)。我们再也不能把选举和政党视为制度化政治的主要内容,再也不能认为来自体制外的社会运动这些非制度化活动仅仅是为了影响制度化政治的结果。制度化政治参与者的存在、行为和结构中持续地渗透着社会运动。理解社会运动如何产生政党、规范政党联盟以及社会运动如何与政治机构相互作用,这已经成为理解政治动力学的基本问题。

然而,这意味着关于社会运动的全部问题需要引起注意,如果我们并不只是要推倒制度化政治和非制度化政治之间的藩篱,而是要铲除它并继续前进,我们就需要精确地探询社会运动如何影响国家和政党、国家和政党如何规范和影响社会运动。我们需要理解政党结构在社会运动中改变的方法,我们需要超越最近一些年社会运动的事例,这些事例是最近几十年社会运动理论的营养源,我们需要在宽广的地域和政治背景里探索国家、政党和社会运动之间的相互作用,这正是本书中的文章所要做的事情。

第二节　国家、政党与社会运动相互作用的政治动力学

本书中的文章关注交织着国家行为、政党的产生和战略以及社会运动的原动力问题。关于在地方和全国背景里的这些政治原动力,它们都有新的结论。从美国到墨西哥、印度和东欧国家,乃至诸如公民权利、民主、城市政治和新左翼这些问题,都在研究之列。

一、国家与社会运动

我们通常认为,社会运动试图影响国家,但是相反的一面也是正确的——国家常常采取行动以影响社会运动认可国家,而且,我们常常认为,国家对社会运动采取的反应是压制或者是尽力维护国家权威。但是,在其关于20世纪60年代美国南方公民权运动的发生强度的影响因子的研究中,约瑟夫·勒德斯揭示出更多的微妙关系,勒德斯的研究揭示了,南方各州对于是鼓励还是压制针对公民权运动的逆向运动的决策,是如何成为政府应因公民权抗议运动战略的主要成分的,事实上,为了扩大针对公民权抗议运动的逆向运动的暴力范围,某些州政府故意放弃其权威。勒德斯揭示出,南方各州反对公民权运动的暴力程度的影响因素,并不能简单地归结于黑人抗议运动或者白人种族主义运动的不同水平,毋宁说,冲突的强度受到州政府行为的合意调节。

在通过秘密集团惩罚针对公民权运动的暴力行为以及通过地方政府防止暴力反对公民权运动这方面,各州政府的积极性差别很大。有些州政府,如密西西比州政府和路易斯安那州政府,容忍私人参与者甚至地方政府作出的反对公民权运动的大量暴力行为,有时甚至鼓励"三K党"采取行动。其他各州则采取严格的法律和秩序政策镇压反对公民权的鼓吹者,与镇压公民权运动的措施相比,等同或者尤甚,这并非不同情公民权事业,对于诸如北卡罗来纳州和南卡罗来纳州而言,保持如同联邦法律一

样强有力的种族隔离主义，对此人们是可以接受的，毋宁说，这是由于不能允许州内充斥着暴力和混乱而作出的决策。为达此目的，这些州甚至指派法律官员潜入“三K党”内部，当地方长官和警察对州政府掌控种族争议活动产生威胁之时撤除他们的职权。

我们一般认为，各州只有简单的选择，要么镇压、要么认可社会运动，独自采取反向运动以争取公众和国家的支持。亚拉巴马州伯明翰市公共安全委员布尔·康纳这个典型，铭刻在我们关于社会运动史的认识之中，他派遣走狗混入亚拉巴马州抗议者队伍之中，使勇敢的自由夏天运动的志愿者面临密西西比州三K党徒的暗杀。然而，勒德斯揭示出，这种对抗多是州政府部门故意不作为的结果，很少是激烈社会运动本身的产物。州长如果决心避免激烈的种族争论中出现暴力——或者是支持或者是反对公民权运动、或者通过私人的逆向运动或者通过地方政府来达到目的，那么，尽管有强烈的公众激情存在，暴力也完全不会出现。等同甚或超过运动本身的州政府的行动，决定着公民权运动和白人至上的逆向运动之间争斗的强度。对于那些把世界上不同群体之间的种族冲突看作是种族激情和运动动员无可避免的产物的人而言，勒德斯的文章提供了意义深远的教训。

戴维·坎宁安也回顾了20世纪60年代，对于州政府针对社会运动采取的镇压行为的复杂性表达了新的见解。坎宁安指出，绝大多数论述镇压效果的社会运动研究文献，都假定镇压是公开进行的，也是所有人都看得见的，所以，镇压对社会运动的制止效果对于社会运动的同情者、旁观者和反对者一样都是非常清楚的。事实上，很多州针对社会运动采取的行为并非公开的，也并非仅仅是对社会运动的惩罚性回应。在20世纪60年代，美国联邦调查局成立了一个先发制人的部门——国内反谍计划，试图悄悄地削弱和消除国内的新左翼运动、憎恨黑人运动和憎恨白人运动。通过散布假消息和渗透活动，联邦调查局采取行动企图在社会运动之中播下冲突和混乱的种子——却常常并不成功，以此阻止社会运动，而不是使用暴力镇压。勒德斯注意到，有些美国南方州长采取同样的行为以削弱威胁要使用暴力的白人种族至上团体。我们有理由认为，自从秘密警察出现以来，针对社会抗议运动的全面的暴力和惩罚活动，可能仅仅是州政府针对反对运动的措施中的冰山一角。除了全面镇压措施的范围以外,坎宁安发现,出乎我们意料的是,招致州政府最大程度先发制人的镇压措施的,并非那些行动最积极、规模最大或者是最暴力化的社会抗议团体,毋宁说,而是那些自身的思想意识和行为似乎对于美国社会的价值观构成最大威胁的那些团体,联邦调查局、特别是其局长埃德加·J·胡佛(Edgar J. Hoover)认为这些价值观是保持美国社会所必不可少的。尽管新左翼宣称植根于生活方式变化的新社会运动不关心政治(Melucci 1989),然而,似乎正是其反主流文化的外表招致了以联邦调查局为代表的美国镇压力量那不相称的兴趣。国家与社会运动之间的相互作用往往比我们看到的针对抗议者的镇压行动要多得多,对此,坎宁安作了非常有说服力的论证。

坎宁安阐述了全面镇压现象,海迪·J. 斯沃茨则阐明了很多反对政府政策的抗议活动是无形的。斯沃茨分析了两个教会根基的地方社会运动组织的活动,这两个组织在加利福尼亚州圣何塞市和密苏里州圣路易斯市寻求改变地方政府的议事日程和政府决策。尽管它们的确参与了对抗地方当局的持续活动,这些社会运动组织的活动却几乎看不出来,因为它们是在幕后进行的。这些社会运动组织并不进行我们传统上辨识社会运动的游行和公开抗议活动,而是聚集成千上万人举行"祷告服务"、"责任讨论会"、"高级学习会"和"市政厅集会"。显然,这些活动并非仅仅是听取专家建议或者派遣游说专家去影响政府的游说或兴趣小组活动。这些团体的主要策略是通过大众的诉求表达悄悄地反抗政府官员,致力于维护自身利益。

而且,斯沃茨关于这些运动获得成功的条件的分析,也揭示出与政治机遇和社会运动有关的我们通常未曾料到的以及与流行的认识相反的更多问题。首先,除了诸如公众支持、组织和精英支持以外,对于运动成功至关重要的是,如何使具有争议性的问题与运动面对的政府结构相合。在圣何塞市,以教会为根基的抗议团体面对的是一个相当集权的市政府,抗议团体寻求不断增加资源以应对犯罪活动和支持贫民区的教育,抗议团体选择了那些并未使政府控制的资源显得捉襟见肘的议题,这些议题与强大的集权市政府相结合,有助于最后成功。与此相反的是,在圣路易斯市，以教会为根基的团体面对的是一个极端碎片化的城市和郊区政府机构，此政府被城镇盲目发展问题弄得焦头烂额，没有一个部门能够真正管制这个问题，要成功地解决这个问题，需要被不同的精英掌管的各个政府部门之间就协调问题进行重大变革，毫不奇怪，此事没有任何进展。

另外，精英、国家和社会运动之间的相互作用并不能简化为一个典型的公式，这个公式是：分裂的精英有助于抗议运动获得成功。在圣路易斯市，政治精英和商业精英是分裂的，市长和许多城市规划者支持社会运动提出的停止或减缓城市盲目发展的要求，这种城市盲目发展吸干了城市以外地区的经济增长；而这个地区的郊区政客和州政客以及经济精英则赞成城市继续扩张。问题并不仅仅是抗议者发现他们在分裂的精英中站错了队，因为郊区官员和州政府官员以及经济精英的联合能够阻止城市盲目发展的任何计划；毋宁说，精英的分裂是与破碎的政府相符的，如此破碎的政府，即使争取到强大的地方精英的支持，对政府也没有什么调协作用。与之相对的是，在圣何塞市，精英的分裂、市长站在抗议者一边反对保守的城市促进局，使得主张不断增加用于防治犯罪和教育事项资金的社会运动获得了初步胜利，尽管如此，当这些事项付诸实施之后，它们对于改善青年人的城市生活行为所产生的明显效果就为其赢得了支持者，因而扩大了主张维持和扩展这些事项的社会精英的联合，并由此导致运动的进一步胜利。简而言之，如果一个社会运动能够争取到政府精英和经济精英的联合支持，比起单独面对政治精英或面对分裂的精英阶层而言，通常要好得多，社会运动单独面对政治精英或面对分裂的精英阶层是非常糟糕的，即使争取到重要人物的支持，也无法为改变现状提供调协作用。斯沃茨再次揭示出，国家和社会运动的交互作用远远超出我们在现实中所能看到的影响，简单的公式并不能说明这些交互作用或方式对于社会运动取得成功所起作用的真实情况。

在其关于最近墨西哥选举民主制的产生的研究中，罗格·卡迪那—罗阿也阐述了社会运动是如何与制度政治交叠在一起的。卡迪那—罗阿令人信服地批判了这种观点：精英“契约”能够充分解释从独裁政府转变为民主政府的过程中产生的分析焦点问题。他阐述到，墨西哥民主政治最近的标志性事件是，71年来第一个不属于墨西哥革命制度党的总统候选人维森特·福克斯(Vicente Fox)当选总统,墨西哥民主政治的产生,是精英集团和公众社会运动复杂斗争的产物,这种斗争逐渐削弱了墨西哥革命制度党对于合法性象征和政治权力的一党控制。此事并不仅仅是精英们的行为受到了公众压力、或者是政党受到反对派组织进行的社会鼓动的援助而出现的结果,毋宁说,政党、经济精英、政治精英、宗教精英和知识精英、社会反对运动和领袖之间的交互作用,这是一个流变的、互溶性的、变动不拘的互动合作。学生、牧师、知识分子和社会运动领袖,依据自身政治机遇和结盟情况,竞相建立政党、参与选举政治,或者参与社会反对运动,甚至加入游击队组织。革命制度党对社会运动作出选择性的让步,以挫败反对党的企图,然而,镇压和专制活动甚至把主流政治精英和经济精英推向那些反对党。社会运动组织要求参与和监督不受革命制度党操纵的选举,这为其他政党赢得选举胜利提供了基本条件。1970年至2000年间,革命制度党、反对党、温和社会运动、激进的游击队运动之间的角色定位和相互关系不断转换,所有这些扭结起来,在原先曾是革命制度党一党专制的地方创造了一个竞争性民主政治架构,这看起来颇似"渐近革命"。如果不详述墨西哥革命制度党和社会运动之间的密切关联,这种关联净化和重塑了政治空间,这个政体转型几乎无法理解。

二、政党与社会运动

如同卡迪那—罗阿一样,约翰·K.格伦也论述了一个民主政治转型问题,这次是东欧的捷克斯洛伐克,社会运动不再仅仅是影响和帮助了民主治理的建立,而且社会运动本身变成了政府。但是这产生了新的悬念:社会运动是如何转变为统治机构的?它们应该转变为传统政党?还是非传统的政党兼及社会运动组织?或者逐渐消失?国际参与者,特别是来自美国的赞成民主政治的非政府组织,倡导一个传统政党模式,但是遭到了曾发起和领导反共产主义社会运动的持不同政见知识分子的抵制,结果为政治组织提供了一个机会:运用跨国援助以建立自己的政党机器,以及从共产主义政权垮台以后曾充当领导角色的公民运动手中夺取政治权力。这些新政党都是政治工具,既非植根于社会分裂也非植根于先前的社会运动,毋宁说,它们是跨国援助的产物,是为了赢得地方支持而采取的相应模式。这种发展的一个结果是，出现了无人能够预知的结局：在两个政党的主导下，捷克斯洛伐克分裂为两个国家。原先的反共产主义运动、国外参与者和捷克斯洛伐克人民都没有预见到这个结局。这两个政党都是其领袖的工具：捷克共和国的瓦茨拉夫·克劳斯（Vaclav Klaus）、斯洛伐克的弗拉基米尔·梅恰尔（Vladimir Meciar）。

马那利·德赛也论述了一个社会运动变成执政党的事例，如同捷克斯洛伐克的情况一样，在该国家的不同地区产生了不同结果。她对印度喀拉拉邦共产党和西孟加拉邦共产党的研究，进一步强化了格伦的论点：不能简单地解读源自社会运动的政党的政策和未来。社会运动领袖和政治竞争现实之间的冲突常常使社会运动发生变化，促使社会运动领袖组建自己的政党。政党、甚至是那些源自社会运动的政党，不仅仅是这些运动的工具，德赛用“政党自治”以便把这个问题阐述清楚。一方面，政党如何源自社会运动的历史详情至关重要，政党领袖与其支持者之间的关系史的影响力也至关重要。首先，德赛有力地论证了这两个邦的印度农民的结构状态并不能决定这些地区左翼运动的产生、目标或战略，具有相似的佃户—地主关系的地区会形成不同的左翼运动，而具有不同土地关系的地区却会产生同样的政党。其次，德赛说明了喀拉拉邦和西孟加拉邦的左翼运动在两个方面有所不同：(1)喀拉拉邦共产党领袖把佃户—地主问题放到抨击种姓制度之中，强调平等主义政治；(2)喀拉拉邦共产党领袖起初与反英的国大党合作，在那些寻求印度自决的广泛社会团体中赢得了支持者。与此相反的是，西孟加拉邦共产党人从事反对地主经济统治权的活动，却主张维持地主的精英种姓地位，并着手精英主导型恐怖袭击的策略行为，而不是进行草根组织活动。结果是，当这两个运动各自在自己的邦里掌握了政治权力之后，它们的政治形势以及政策方法大不相同。凭借广泛的支持，根据其对草根支持者的承诺，喀拉拉邦共产党人采取了广泛的福利国家改革措施，投入大量资源以增进教育、改善公众健康状况，结果，喀拉拉邦在提高诸如文化教育水平和预期寿命等生活质量指数方面业已远远超出印度平均指数。但是，在工人和农民中社会基础非常薄弱的西孟加拉邦共产党，被迫放弃其激进主义活动以取得政治成功，而且，其精英主义倾向和远离社会大众使得其领袖缺乏强烈的个人决心去执行平等主义福利政策,结果,尽管西孟加拉邦共产党进行了某些土地改革,它在社会福利方面的成就不如印度其他邦那样大。

金·威廉斯就社会运动—政党关系的细微之处进一步提出了新的认识,在她对国家立法机构选举的研究中,对官方的人口统计增加了“多种族”范畴。在美国政治学主流的多元论分析模型中,社会运动试图去影响政党以取得某些成果。承诺的力度、支持者的数量和动员的效果都被认为对于社会运动的成功是至关重要的。但是,在金·威廉斯的分析事例中,采用多种族分类法进行选举是得到一致赞成的,而不是一个政党或其他政党获得胜利。事实上,某个州多种族运动的强度和行为和该州选举结果之间最多只有一种微弱的关系。因此,很明显,社会运动和政党之间的关系是不足以说明问题的,重要的是社会运动、政党和选民之间的三角关系。政党议员明显有着相当大的自主权去判断响应社会运动能否帮助他们扩大选民基础。即使没有逆向运动,社会动员的程度和积极支持者的数量也不是社会运动成功的可靠指南(Cf. Goldstone 1980)。毋宁说,社会运动的任务似乎是提出那些对于议员赢得选民、甚至那些不参加社会运动的选民的支持具有潜在价值的社会问题。然后,议员根据其对社会运动的价值评价——不是对于社会运动或其支持者具有的价值,而是对于全体选民(在此案例中是郊区选民和上层阶级选民)具有的价值,对这些社会问题作出回应。相比典型的多元分析模式或利益集团分析模式,金·威廉斯的研究揭示了社会运动和政党之间几乎不具有直接关系,而很可能是渗透性关系。如果一些社会运动主要通过提出那些对于扩大议员的选民基础(甚至是那些未被动员起来关注这些社会问题的选民)具有潜在价值的社会问题来展开工作,那么,这些社会运动对于立法机关的影响就远比那些专注于运动本身的社会动员或社会运动要广泛得多。社会运动作为指引政党决策和指导政党行为方面的实际影响因素,其作用可能远远超出社会运动动员的大量人员。因此,理解立法政治活动可能常常要求我们注意到,甚至很小规模的社会运动在全体选民和政党政治家之间所起的广泛调谐作用。

立法政治也是尼拉·范戴克对20世纪30年代至80年代间美国政党联盟和学生抗议运动所做研究的主题。尼拉·范戴克发现,与简单的政治机遇分析模式得出的结论相反，当更同情左翼运动的民主党控制总统职权或州长职权时，学生抗议运动的频率下降了。非常明显的是，当更敌视左翼运动的共和党人掌权时，行政长官很可能对学生抗议运动推波助澜。因此，威胁与机遇具有同样的重要性。然而，民主党人控制立法机构却并不能导致更多的抗议活动，因此，立法机构里的盟友明显推进了社会运动。

更加复杂的是，尼拉·范戴克进一步发现，州政府和国家政府是否分离、由不同政党分别掌控行政部门和立法部门，这是一个重要问题，但是这对于不同级别的政府其结果迥异。在联邦政府层面，一个分权的政府会导致学生抗议活动更少发生；但是在州政府层面，一个分权的政府却会导致抗议活动更多发生。此外，国家、政党和社会运动之间的关系是异常复杂的，政党可能成为左翼运动的盟友，也可能对左翼运动构成威胁，这两种情况都会激起抗议活动。因此，对基于政党联盟而形成的社会抗议活动，任何简单的解释模式都不可能阐述清楚；很明显，非常重要的是，在何种政府层级上以及在州政府的什么部门里会产生社会运动的盟友和反对者。行政长官威胁学生权益时，似乎会招致最大规模的抗议活动，然而，立法机构支持学生权益时，大规模抗议活动也会增多。

第三节　影响模式：社会运动、政党与国家

关于社会运动研究的传统知识常常假定：制度化政治和非制度化政治是分离的；社会抗议的动力主要由社会运动最初的抗议活动和国家的反应这两者构成；社会运动取得成功主要依赖于有利的政治机遇和社会动员的范围。本书中的文章清楚地阐明：这些假定中没有一个是完全正确的。毋宁说，我们将不得不继续扩展我们关于国家—政党—社会运动之间相互作用的视野，以便考察更大范围的可能性。

把对抗性视为社会运动主要性质的观点常常认为，社会运动与国家之间只有两种可能的关系：国家要么镇压社会运动，要么不情愿地受到社

会运动的影响;同样地,结局也只有两种:社会运动或者失败,或者变成制度化政治组织(因而不再作为社会运动而存在)。社会运动之所以变成制度化组织,或者是由于其政治目的已经达到,或者是由于它业已成为"政体成员",转变之后,它就成为一个普通的利益集团而发挥作用(Gamson 1990)。

事实上,社会运动和国家之间的关系是异常复杂、变化多端的(Burstein, Einwohner, and Hollander 1995),如同本书中的文章所清楚阐述的那样,政府是选择镇压社会运动还是不情愿地受到社会运动的影响,这只是非常广泛的选择范围中的两个。特别是,当一个政府认识到"国家"的内在异质性——涉及众多的参与者和政党的时候,尤其会接受这一点。国家可以采取下列方法应因社会运动:

一、镇压社会运动,进行机构变革

如果国家觉察到一个社会运动或许多社会运动是个巨大威胁,或者认识到抗议运动方法的新颖性,国家可能就会发展新的强制机构对付它们,恰如坎宁安关于联邦调查局的研究文章中揭示的那样。作为应对社会运动的产物,国家压制社会运动的能力和相应行动会因此而产生显著变化。如同勒德斯所述,国家甚至会通过例如治安维持会或者反对运动这样的第三者的配合来镇压社会运动。在每一种情况下,国家对社会运动的镇压可能都是无从觉察的,至少在这个意义上是如此:抗议者和国家机构之间可能并不存在暴力冲突。因此,我们需要扩展"镇压"这个通常概念的外延,以包含国家制裁社会运动的更广泛的内容(Barkan 1984)。

二、镇压社会运动,不进行机构变革

这是国家对于规模虽小却很激进的抗议运动的传统回应。但是,如同尼拉·范戴克的文章所示,国家采取敌对行动的不同模式可能增加社会抗议活动,也可能减少社会抗议活动。事实上,传统政党政治家对于社会运动目标的反对可能会激励社会抗议活动,社会抗议活动通过加剧这些政治家对于丧失既得利益的担忧、或者提出针对这些人的利益的新威胁来扩大抗议活动(Goldstone and Tilly 2001; Kurzman 1996; Lindenberg 1989)。镇压行为是阻挡还是促进社会抗议运动,以复杂的方式依赖于:传统的政党联盟格局、政党联盟或反对派在何种层面(地方、地区、国家)居于支配地位、公众是支持还是反对、对社会运动是进行对抗还是与社会运动联合起来。

而且,如同卡迪那—罗阿在关于墨西哥的研究中所示,国家甚至会转而镇压政党以阻止它们增加追随者。或者如同德赛在对印度共产党的研究中所示,社会运动可以"避难",穿上政党组织的显著的外衣以进行社会动员、同时免遭国家镇压。

三、容忍或者鼓励社会运动

社会运动可能持续了很长时间却没有对国家产生任何影响或者其影响微乎其微,国家对此社会运动也没有作出什么回应,特别是在社会运动受到逆向运动平衡的情况下、或者是没有形成大规模抗议浪潮的情况下,更是如此。而且,更有意思的是,国家实际上可能会欢迎社会运动并寻求社会运动的支持,或者寻求将社会运动融合到政党政治之中。勒德斯的文章揭示出,国家容忍甚或积极支持逆向社会运动是如何加剧了美国南方的公民权运动的争议的。在最近的历史里,国家领袖曾经组织社会运动以追求他们自己的政治目标,例如,津巴布韦的穆加贝(支持有组织的没收土地运动)。如同卡迪那—罗阿所示,墨西哥革命制度党对于社会运动的回应摇摆于镇压、容忍和鼓励之间,这种摇摆依据该党如何判断其面对各种政治挑战时所处的战术地位,有时,革命制度党欢迎和支持社会运动,以挫败来自以传统方式运作的政党的挑战。

四、影响社会运动,不进行机构变革

这是关于社会运动取得成功的传统观点,国家不情愿地根据源自社会抗议团体的观点制定政策,或者不情愿地接受立法机构和制度化组织的观点制定政策,然而并不涉及任何重大的机构变革。但是如同斯沃茨所示,即使取得如此成功,一般来说一个社会运动的活动也不会终止,社会抗议团体可能会发展其与制度化政治参与者的关系,运用抗议动员来整塑后者的议事日程。用冈森(Gamson 1990)的术语来说,社会运动没有必要“加入政体之中”并终止其赖以发挥影响的“挑战者”角色。许多社会运动,例如斯沃茨研究的以教会为根基的社会运动,其目标是,通过长期的公众动员和对传统政党和政治家保持公众压力,发挥长期的影响力。

五、影响社会运动,进行机构变革

在许多研究案例中,一个社会运动的影响是如此广泛,以至于如果要答应其政策需求或者使其观点合法化,就会改变政党和政府制度结构的基本要素。不过,那些业已获得了常规政治参与路径、甚至掌控了一些政府部门以执行其政策主张的社会运动——例如美国环保运动掌控的美国环保局、美国公民权和妇女权益保护运动掌控的美国司法部公民权保护局,并不会因此而停止周期性的抗议活动和社会动员活动(Costain and Lester 1998)。相反的是,周期性的动员活动和抗议活动继续成为他们影响政治活动的部分内容,这些周期性的活动是为了在政治家和公众面前进一步凸显其关注的社会问题的重要性,或者是为了追求特定的政策或新的议事日程。

非常明显的是,对于非民主社会的民主运动而言,恰如格伦和卡迪那—罗阿阐释的那样,社会运动的成功意味着实质性的机构变革,这个结局有的是突然发生的,例如东欧国家;有的是在几十年里渐进的,例如墨西哥。但是,即使在这些事例中,运动的成功和机构的变革也并未结束这些社会里的抗议活动。毋宁说,有些社会运动成员进入了对新政党开放的空间,其他成员(例如墨西哥的萨帕塔主义者)则选择了继续从事反对新体制的社会动员活动。非常明显的是,即使是取得极大成功的社会运动,也并不会转变为传统的政党或政治参与者。

六、通过持久联合影响社会运动

在某些事例中,一个社会运动之所以获得了影响力,并非通过把自己的要求强加在内心不愿意接受的政体成员身上、而是通过热情地接受国家或那些寻求与社会运动进行持久联合的国家政府成员实现的。在美国,自20世纪30年代至20世纪70年代,民主党人联合少数族裔运动、工会运动和左翼运动，而共和党人则联合道德和宗教保守主义团体，两党在其政治募捐和选举动员中持续性地卷入到社会运动之中。这并未结束这些社会运动的生命，反而在社会运动和制度化政党之间进一步造成了持久的共生关系，双方分享信息情报、制定共同战略、在社会动员和改变公众观点方面相得益彰。如同威廉斯的文章所示，议员甚至会接受社会运动进行的那些温和的社会动员和社会活动，通过提出一些有益于议员扩大非运动选民基础的政策，规模很小的社会运动也可以获得相当大的影响力。

七、通过使社会运动脱离政党而影响社会运动

社会运动总是有一种倾向："偏离"那些争取政治权力的传统政党(Garner and Zald 1987)。这些政党可能联合社会运动，或者独立于社会运动，或者只是受到社会运动的某些影响。例如，19世纪欧洲的劳工社会主义党是由劳工运动发展而来，欧洲的绿党是由环保运动发展而来，在东欧，民族主义运动和人权运动导致新政权和新政党的产生。这些发展并不意味着劳工运动、环保运动或者人权运动的终结，毋宁说，它们仅仅标志着这些社会运动对传统政治机构的影响达到了新的水平。如同德赛和格伦所示，这些政党和社会运动之间的关系更加复杂化。这些政党不再仅仅是社会运动的扩展或工具，而是成为相当独立的角色，由此，它们能以出人意料的方式整塑国家和社会运动。

本书中的文章极大地丰富了我们对于国家、政党和社会运动之间复杂关系的认识，它们揭示出，制度政治和社会运动是深深扭结在一起的，绝非各不相干。而且，它们之间的关系不能简单地简化为行动与反应、机遇与镇压。社会运动整塑政党，有时也产生新政党，并常常与政党合作，有时也提出政党行动的新路径。在所有的这些角色里，社会运动的影响绝非运动规模大小、运动水平或公众支持度的简单产物，毋宁说，它正是社会运动在由国家领袖、政党、逆向运动和普通公众形成的多边战略行动中所扮演的角色，这个多边战略行动中的每一方都试图通过利用或阻碍他方来达到自己的目的，由此而产生了最终结果。

社会运动和国家之间常常以微妙的方式相互影响。尽管公开的抗议活动和全面的镇压活动多是清晰可见的,也是多数研究文献中的主要关注点,但是,本书中的文章揭示出,这些活动仅仅是全部社会运动和国家活动的一部分。社会运动通过调整议事日程和提出新的战略以影响国家参与者,国家则通过先发制人的全面镇压行动、为逆向运动和社会运动制定规则来影响社会运动。可能更重要的是,与那种认为社会运动只会在民主国家出现的观点相反,本书中的这些文章揭示出,社会运动能够帮助在殖民制度、专制制度和种族至上制度里建立民主社会。

这些文章,从经验研究上丰富了、也从理论上精致地阐述了国家、政党和社会运动之间的复杂关系,使我们的认识远远超出了制度政治和非制度政治的传统划分。因此,它们在许多方面揭示了迄今为止尚未被人们认识到的斗争动力学的解释模式。

注　释

1. 事实上,妇女选举权运动起初是在少数几个州出现的,在当时主要流行的游说活动和抗议活动里,这是例外(Banaszak 1998; Costain 1998)。

2. 安德鲁斯(Andrews 2001)指出,即使是密西西比州公民权运动,“地方社会运动也使用了多种传统政治策略,但是,他们并没有放弃抗议运动……当社会运动建立了地方组织,能够在有着大量群众基础的策略与惯常采用的和政府官员对话协商的策略之间灵活选择使用的时候,社会运动才最有影响力”(p. 89)。

目 录

第二部分 政党与社会运动

图 表

第一部分

国家与社会运动

1
美国南方的逆向运动、州政府及种族斗争的强度

约瑟夫·勒德斯

国家以直接而明显的方式调控社会运动。在公民权运动中，执法官员折磨、逮捕和攻击示威者，国家起诉公民权运动组织，国家主权委员会和议会调查委员会组织进行了针对公民权运动积极分子的全面监视活动，并配合实施了各种针对反对种族平等者的法律和经济报复措施，这些国家行为中绝大多数明显而直接地关系到社会运动。同样重要但很少有人研究的问题是，通过调节逆向社会动员活动，国家和地方政府可以采取许多方法间接地影响社会运动。在公民权抗议运动或废除种族隔离制度运动期间，政府官员被迫对敌视这些运动的白人团伙、对诸如三 K 党和白人公民委员会这样的逆向运动组织的活动作出回应。[1]尽管相对忽略了社会运动的众多研究文献，我认为，研究国家对社会运动的影响必须注意到国家对逆向运动的社会动员作出回应的方式。[2]简单地说，国家调节逆向运动，逆向运动影响其反对的社会运动。通过选择镇压、容忍或鼓励逆向运动的社会动员，国家可以决定性地影响直接反对先发社会运动的逆向运动的强度。在公民权运动事例中，我断言，国家镇压三 K 党一类的组织、谴责无法无天的违法行为，这些都决定性地降低了反对公民权分子秘密暴力事件的发生强度，相反地，如果政府官员拒绝包容敌视公民权运动的反对者、不能摆出维护法律和秩序的姿态，那么，伴随公民权运动的暴力就会增加。

通过分析公民权运动和逆向运动，我提出五个特别的论点，揭示了社会运动研究理论和种族冲突分析中一些更宽广的含义。首先，美国南方各州以大相径庭的方式因应逆向运动。第二，这些规制逆向运动的不同方式应被视为清楚明晰、实际存在的州政府政策的产物。第三，这些不同方式会从根本上影响反对公民权运动的社会斗争的强度。第四，州政府因应逆向运动的不同方式是政府官员政治计算的结果。为了理解社会运动-逆向运动之间斗争强度的不同变量，并因而理解国家是如何直接规制社会运动的，就必须密切注意政治参与者和政府机构。第五，为了深入思考政府官员的政治计算，我提出了一个关于反对公民权运动争议强度历时性变化的不完全解释模式。最后，在概略阐述了政治利害关系是如何导致南方政府官员对于逆向运动暴力行为的态度从容忍到积极镇压这个转变之后，我以一个论点进行了总结：政治学应该全面地研究伴随社会运动-逆向运动相互作用而产生的斗争，更一般地说，应该加强种族冲突的研究。

第一节　反对公民权事件

很明显，公民权运动中的暴力事件充斥美国南方。有一个事件，转自年度《纽约时报索引》，对研究美国南方反对公民权运动的活动具有重要价值，这个事件勾画了南方反对公民权活动的一般轮廓。1954—1965 年间，《纽约时报》报道了 1 500 多件由一些秘密公民团体发起的反对公民权运动的事件。详加分类的话，这些事件包括：312 件属于私人施加的折磨和威胁；43 件属于骚乱和程度较轻的种族冲突；174 件属于爆炸和纵火；345 件是涉及暴力的其他事件。[3]这些事件共导致约 1 000 人受伤、至少 29 人被杀害。[4]这个细目无法反映出来的是充斥美国南方的反对公民权斗争的不平衡性（参见图 1.1）。考虑到非传统抗议事件（如游行示威、静坐等）的总数少于秘密公民团体实施的暴力反对公民权运动事件，非常清楚的是，相比其他州而言，某些州的公民更具暴力倾向。亚拉巴马州和密西西比州比所有其他州更流行私人暴力，然而，在南、北卡罗来纳州这些暴力相对少一些。居于中间水平的是佛罗里达州、佐治亚州、路易斯安那州和田纳西州，这些州有相当多的反对公民权分子的暴力事件。而且，各州之间的差异并不能简单归纳为支持公民权运动活动的强度。佛罗里达州和北卡罗来纳州发生的非传统的支持公民权运动事件的数量基本相同，但是报刊报道的佛罗里达州暴力反对公民权运动的事件是北卡罗来纳州的三倍多。尽管佐治亚州比路易斯安那州发生了更多的公民权运动，然而反对公民权分子的暴力活动在鹈鹕州*更普遍。简而言之，这个关于反对公民权运动暴力事件的统计草图，清楚地描绘出了南方各州之间的实质性差异。有人认为，反对公民权分子的暴力事件是各州地方种族主义的表现形式，与此相反，我认为，正是州和地方当局导致了各州反对公民权运动暴力事件的数量有所不同。

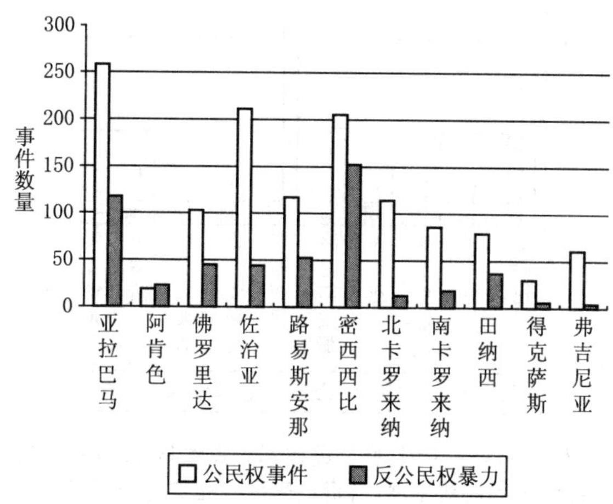

图 1.1　1954—1965 年间，非传统的公民权事件与个人或州政府发起的反公民权暴力事件。(资料来源:《纽约时报索引》)

尽管不能把导致反对公民权分子的暴力活动的所有变量都归结到政府官员的态度，但是州政府官员对于白人逆向动员的反应明显不同。反对公民权分子暴力的总数和州政府对于白人进行的反对公民权运动的活

* 路易斯安那州的别名。——译者注

动的惩罚（逮捕和定罪），这两者可以作为州政府对白人逆向动员加以镇压的程度的粗略指标（参见图 1.2）。[5]北卡罗来纳州作为法律和秩序的堡垒，在这里，政府的惩罚事件和反对公民权分子的暴力事件几乎一样多。与之相反，路易斯安那州的暴力事件比佐治亚州稍微多些，但是逮捕反对公民权运动积极分子经常更少，相似的是，在密西西比州，由于执法部门很少惩罚反对公民权行动的犯罪者，结果暴力泛滥。尽管作为一般化概括，这些数字太过粗糙，但是仍然揭示出，南方各州在处理逆向运动行为方面差异很大，这些差异影响了针对公民权运动的暴力的整体发生强度。为了进一步证明这些观点，我将描述一下北卡罗来纳州、南卡罗来纳州、密西西比州和路易斯安那州这些州的州政府和地方当局对于逆向运动活动的反应。

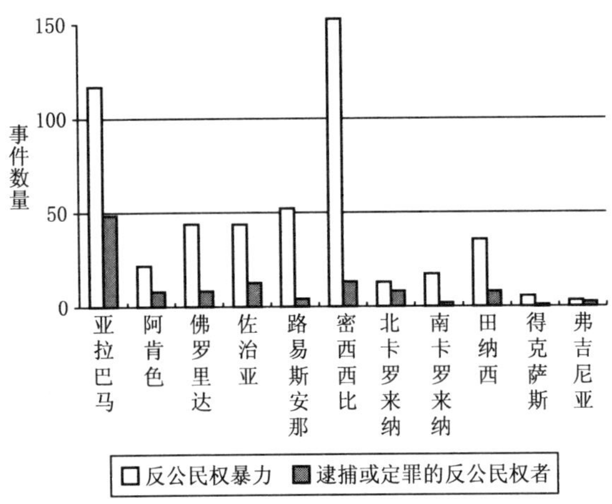

图 1.2　1954—1965 年间，反公民权暴力事件与州政府对逆向运动行动者的惩罚事件。（资料来源：《纽约时报索引》）

第二节　案例研究

在北卡罗来纳州，1954 年至 1965 年间，州政府领导的对于白人至上主义者动员活动的镇压，严格地限制了白人逆向动员的扩展。在很多场合，州长卢瑟·H.霍奇斯（Luther H. Hodges）（1954—1961 年）和特里·桑福德（Terry Sanford）（1961—1965 年）警告三 K 党不要进行暴力活动，并呼吁维护法律和秩序。[6] 1958 年，霍奇斯公开抨击三 K 党，同时，州调查局（SBI）渗透进三 K 党，并对三 K 党和白人公民委员会进行秘密的打压。[7]一个 SBI 密探报告说，在格林斯伯勒举行的一次三 K 党会议上，"许多三 K 党徒担忧他们会遭到搜捕……[和]他听到几个人说他们要退出三 K 党，因为三 K 党变得太危险了。"[8]组织的规模、州政府的渗透和监视削弱了三 K 党从事不受惩罚的恐怖活动的能力，例如，1958 年，在密探揭露了他们试图爆炸一所黑人学校的阴谋之后，6 个三 K 党徒受到重罪指控（《纽约时报》1958 年 2 月 22 日第 32 页）；大多数三 K 党地方支部加入了美国三 K 党，作为该州最大的组织，州政府对于反对公民权运动的动员活动的镇压可能迫使北卡罗来纳州三 K 党成为"相对非暴力的"（Wade 1987, p. 315）。[9]如果没有精英的谴责和州政府的积极镇压，反对公民权利运动分子的威胁和暴力活动可能已经极大地扩展开来。

州政府对于白人反对公民权利运动分子的镇压也包括惩罚与三 K 党没有关系的白人。例如，海波因特市警察使用催泪瓦斯驱散一群骚扰公民权运动游行示威者的白人（《纽约时报》1963 年 9 月 12 日第 30 页），[10]一份公路巡逻队的报告描述了一个事件：一个警察告诉一个准备把燃烧瓶投到公民权运动游行示威者人群之中的白人青年，"那将是他曾犯下的最大错误"。[11]在埃尔姆市，州高速公路警察警卫着一座非洲裔美国人教堂，三 K 党曾威胁要炸毁这座教堂，最后警察逮捕了两个试图这样做的白人（《纽约时报》1964 年 7 月 15 日，第 16 页）。州政府坚定地反对反公民权运动的暴力活动，限制了三 K 党一类组织的动员活动，使种族斗争事件的发生数量减少到人们根据三 K 党在该州横行而作出的预期数量之下。

在南卡罗来纳州，20 世纪 50 年代后期这段时间里，州政府当局起初支持"大规模抵制"公民权运动，而后，州政府终于表明了相似的维护法律和秩序的姿态。1958 年，通过指责其竞选对手是种族隔离主义者而当选州长的"德国佬"欧内斯特·F.霍林斯（Ernest. F. Hollings, 1959—1963），在其就职演说中软化了州政府的不妥协态度，在这次演说中，霍林斯确认了自己反对种族隔离主义的竞选承诺，而后又表达了维护公共秩序的态度(Muse 1964:257)。[12]

为了镇压反公民权运动的折磨和暴力活动，霍林斯采取了几个步骤，首先，如同先前说的那样，霍林斯在公共演说中和报刊上明确表达了维护法律和秩序的决心。1960年南卡罗来纳州发生了几次社区静坐活动，其后，霍林斯多次对公民权运动中的暴力活动进行严厉谴责，他补充说，他反对破坏秩序的指令也适用于白人、甚至是旁观者，“无论是示威者还是不受拘束的旁观者，破坏秩序的活动对公共秩序的威胁是相同的，执法官员业已得到指令，当他们威胁要使用暴力时就加以逮捕”(SCDAH 1960)。其他南方各州州长对于游行示威活动的反应常常是煽动性的花言巧语，与之不同，霍林斯发出信号：白人反公民权运动的暴力在南卡罗来纳州没有容身之处，与此同时，霍林斯寻求阻止公民权活动。

其次，霍林斯寻求对执法部门加以集中控制。[13]霍林斯信任州执法局的皮特·斯特罗姆以及各县的治安法官，同时，霍林斯承认“我们的城市警官都是不好的”。为了避免地方警察虐待州高速公路巡逻队(受州议会的直接控制)并与其发生冲突，霍林斯任命斯特罗姆为州执法局局长(州执法局直接对州长负责)，并任命其为危机期间该州所有执法人员的最高指挥官。

> 所以，当我们[执法局]去克莱门森或其他地方时，内中总会有局长[斯特罗姆]这个高速公路巡逻队的最高长官、县治安法官、警察局长，当我们守卫国民警卫队时，我们得始终呆在一个地方，所以能够作出决定。但是最终的决定[经由州执法局局长]直接来自州长。[14]

另外，霍林斯指派可靠官员到有麻烦的地方，以“确保他们正当地执法”。例如，当罗克希尔市发生了有马丁·路德·金参加的抗议活动时，霍林斯来到这个城市视察情况，来到后，霍林斯认识到这个城市的警察队伍“不好，会给我们带来麻烦”。为了防止种族冲突，霍林斯把该市官员撤职，并让来自州执法局、其他州以及地方警察队伍的称职的非洲裔美国官员取而代之。

> 当马丁·路德·金带领游行队伍前进时……我们有黑人警察警戒街道、防止有人惹事，当游行队伍中有人越出警戒线之外时，就有黑人警察将其带到巡逻车里，他们会扔掉照相机，并且说这不是我们

希望的事情。游行队伍继续向亚拉巴马州蒙哥马利市前进,在那里,等待他们的是治安法官布尔·康纳的消防水龙头和警犬。[15]

尽管其他州的州长允许地方当局对公民权运动活动作出反应(有时是残酷的),霍林斯却寻求保持对种族斗争的集权控制。统计数字似乎说明了霍林斯这样做的理由,尽管在南卡罗来纳州逮捕示威者是普遍现象,但是,由于警察暴行而导致伤亡的事情,在1954年至1965年间的《纽约时报索引》里,却没有发现一例报道。[16]

第三,霍林斯寻求控制那些更加反复无常的种族隔离主义者,并使他们远离麻烦地点。尽管确切的细节尚不清楚,霍林斯始终关注三K党,在其任职期间,霍林斯派遣州执法局官员潜入三K党内部,以获悉他们的成员名单、会议和有关活动。霍林斯曾解释说:"比起……全国有色人种协进会,在反对三K党的那段时间里,我的工作更繁忙"(Synnott 1980)。[17]霍林斯称,在其任期内南卡罗来纳州三K党成员数量确实大为减少。[18]

这种监视种族隔离主义者的政策在唐纳德·S.拉塞尔(Donald S. Russel)州长任职期间(1963—1965年)得以继续。1963年奥兰治堡抗议运动期间,为了阻止种族暴力,拉塞尔派去了斯特罗姆、其他几个南卡罗来纳州执法局官员和许多高速公路巡警(Cox 1996, p.436)。在克莱门森学院合并期间,州长和州执法局官员特别密切地关注种族隔离主义者。在一批写给州长的控告信中,南卡罗来纳公民委员会秘书长和州执行官控诉该州执法局在秘书长访问克莱门森学院校园期间专横地阻止和质疑秘书长(SCDAH 1963)。作为对拉塞尔使用州执法局的回应,该州公民委员会的首脑威胁道:"我不相信南卡罗来纳州议会还会继续容忍克莱门森这种翻手为云覆手为雨的专横霸道。"(SCDAH 1963)事实证明,一个软弱组织首脑的这种威胁是空洞无力的。

1963年1月28日,在南卡罗来纳州学校实行废除种族隔离制度的关键时刻,哈维·甘特任职克莱门森学院,没有引起暴力或公共骚乱。当亚拉巴马州州长乔治·华莱士誓言"永远实行种族隔离"的时候,霍林斯州长和他的继任者准备好了一条平静而有秩序的学院合并的路径。[19]早在克莱门森学院合并之前很久,学院院长罗伯特·C.爱德华兹、州长霍林斯与斯特罗姆制定了一个计划以维护法律和秩序,一份7页的档案文件详细记述了这个管控校园、操控新闻报道、防范潜在的惹事者的计划[SC-DAH n. d.(a)]。[20]另外，几个商业领袖和政府官员，包括离任和即将继任的几位州长，甚至包括州议会反对种族隔离委员会里的州参议员L·马里恩·格里赛特，他们都号召依法服从联邦法院的命令。

自由乘车运动者*经过该州，进一步使这种对于社会运动——逆向运动相互作用的管理模式典型化。为阻止种族隔离主义者露面，荷林斯下令对这些自由乘车者展开调查，并暗示有共产主义者的教唆，但是，同样重要的是，警察逮捕了20个白人恶棍，因为他们在自由乘车者到达车站时攻击他们[the state (Cohlmbia, SC) June 8, 1961]。[21]尽管在警察介入的速度上相关报道有所不同，但意味深长的是，他们阻止了暴力，并逮捕了白人攻击者而不是自由乘车者。同样重要的是，在6月份一次自由乘车者运动期间，警察护送自由乘车者，使其平安经过该州(《纽约时报》1961年6月15日，第38页)。[22]

尽管甘特任职克莱门森学院并不预示着该州反合并阴谋的终结，但是南卡罗来纳州官员、特别是州长荷林斯和拉塞尔确实积极地镇压了反对公民权运动的秘密动员活动。明智地运用执法部门，加上他们对于公民权运动社会动员的非暴力合法化镇压的策略，这些可能削弱了南卡罗来纳州的公民权运动。公民权运动依靠激起大量的社会冲突以引起国民注意美国南方的不公正，就此而言，南卡罗来纳州的这种战略使公民权运动积极分子丧失了增加动力的手段，这种动力是进行规模更大、更具雄心的社会运动所必需的。[23]

与南、北卡罗来纳州不同，路易斯安那州州政府官员和地方官员拒绝表明自己支持法律和秩序的态度，也不采取行动镇压反对公民权运动的动员活动。这种态度促进了斗争的长期化。1960年11月14日，新奥尔良两所学校合并，一大群工人阶级白人妇女——绰号“拉拉队队长们”——聚集起来向敢于进入学校的非洲裔美国孩童进行口头攻击。次夜，白人公民委员会举行了一次大规模集会，在这次集会上，种族隔离主

---

* 乘坐公共汽车或火车到美国南方各州进行反种族隔离运动的游行示威者。——译者注

义者领袖——该州参议员威廉·莱纳克和利安得·佩雷斯鼓动他们的5 000听众联合抵制学校、参加公民不服从运动、向学校董事局办公室抗议进军(Keesing 1970, p.74)。次日,约有2 000到3 000白人青年进行游行示威,经过闹市区、州最高法院、市政厅、联邦法院和州教育部所在地,后来,游行队伍进入商业区并且“发展成骚乱,数千白人青年痛打黑人、用石块攻击黑人、用石头和瓶子攻击公共汽车和轿车”(Keesing 1970, p.74),在非洲裔美国青年开始反击白人暴力行为的那一夜之后,州执法官员逮捕了大约200个黑人和50个白人青少年,平息了混乱局面。在随后的几周里,每天都发生白人发起的口头攻击事件,局部的公共秩序失控继续得不到遏制。由于“拉拉队队长们”持续不断的冷嘲热讽和白人公民委员会鼓噪的狂热局面,白人联合抵制合并的学校持续了整整一学年,在此期间,州当局和市当局都未寻求镇压反对公民权运动的群集的白人抗议者,也未尝试消除公民委员会和拉拉队队长们造成的公共失序,白人学生再也没有到受到白人联合抵制的学校上学(Bartley 1969; McCarick 1964, p.202)。[24]事实上,该州议会甚至“因为他们的勇敢立场”而称赞这些联合抵制者。[25]

路易斯安那州州政府助长了对公民权运动组织强劲的攻击,与此同时,白人恐怖主义组织受到了不同的对待。[26]1965年4月,议会应对反美活动联合委员会(JLCUA)进行了一次针对该州各种三K党团体的秘密“调查行动”。在送交路易斯安那州所有地方检察官的信件中,该委员会全权律师杰克·罗杰斯解释道:“我们所得到的这方面的资料,对于忠实地评估这些团体而言是不充分的,因为我们不知道,如果有的话,他们在何种程度上卷入到这些具体的犯罪活动之中。”(LSA 1965)这个回答似乎是在为三K党辩护,因为,议会应对反美活动联合委员会在8月份曾清楚地界定了犯罪活动组织,并把三K党描绘为一个“政治行动团体”、具有“某些万圣节前夕特征”(《纽约时报》1965年8月1日,第57页)[27]*。与此调查同时,委员会的档案记录显示,罗杰斯曾收到美国联合三K党巨头

* 万圣节前夕:10月31日,在美国、加拿大以及英伦诸岛的孩子们穿着化妆服走家串户接受款待并且做些恶作剧以庆祝这个节日。——译者注

J. M. 爱德华兹的一封信，信的开头是“希望这将有助于”，随后是一份地方公民权运动积极分子的身份名单（很明显，是种族平等大会的成员）。尽管可能是主动提供、未做要求的，但是，这封信暗示了在这派三 K 党和议会应对反美活动联合委员会之间存在着一定程度的合作关系。更加重要的是，全权律师所说的缺乏关于三 K 党的充分资料这些话显示出，州政府当局没有像其他温和各州那样渗透到白人至上主义者组织之中，也没有在其内部发展密探。

州政府对于反对公民权运动动员活动的镇压软弱无力，同时，对于公民权运动的抵制非常强烈，这两者之间是一致的。根据 1954 年至 1965 年间的《纽约时报索引》，公民发起了 144 起反对公民权运动的事件，其中许多事件涉及破坏性的群体行动、枪击、爆炸、纵火、燃烧和攻击，这些事件中几乎有 60%涉及暴力或威胁（各占 32%和 26%），导致大量受伤者，至少 4 人死亡。

在约翰・麦基森（John McKeithen）州长管理下（1964—1972 年），最后州政府制定了缓和局势的方针，尽管这个新方针并非由潜心调查而产生的，而且相比联邦政府致力于在南方促进种族平等的措施而言收效甚微，也伴随着持续的反对。1964 年《公民权利法案》和 1965 年《选举权利法案》的颁布实施，迅速改变了州主要官员的政治战略。路易斯安那州北部议员继续反对公民权运动，与此同时，虽然还是犹犹豫豫的，州长逐渐地接受了种族融合并渐渐地削弱公开的种族主义者对白人选民的吸引力。随着全国各州的最后动员，南方官员终于可以消除由于执行这种不受欢迎的公民权运动政策而产生的代价。因此，由于支持种族隔离的政治收益大为减少，一些目光更加长远的州政府官员试图悄悄逆转他们反对种族平等的态度。[28]

如同路易斯安那州一样，密西西比州州政府和地方政府官员拒绝谴责或镇压白人反对公民权分子的动员活动。1962 年秋，密西西比州州长罗斯・巴尼特（Ross Barnett，1960—1964）不仅阻止詹姆斯・H. 梅雷迪思在奥尔密斯登记，而且，他煽动性的花言巧语和不愿意维护秩序的态度助长了流血冲突的爆发。混乱结束之后，有 2 人死亡、100 多人受伤（包括 25 个联邦法院执行官，他们遭到枪击）。这就失去了把抑制白人暴力总归为密西西比州当局应对公民权运动的总体态度的机会。如此经常性地放弃州执法部门的职责，导致一些公民对公民权运动积极分子进行威胁和暴力活动，而无需顾虑法律的制裁。

其他各州压制或者严格限制种族至上主义者的活动，与此同时，密西西比州州政府却鼓励白人的逆向动员，并容忍那些倾向使用暴力的团伙。“值得尊敬的”白人公民委员会，诞生于密西西比三角洲的种植园里，每月都收到州政府的巨额捐款。1960 年 6 月至 1964 年 12 月期间，州主权委员会向公民委员会论坛转账了近 200 000 美元资金，以大力推动反对合并广播和电视的宣传活动。实际上，在巴尼特管理该州期间，公民委员会和该州主权委员会之间的联系特别紧密，主权委员会 12 个委员中有 4 个也是公民委员会执行董事局的成员，其中包括州长（McMillan 1971, p.336）。主权委员会也向公众和州执法官员传达了这样的信息：公民权积极分子都是“共产主义者、性变态者、怪诞的混球、幼稚的空想者”，他们致力于毁灭南方的生活方式。

尽管州政府官员与三 K 党以及此类组织的关系远非亲密无间，州当局也没有任何镇压他们的热情，事实上，许多三 K 党徒属于地方执法机构。因此，有着几十个三 K 党地方支部、估计有几千成员的声名狼藉的密西西比白人骑士团，在 60 年代早期肆无忌惮、为所欲为。毫不奇怪，在美国最高法院废止学校中的种族隔离之后的十年里，《纽约时报》报道了 200 多起暴力和威胁事件，导致至少 75 人受伤、8 人死亡（不包括奥尔密斯的伤亡数字）。然而，尽管有如此大量的暴力事件，当局却极少逮捕或起诉白人至上主义者，全部由白人组成的陪审团更少对他们定罪。[29] 直至 1964 年自由夏天运动（Freedom Summer）在全国无情地揭露邪恶的无法无天的暴力事件之后，州政府当局才开始对三 K 党一类的组织进行调查，并开始把这类组织的成员清除出公路巡警队。自由夏天运动之后，州政府当局终于开始镇压白人至上主义者，结果是，在随后的一年里，报刊报道的反对公民权运动的暴力和折磨事件从 100 起降为 35 起，尽管仍然与鼓动支持公民权运动的事件相当。这种降低具有特别的意义，因为它显示了州政府有能力控制白人至上主义者，只是以前不愿意这样做。因此，这种鼓励反对公民权运动的动员活动的政策以及拒绝镇压白人暴力活动的态度，使密西西比州关于种族平等问题的斗争极具争议性和危险性。

第三节　抗争政治

在以上关于社会运动-逆向运动之间相互作用的分析之中，我已经揭示出，在抗议运动高发期间，州和地方政府的行为对于反对公民权运动的斗争具有根本性的影响。对南卡罗来纳州和密西西比州发生的表面上相似的案例加以比较，显得特别有启发意义。因为这些案例说明，两个州的州长都允诺要维持种族隔离制度，但是他们大相径庭的策略导致两州逆向运动暴力事件的数量大不相同。在南卡罗来纳州，州长公开指责主张种族平等的那些势力，但他也清楚地表明，反对公民权利运动分子的违法行为是不能容忍的。镇压反对公民权运动者动员活动的决策涉及把州执法人员安插到地方之中，以便集中控制警方对公民权抗议活动以及公共秩序失控的反应。对组织化的反对公民权运动社会动员的镇压措施进而包括渗透和瓦解三 K 党一类的组织。在同一时间里，密西西比州州长也反对联邦政府的干预，谴责公民权抗议活动，但是，由于未能保卫公共秩序，导致反对公民权运动的斗争事件层出不穷。

有人认为，可以把反对公民权运动游行示威者的暴力事件视为种族敌对程度的部分表现形式，与此相反，我已经表明，对这些事件的分析应该放在更宽广的政治背景之中，在此背景下，州政府当局允许某些特定形式的斗争，但不允许其他形式的斗争。引用一位南方执法官员、南方委员会的乔治·麦克米伦的话来说：

> [白人反对公民权运动的暴力]可以在任何时候得到阻止，如何做到这一点没有什么神秘性，如果警察认真保护法律和秩序，没有任何一起南方暴力事件是地方警察不能阻止的……(McMillan 1962, p. E7)

司法部副部长尼古拉斯·德布·卡赞巴克也抓住了这种分析的中心问题：

> 牛津市密西西比州司法部的经验、亚拉巴马州发生的危机和几

> 次骚乱,都使那些参与者深信,在一个充斥种族危机的社区里,维护法律和秩序的最关键的因素是州和地方执法官员的支持,如果他们明白无误地决定支持法律和秩序,那么,暴力发生的机会就会大为降低。如果他们鼓励暴力或放弃执法部门的责任,大规模的暴力几乎肯定会发生……(《美国白宫档案》1964 年)。[30]

基于这些原因,麦克米伦总结道,南方执法官员的行为完全可以理解为“政治的扩张”。[31]尽管州和地方官员可能并不能阻止每一件种族冲突事件,所有这些因素却明确地表明了对于反对公民权活动的政策。如果选择不镇压反对公民权动员活动,即使州和地方政治官员可能并没有直接参与到反对公民权运动的行动之中,政府官员事实上就对对抗性社会运动采取了鼓励使用威胁和暴力手段的政策。如同阿诺德·海登海姆、赫克罗和亚当斯(Arnold Heidenheimer, Heclo, and Adams)所说的那样:“当政府面对对方的压力时,政府不作为、不决策,并以一贯的方式持续了一段时间之后,就变成了一项政策。”因此,甚至表面上看来是私人暴力的行为,也可以视为由得到官方默许的第三方执行州政府政策的逻辑产物。

如果应该把州政府对于社会运动-逆向运动之间相互作用的调谐作用视为公共政策的产物,那么,对社会运动斗争的理解必然会指导政府官员决定政府行为。社会运动理论家重视政治联盟和反对者的作用,然而,却很少寻求解释这些问题:为何有些精英得到支持而其他精英则遭到反对?为何这些精英会随着时间的流逝而改变立场?如果缺乏一个政治行为理论,那么,对于社会运动-逆向运动之间相互作用的解释就常常模糊了这样的假定:如果政治精英或多或少加以支持,社会运动或多或少就会取得成功。[32]

尽管对州政治行动者对于反公民权动员活动的态度何以发生改变作出一个完全解释并非本文的研究范围,但是,即便对这个问题作简单的解释就可以表明政治的重要性。在最高法院颁布废除学校种族隔离的禁令之后,对于学校合并缺乏实质性的公众支持阻碍了最高法院裁决的实施。在诸如亚拉巴马和密西西比这样的州里,种植园主利益集团和工人阶级白人竭尽全力在政治联盟里发挥更大作用,州政府当局对于镇压逆向运动显得特别犹豫不决。在州政府对逆向动员相对容忍的初期阶段里，白人的煽动行为广泛蔓延，如此再三，终于导致公共秩序失控。作为对这种消极的公共宣传以及由于这些混乱秩序造成的其他社会代价的回应，关键的工业和商业利益集团以及中产阶级白人公开抨击由于冷酷无情的反对公民权斗争而产生的这些结果。在弗吉尼亚州和南、北卡罗来纳州，这些温和力量起初就发挥了极大作用，他们日益增加的不满促使州和地方当局采取支持法律和秩序的姿态，以至于政府官员能够有力地断定：持续强硬的代价超过了维持种族现状的价值，政府官员表明了维护和平的态度——即使这意味着压制白人的逆向动员活动。[33]一段时期里公民权动员活动持续发展、对抗性的逆向动员日趋瓦解，其后，支持抵制公民权运动的政治回报日益减少，这导致州政府镇压逆向运动的活动，反过来又减少了社会运动和逆向运动之间斗争事件的数量。甚至在密西西比州这个种族隔离主义的堡垒里，商业社区居民中日渐增加的政治动员，终于促使州政府官员起而反对三K党(McMillen 1973, p.165)。[34]虽然这个一般的政治逻辑在许多关于公民权运动的研究中曾被讨论过，然而，这种政治斗争的理论含义在当代社会运动理论中已经被忽视了(Ashmore 1957, pp.118—121; Bloom 1987; Cobb 1982; Jacway and Colburn 1982; Nicholls 1960, pp.114—123)。

如同案例研究所表明的那样，联邦和州政府官员影响着地方斗争的强度。美国的分权制度使得各级政府中的政治计算和政治竞争更加关系到对改变斗争模式的理解(Meyer and Staggenborg 1996)。联邦政府对于干预并支持公民权激进分子迟疑不决，这给了各州相当大的余地以思考如何应对公民权动员运动，同样地，州政府的行为也可以因地制宜。在南卡罗来纳州，某些地方可能更加不妥协地要求州执法部门不要干预州长限制地方政府行动的命令。与此相反，路易斯安那州和密西西比州州政府长期不愿意镇压三K党的动员活动，致使爆炸、纵火和残酷的暴力行为频繁发生。

不仅商业领袖、中产阶级白人和其他人开始大声疾呼更大的克制，政府官员也认识到业已开始的转变所具有的政治含义。进一步扩大了黑奴解放的《公民权利法案》和《选举权利法案》的颁布实施，给政府官员传送了这样的信号:某些人对种族平等某些进展的持续抵制是不可避免的,但对于政治成功而言,继续抵制变革不再是可靠的策略(Black 1976, p.342)。结果,即使是在密西西比州,到60年代中期,州政府对无视法律行为的默许支持也走到了尽头(Harding 1987; Landry and Parker 1976, p.11)。最后,最高法院司法案例解释对于司法部门起诉反对公民权暴力行为的范围做了进一步扩展,这使联邦政府控制下的惩罚行为成为可能。[35]即使不考虑联邦政府、州政府和地方政府官员行政行为的特殊原因,最高法院司法解释的意义也是非常明显的:如果这些因素控制了社会运动-逆向运动冲突的主要范围,那么,解释这些相互作用就必须注意到影响这些政府行为的政治考量。

第四节　结　　论

在本文中,我尝试解释五个命题。首先,南方各州政府以不同方式对逆向运动活动作出反应。第二,我业已说明,伴随社会运动-逆向运动相互作用的争议并非随意发生的,而是受到政府行为的极大制约。第三,逆向动员发生后,州政府官员拥有支配社会运动-逆向运动之间相互作用的能力,就此而言,表面上看起来是社会上发生的大量斗争事件,应该视为正式或实际存在的州政府政策的产物。[36]第四,我提出,社会运动理论必须得到完善,以更好地包含产生于州政府官员、社会运动和逆向运动之间的各种复杂关系。特别需要注意的是,专注于州政府镇压能力的理论,有着忽视逆向运动可能成为州政府政策第三方"执行者"的危险。[37]有鉴于此,关于政治机遇结构的过分夸大的政府中心论是有瑕疵的。即使在注意到社会运动-逆向运动相互作用关系的那些人中,影响制定调节这些相互作用的政策的政治因素也明显被忽视了,或者没有理论化。第五,通过认真地考虑政府官员的政治计算,对于逆向运动活动强度的历时性变化,我提出了一个不完全解释模式。最后,除了这些命题以外,我提出,这个研究的主要创见可能是扩展了关于种族冲突的比较研究。种族冲突的强度似乎常常是社会对立的外在表现，即使如此，这个研究揭示出，政府对于大量的社会斗争事件常常拥有重要的控制能力。尽管对于社会珍贵资源的团体竞争影响着种族对立的强度，我认为，这种竞争关系产生在构成这种竞争关系的政治领域之中。如果忽视了政治对于斗争的规定作用，那么，对于种族冲突进行过度经济主义的解释就只会有有限的理论价值。只有关注政治对于团体关系的调节作用，我们才能开始说明种族斗争的历史模式，才能开出当今时代如何降低这种种族冲突的药方。

注　释

1. 在此研究中，我无法分清三 K 党和白人公民委员会的活动，尽管这些组织的活动明显不同。白人公民委员会，常常被描述成"住宅区三 K 党"，主要得到以种植园为主的一些县的精英的支持，更多致力于经济威胁、宣传鼓动以及其他温和形式的威胁，这个组织形式上主张避免使用暴力，实际上，几乎没有一个种族暴力事件是这个组织实施的。与此相反的是，三 K 党则不同，三 K 党主要得到工人阶级白人和中下层白人的支持，尽管形式上也避免使用暴力，但是人们经常发现三 K 党徒卷入白人至上主义暴力活动的案件之中，于是，人们就推断，许多暴力事件是三 K 党徒或种族主义者实施的，尽管人们并不知道他们的组织从属关系。关于白人公民委员会，可参见 McMillen(1971)；关于三 K 党，可以参见 Chalmers(1965)以及美国众议院报告(1967 年)；关于这些事件以及把这些事件作为研究案例的分析，参见 Olzak(1989)。

2. 在对相关研究文献作出卓越的调查以及提出一系列富有远见的观点方面，参见 Meyer and Staggenborg(1998)；也可参见 Lo(1982)、Mottl(1980)、Zald and Useem(1987)以及 della Porta and Reiter(1998)。麦克亚当阐述了国家对社会运动和逆向运动之间相互作用的调谐作用(1982 年)，马可斯(Marx)也曾做过这种阐述(1982 年)。关于国家发起而由私人团体执行的镇压活动，参见 Rosenbaum and Sederberg(1974)；关于 1880 年至 1930 年的私刑年代期间南方各州中国家认可的恐怖主义，参见 Tolnay and Beck(1992)。

3. 作者收集的资料。

4. 这些数字不包括与公民权利运动没有明显关系的种族暴力事件。

5. "州政府的镇压"在一般意义上包括州和地方执法官员的政府行为。

6. 例如，可以参看"州长霍奇斯的声明"，(北卡罗来纳州历史档案局档案，1958b)。在夏洛特市，警长禁止三 K 党在法院门前的草坪上集会(《纽约时报》1957 年 9 月 2 日第 26 页)。依据社会运动理论的说法，因为州政府当局镇压三 K 党一类组织动员活动的这种意愿和能力，北卡罗来纳州政治机遇的结构特别不利。关于坚强的领导和公众对于白人暴力的警告，参见 Vander Zanden(1965)。

7. 州调查局(SBI)的众多报告描述了三K党的活动及其努力发展告密者的情况,参见北卡罗来纳州历史档案局档案(1958a)。北卡罗来纳州及早注意到了三K党的活动,与此相反,密西西比州执法部门直到1964年才开始监视三K党的活动。

8. 北卡罗来纳州历史档案局档案(1958a)。

9. 韦德(Wade)把这种这个事实归于北卡罗来纳州美国联合三K党领袖鲍勃·琼斯的影响、以及州政府制定的使大多数组织成员能够合法运用的政治途径的计划。

10. 参见北卡罗来纳州历史档案局档案(1963a)。警察的报告显示"10次齐射12发标准枪射催泪瓦斯弹射入白人人群中,三次齐射202发(枪射弹)……,催泪瓦斯非常有效,人群立刻散开。"

11. 北卡罗来纳州历史档案局档案(1963b)。

12. 在最后的竞选活动中,霍林斯取代了南卡罗来纳大学前任校长唐纳德·拉塞尔,霍林斯攻击对方热衷于种族隔离,而使对方处于守势(Black 1976:80—82)。来自查尔斯顿的霍林斯在东部低地地区选情更好。

13. 根据业已通过的为阻止公民权运动而制定的几部法律,议会授权州长扩充执法部门以"维护公共和平,镇压暴力活动",参看《南方教育报道服务》(1964年,第48页)。

14.《南卡罗来纳州历史档案局采访J.P.斯特罗姆的访谈记录》(第29页)。

15.《参议员欧内斯特·F.霍林斯:西诺特采访记录》(1980, p.5)

16. 当然,尽管《纽约时报索引》里没有相关的报道,从游行示威者的立场来看,事情可能有所不同。一些关于南卡罗来纳州公民权运动的报道提到了警察的粗暴行径。布兰奇(1988, p.283)叙述了警察曾使用消防水龙头和催泪瓦斯。

17. 好怀疑的读者很可能想知道这段历史记录是否有所修改。

18. 在一次不公开的谈话中,霍林斯指出,一些人曾被扣留,他们就不能参与废除种族隔离活动,就不会制造麻烦。在这个特别的谈话里,当时的背景说明霍林斯所指的是废除种族隔离会员大会的成员,这里的"扣留"应该解读为"迟滞"而不是身体上的逮捕。

19. 尽管拉塞尔受到信任,克莱门森学院废除种族隔离的计划,在1月中旬拉塞尔就职演说之前就被讨论过。

20. 为了吸取密西西比州的教训,斯特罗姆局长访问了该州并会见休·克莱,休·克莱既是联邦调查局国家学院训练部主任,也是密西西比大学副校长。会见之后,斯特罗姆和盖斯克制定了避免摧毁法律和秩序的计划。《南卡罗来纳州历史档案局采访斯特罗姆的访谈记录》(第26页)。

21. 关于执法官员在干预之前是旁观斗殴还是适当采取行动,有关报道有所不同,参见《纽约时报》1961年5月11日第25页。佩克(Peck 1962)陈述道,警察先旁观后干预。根据霍林斯曾说过的罗克希尔市警察"不好"、"会给我们惹麻烦",似乎更可信的是,警察在居中调停以保护自由乘车者之前可能确实迟迟无所作为。

22. 两周前,在州府哥伦比亚市,非洲裔美国人自由乘车者在一个格雷杭德长途汽车终点站的午餐柜台受到招待,没有什么突发事件(New York Times, May 31, 1961, p.23)。

23. 关于这个问题,参见 Barkan(1984)。

24. 麦卡里克谈道:州长戴维斯起初在议会领导该州抵制公民权运动,后来他放弃了在议会里指导该州种族政策,选择了反对“站在一个校舍门口”或其他形式的由于行政干预而导致的州和联邦政府之间的冲突。

25. SCR1 和 HCR1(第二次特别修订版,1960 年)引自费尔克拉夫著作(Fairclough 1995, p.244),另见《南方教育报道服务》(统计概要)(第 28 页)。

26. 州政府以不正当方式运用反三 K 党法律攻击全国有色人种协进会(NAACP)这个最突出的种族融合支持者,利用这些法律,州首席检察官要求该组织到州务秘书那里登记成员名单。在该组织拒绝这样做之后,州政府起诉该组织,并成功地得到禁止全国有色人种协进会开展活动的禁令,由此进一步削弱了该组织。最后,全国有色人种协进会新奥尔良分会、莱克查尔斯分会和什里夫波特分会上交了成员名单。莱纳克迅速得到了名单并转交当地公民委员会,并在报纸上予以公布(Fairclough 1995, pp.195—197、207—211)。

27. 根据《纽约时报》的报道,委员会的报告是根据一个公开听证会而作出的,这个听证会没有任何公告。

28. 但是,在 60 年代后期,州长麦基森又表示反对公立学校合并(Fairclough 1995, pp.242—244)。

29. 1954 年至 1965 年期间,《纽约时报索引》尽管曾列举了几个宣告无罪的案件,但是却没有一例白人因为反对公民权或施行种族暴力而被判有罪的报道(Belknap 1987, pp.128—158; Harding 1987)。

30. 格尔(Gurr 1989, p.207)也指出,三 K 党的活动是继续还是减少,依赖于官方是容忍还是镇压。

31. 也可参看 Eichhorn(1954, p.136)。查默斯也曾写道:“因此,在那些公众和警察的意见确保了高度安全的地方,三 K 党只有转向暴力。”关于在亚拉巴马州伯明翰市发生的未得到官方支持而反对三 K 党徒的事情,参见 Corley(1982, p.180)。

32. 尽管麦克亚当(1982, pp.174—179)提到了白人种族至上主义者、公民权积极分子和联邦政府之间的相互作用,但是他没有尝试去解释一下:为何某些州和地方政府比其他州和地方政府更多或者更少地容忍针对示威者的官方暴力或私人暴力。与此相近的是,伯斯坦(1985, 1998a)曾批评社会运动理论家相对忽视了社会运动是如何影响舆论和政治过程的。

33. 此外,1964 年《公民权利法案》和 1965 年《选举权利法案》的颁布实施,为那些摇摆不定的各级政府当局提供了选举报复的额外保护,因为人们可以指责是联邦政府强制进行变革的。

34. 关于南方各州政府对公民权动员活动的政治回应的进一步探讨，可以参看 Luders(2000)。

35.《美国政府诉格斯特案》和《美国政府诉普赖斯案》，从根本上扩大了现行法律下联邦政府起诉公民权侵害案件的权限。

36. 尽管逆向运动暴力无疑影响着起初的社会运动，这种影响的本质却是非常复杂的，在某些事例中，严厉的镇压可能扑灭社会运动；在其他事例中，社会运动可能由于国家的镇压而更加壮大。参见 Gupta、Singh，and Sprague(1993)以及 Gurr(1970)、Lichbach and Gurr(1987 年)。在公民权运动的案例中，故意惹起白人的暴力行径，是为了敦促议会及早确立公民权议事日程，并瓦解种族隔离主义政治联盟。社会运动必须回应逆向运动，这是简单的道理。

37. 在其他地方，例如前南斯拉夫、东帝汶、北爱尔兰和哥伦比亚，准军事组织就是这样运转的(Cigar 1995；Tesoro 1999；White 1999)。

2

国家与社会运动

——联邦调查局针对新左翼的反谍活动

戴维·坎宁安

社会运动研究文献关注最多的是:个人是如何成为运动参与者的、这些运动是如何动员社会资源以达到运动目的的。本文的关键创见是,社会运动具有难以置信的脆弱性。模拟社会运动在各种条件下成长过程的研究总是会发现:利益分割的微小变化、目标群体的内部联系水平、或者关键人物掌握的资源数量,都能极大地改变社会运动的结果(参见 Granovetter 1978; Kim & Bearman 1997; Marwell & Oliver 1993)。很明显,反对社会运动的人也认识到了社会运动的脆弱性。社会运动反对者正是基于这种认识而采取行动,并常常会给社会运动造成灾难性的后果,这个事实在那些通过恐怖措施维持存在的极权主义国家里异常明显。现代民主国家也实施镇压措施,尽管由于试图瓦解抗议团体的组织结构而经常显得更加微妙。

虽然社会运动反对者扮演了重要角色,但是社会运动研究者却极大地忽视了这个方面,他们仅仅习惯性地关注镇压的实施问题(尽管也有例外,例如 Davenport 2000; Tilly 1978)。本文主张,为了更加全面地理解镇压对于社会抗议活动的影响问题,我们需要理解政府当局是如何组织和实施镇压的。我研究的特定背景是 1961 年至 1971 年期间的美国,在此期间,联邦调查局实施了一项国内反谍计划(官方把这个计划缩写为

COINTELPRO),该计划针对的是共产主义者、仇视白人者、新左翼、黑人民族主义者或仇视黑人的各种社会团体,镇压行动都是由其他机构实施的(在联邦政府方面,是中央情报局、国家安全局等机构;在地方政府层面主要是警察部门)。该计划的实施完全是为了对社会抗议团体进行"揭露、瓦解、误导、诽谤或其他压制活动",因为在他们看来,这些社会抗议团体从事的是威胁美国政府安全的活动,就此而言,国内反谍计划是独一无二的。

这里,我更加详细地阐释了联邦调查局针对新左翼的国内反谍计划,而且,我认为,涉及实施镇压的一个关键问题是:国内反谍计划对于新左翼的衰落产生了什么影响?通过该计划的实施,联邦调查局瓦解新左翼的成功程度是效果明显的,但是同样重要的是,如何解释内生的组织过程既促进了、也阻碍了该计划的整体效果。通过集中研究联邦调查局内部的情报信息流,我阐明了联邦调查局核心层的革新和控制之间的张力是如何最终限制了其有效达成预期目的的能力的。推而广之,我提出,对于镇压机构内部组织过程的研究,能够使我们更加接近全面地理解政府镇压对于抗议活动结果的影响。

第一节　镇压社会运动/集体行动的研究文献

人们普遍认为,提高源自镇压的预期成本能够限制抗议团体形成参与动机的能力,或者更直接地造成事实上的参与障碍(McAdam 1982,1996;Klandermans and Oegema 1987;Morris 1984;Tarrow 1998)。当分析模型采用人际影响模式,或者当许多个人"就捐助一项集体行动作出决定时考虑其他人已经捐助了多少"的时候,镇压甚至起到了更大的作用(Oliver,Maxwell,and Teixeira 1985,p.504)。基于这种想法,有些人不愿意承担镇压造成的潜在成本,这也影响了其他人的决定,因为参与者和非参与者都倾向于在一个团体中获得"乘数效应"(Oberschall 1994)。

然而,专注于镇压社会抗议问题的研究,往往仅仅考虑了镇压对于抗议团体动员参与者的能力的影响。奥普和罗赫(Opp and Roehl 1990)主张，镇压对于抗议活动有着直接的负面影响（通过提高抗议活动的预期成本），但是，“微型动员过程”能够消除这种影响，甚至创造出强化抗议活动的环境。这种主张源自一个持久的研究争论：何种程度的镇压影响随后的抗议浪潮。很多研究都认为，视镇压为非法行为的观念能够创造出一种道德义愤感（DeNardo 1985；Gamson，Fireman，and Rytina 1982；Goldstone and Tilly 2001；White 1989）和（或）进一步造成对社会政治机构的大失所望（Opp and Roehl 1990），这两者都能够导致社会抗议活动的增加。对于这个观点目前尚未形成一致意见，然而，而且许多分析者也认为，镇压对于抗议活动的影响有积极的、消极的、U字形的（Gurr 1970）、倒U字形的（DeNardo 1985；Muller and Weede 1990）、平S形的（Neidhard 1989）、倒平S字形的（Francisco 1995）。直到最近，最显著的研究发现是，所有可能的影响关系都得到社会运动研究领域经验研究的证实。最近，雷斯勒（Rasler 1996）的研究著作有效地引入了时间和空间维度，雷斯勒发现，镇压对于抗议活动有着短期的消极影响和长期的积极影响两个方面，从而否定了以前的结论：短期内镇压会增强社会抗议活动，而随着时间的流逝，镇压常常能够成功地压制住不同意见（参见 Hibbs 1973）。

但是，如果不考虑这种假设关系的形式，这些观点认为镇压的效果取决于参与者的下列能力：(1)感知政府当局过去镇压效果的能力；(2)预期政府当局镇压未来抗议活动的能力。所有这类研究中暗含的观点是：政府当局的镇压是有公开目的的（因此也是可以预期的），镇压是政府当局为应对抗议活动而实施的，目的是为了提高未来抗议活动的成本，相应的，镇压活动总是按照这种假设以一以贯之的方式实施。衡量被捕者的数量或者政府当局为制止抗议者前往抗议活动地点而采取的措施，可以确定镇压的整体情况（Gibson 1989；Opp and Roehl 1990；Rasler 1996）。这种假设认为，政府的整体活动会与逮捕及其他形式的镇压行为以同样的方式对抗议者产生影响，超越这种假设是非常重要的。

如同我们将要看到的，国内反谍计划的许多镇压行动是秘密进行的、先发制人的，试图在抗议活动发生之前就阻止这些破坏性活动。由于我们再也不能盲目地接受这个结论：抗议者对镇压的感知能力与政府当局的镇压措施是匹配的（参见 Kurzman 1996），因此，镇压和其后的抗议活动之间的直接关系很少是直线性的。另外，通过减少抗议团体的可用资源、破坏其内部团结和信任，秘密镇压可以间接地减少抗议活动。但是由于我们不能通过分析抗议者感知政府当局的活动来准确地测量秘密镇压，我们的关注焦点就得转向对镇压者自身的研究。

第二节 研究背景：国内反谍计划时期的联邦调查局

1956 年至 1971 年期间，联邦调查局实施了一项国内反谍计划，人们通常称此计划为 COINTELPRO。该计划是在 J. 埃德加·胡佛的指导下发起的，此人自 1924 年至其去世的 1972 年间一直是联邦调查局局长。在该计划实施过程中，国内反谍计划针对的社会团体的范围急剧扩大，一旦某一特定类型的社会团体被确定为该计划针对的目标，一个单独的国内反谍计划就开始启动。第一个国内反谍计划始于 1956 年，针对的目标团体是美国共产党，随后逐步增加的反谍计划针对的目标团体有：社会主义工人党(1961 年)、仇视白人团体(1964 年)、黑人民族主义者/仇视黑人团体(1967 年)、新左翼(1968 年)。[1] 理论上，这些单项计划如果达到目的就可以终止(也就是说，如果目标团体已被完全压制)，然而在实践中，这些计划没有一个终止的，甚至当目标团体已经长时期不活动、因而联邦调查局地区办事处要求终止单项计划时最终也没有终止。[2]

每一项国内反谍计划都在联邦调查局地区办事处里指定一个特别主管(最终有 59 个地区办事处参与其中，每个办事处至少参与了一项国内反谍计划)，特别主管被要求首先汇编一份关于所有目标团体及其关键人物[在(目标团体)背后起推动作用的那些人，以及我们需要加强调查的那些人]的花名册，并提交一份有效开展反谍活动的建议书。在对付新左翼的过程中，联邦调查局局长。[3]

在一份给所有地区办事处的备忘录里总结了全部建议书。特别主管们被要求在各自分管的反谍事务中提交关于镇压目标团体的特别建议，这些特别建议在付诸实施前必须得到局长的批准。局长常常要求特别主管修改建议书，对于一个特别主管而言，在得到批准之前反复修改建议书是很平常的。最后，每一个特别主管负责编写季度进展报告，概括说明将来可能采取的行动以及过去行动的实际成效。

尽管国内反谍计划没有展现出 1956 年至 1971 年间抗议团体遭受镇压的全貌[4]，但对于研究国家组织实施的镇压而言，它确实提供了一个理想的分析背景。每项国内反谍计划都是一个组织，其工作是详细说明叛乱的范围、作出实施镇压的决定。该计划的本质确保了，一旦国内反谍计划的组织结构得到批准并定型，决策制定过程就纯粹是内生的。批准任何一项反谍行动的最低要求是，决不能让人们察觉出联邦调查局是该行动的发起者。而且，胡佛局长极力确保国内反谍计划从其他联邦机构中独立出来（参见 Keller 1989，第二章和第三章）。[5]

第三节　相关资料

事实上，所有关于国内反谍计划的情报交流都采取备忘录的形式，在位于华盛顿的局长办公室与美国 59 个城市的地区办事处之间传递。《信息自由法》颁布以后，公众都可以查阅这些备忘录，所有这些备忘录在 1977 年公之于众（大约有 5 000 页），学术研究资料公司将其拍摄成缩微胶片。人们无法测定联邦调查局尚未公布的备忘录的数量，戴维斯（Davis）声称，1977 年公布的备忘录是“全部的备忘录”，然而他并没有解释我们如何才能证实这个估计。[6]更让人感慨的是，阅读这些档案后，感觉它们构成了一个完整的叙述体系。由于有大量的建议书和行为可以前后印证，这些叙述以明白易懂的方式为人们提供了对这些资料的全面理解。除了极少数例外，我能够拼凑出这些构成国内反谍计划的信息和行动的前后顺序。当然，很可能的是，有许多行动（可能是重大的行动）根本就未包含在这些档案中，而是以电话交谈的面对面方式或以高度机密的备忘录标题形式进行的。然而，这种可能性不太大，因为联邦调查局是一个高度官僚化的组织，重视所有行动的相关文件。而且，因为国内反谍计划在《信息自由法》颁布之前已经终止，任何人都无权要求联邦调查局把这些档案中的情报信息公之于众。如果如此"绝对机密"的档案文件确实存在，那也没有什么明显的办法研究这些档案所记录的行动，也没有什么办法完整地获得这些情报资料。

除了这些可能尚未公布的文件以外，联邦调查局也审查公布的部分档案文件，以"保护国家安全利益"或防止对执法过程的干预。[7]有些文件删除了讨论针对某些团体采取特殊行动的整段文字，这些删节阻碍了我的分析研究。然而更经常的现象是，这些删节仅包含告密者的名字，在某些部分，也删除了特定目标团体的名字(尽管这些目标团体的简要情况一般来说并未删除)。即使有整段或整页的删除，有时也有可能重新再造一个事件中被删除的那部分，因为这些删除部分一般来说在众多的备忘录中会有所显示(众多的备忘录记录了针对特定目标团体实施的许多特殊事件的相关建议和情报信息，除此之外，每个地区办事处都被要求呈交季度进展报告，概述下一步将要采取的反谍行动以及以往行动的"实际成效")。在一个备忘录中已被删除的信息，常常包含在随后的季度进展报告的概述之中。

第四节　针对新左翼的国内反谍计划

在针对新左翼的国内反谍计划实施的三年之中，地区办事处建议采取广泛行动镇压众多的目标团体。联邦调查局从未对"新左翼"一词加以正式界定，该计划的制定是为了惩处"极力鼓动美国革命、叫嚷要让美国在越南遭到失败"的那些积极分子(Memo from C. D. Brennan to W. C. Sullivan, 5/9/68)。同样清楚的是，许多积极分子处在大学校园里。[8]在起初对新左翼积极分子的概述书中，几个特别主管讨论了界定新左翼的困难之处。[9]尽管联邦调查局的有关指示相当模糊(可能联邦调查局自己也搞不清楚新左翼的确切含义)，实际上反谍计划针对的目标团体的范围十分广泛，包括：

● 学生团体。例如“争取民主社会学生运动”及其内部的众多派系（“气象员”、“工人—学生联盟”、“革命青年运动Ⅰ”和“革命青年运动Ⅱ”，等等）、“反战反法西斯运动”、“南方学生组织委员会”。

● 反战团体。包括“学生动员委员会”、“新动员委员会”。

● 无政府主义者团体。最鲜明的例子是“青年国际党”，起初是由阿比·霍夫曼和杰里·鲁宾领导的，但是一些组织松散的嬉皮士类型的地方团体也被联邦调查局认为是鼓吹无政府主义的团体。

● 与共产党有联系的团体。包括“青年社会主义联盟”、“社会主义工人党”、“美国迪布瓦俱乐部”。[10]

● 杰出的社会名人。这些人被认为具有政治敏感性、与新左翼紧密结盟，其中许多人是学术界人士（例如：安杰拉·戴维斯、赫伯特·马库塞以及其他16位美国大学教师），有些人业已取得了积极分子或革命者的社会地位，但已脱离了组织联系（例如：马克·拉德、埃尔德里奇·克利弗）。

● 地下出版物。许多报纸或期刊都是自印的，目的是为了联络同情新左翼事业的那些人。例如：《开放城市》（洛杉矶地区出版）、《圣弗兰西斯科快递时报》（圣弗朗西斯科）、《鸭子权力》（圣迭戈）、《老鼠》（纽约市）。

● 黑人抗议团体。这类团体中有许多团体与后来的公民权运动有联系，最显著的是“学生非暴力统一行动委员会”、“黑豹党”。其他这类团体包括：“黑人学生联合会”、“黑人学生组织”，这些团体仅在大学校园里活动。

从根本上看，联邦调查局镇压这些社会团体和个人的目的，除了压制这些团体的政治要求、把破坏性降低到最低限度以外，更多的是要对抗对美国传统生活方式的挑战。这种对于新左翼反传统[主流]文化价值观的关注，可以通过联邦调查局辛辛那提市地区办事处处理安蒂奥克学院（俄亥俄州的一个小型自由艺术学院）的事例加以说明。根据负责对新左翼实施镇压的辛辛那提地区办事处特别主管的说法，安蒂奥克学院“绝大多数时间是由一个好斗分子小团体管理的，在‘高级知识分子’的伪装下，学院当局允许攻击美国社会的一切方面，任何一个到访该校园的人都会怀疑其学术环境，*因为很多学生都有着肮脏的反社会的外表和行为，可以把他们看作是十足的披头士*[*]*的典型*。”（《给局长的备忘录，6/3/68》，斜体字是我强调的）。辛辛那提特别主管的报告中也提到，由于安蒂奥克学院管理者的许可，过去一学年里学院没有发生一起破坏性事件，而且，“实际上也没有什么理由认为[将来]会有破坏性活动，因为学生被允许做自己想做的事情，没有遇到来自学院管理者的任何干预”（《给局长的备忘录，7/16/68》）。尽管如此，安蒂奥克学院的学生却一再被列为辛辛那提地区办事处的镇压目标，这可能是因为他们坚持反对现存体制的理念，而不是因为他们可能的破坏性威胁。基于同样的思维方式，联邦调查局实施的镇压新左翼的许多计划聚焦于某些团体成员的“不道德的”或“肮脏的”生活方式，而不是他们的政治理念。密西西比州杰克逊地区办事处走得更远，甚至仅仅根据其“嬉皮士”生活方式认定新左翼的成员，同样的，纽瓦克地区办事处把新左翼报纸描绘成：

> 一种垃圾，只能使人们心灵堕落，它代表了某些大学校园里由于追随新左翼的不道德理论而产生的精神状况……在一封信中，实证研究文献提到了这一点……包含79个淫秽词语，提到了乱伦、性欲、生物，还有48个“粗话”词语，以及12处妄称上帝之名。

因此，政治理念与生活方式混杂在一起，后者常常促使联邦调查局对新左翼实施镇压。

由此，许多反谍行动针对这些团体而付诸实施。尝试对这些行动进行最全面分类的是丘吉尔和范德沃尔（Churchill and VanderWall 1988），他们列举了10种适用于反谍计划的分类“方法”。这些方法（例如，证据构成、使用卧底和坐探、逮捕数量）表示了某个镇压行动的形式。然而，即使采取相同的形式，每个行动的功能却可能大不相同（例如，卧底可以用来破坏目标团体的内部组织，也可以在团体之间制造纠纷）。我把丘吉尔和范德沃尔的分类方法加以扩展，把形式和功能视为两个独立的维度，由此，一系列截然不同的行动（形式）就可能被用来实现相同的目的（例如执行相同的功能）。形式在实现功能过程中的分布程度以及形式的历时变

---

* 意指“垮掉的一代”。——译者注

化,可以使我们更好地分析国内反谍计划中实施镇压的组织,也可以使我们根据以往的镇压行动更好地研究镇压过程。

关于镇压新左翼,我区分了 8 种功能和 14 种形式,参见表 2.1。表 2.2显示了 462 项针对新左翼的国内反谍计划的镇压行动中所有的形式和功能之间的分布状况。在 112 种可能的形式-功能的组合中,仅有 35 种被实际使用。[11]在这 35 项行动里,有 16 项较其他 3 项较少使用。在以下部分里,我将集中探讨每类行动的具体模式,特别是行动类型的历时创新。为了阐明国内反谍计划是如何把每对形式-功能组合付诸实际行动的,表 2.3 进行了归类,其中包含每一类行动的具体实例。

表 2.1　针对新左翼的反谍行动的类型学

功能	
1	造成消极的公共形象
2	瓦解内部组织
3	制造团体之间的纠纷
4	限制使用团体资源
5	限制抗议活动能力
6	削弱目标个人参与团体活动的能力
7	转换冲突
8	收集信息(情报)
形式	
A	寄匿名信
B	寄假信
C	寄送文章或公共文献
D	给官员提供信息
E	伪造证据
F	利用密探
G	利用媒体资源
H	散布联邦调查局编造的关于目标团体的信息
I	会见目标人物
J	提供错误信息
K	打匿名电话
L	积极骚扰目标团体
M	提供资源给反对新左翼的团体
N	发送嘲笑类型的信息

表 2.2 针对新左翼的国内反谍行动的形式-功能组合

		形式														
		A	B	C	D	E	F	G	H	I	J	K	L	M	N	总数
	1	6	0	0	1	—	4	41	16	—	—	—	—	2	0	70
	2	7	11	0	0	1	24	0	10	3	0	0	1	0	5	62
	3	2	20	0	0	0	10	2	0	0	0	0	0	0	8	42
功	4	1	0	0	27	—	1	00	0	0	0	0	0	0	0	29
能	5	13	0	36	39	—	0	0	1	0	3	1	0	0	0	94
	6	41	0	0	111	0	0	3	0	2	0	0	0	0	0	157
	7	0	0	0	1	—	0	0	0	0	0	0	0	0	0	1
	8	—	—	—	0	—	4	—	—	3	—	—	—	0	0	7
总数		70	31	36	179	1	44	46	27	8	3	1	1	2	13	462

表 2.3 针对新左翼的反谍行动的类型学

(1) 制造一种不利的公共形象

(A) 寄匿名信

《1968 年 8 月 2 日，底特律地区办事处致局长的备忘录》

建议寄匿名信给地方报纸，批判即将召开的由"和平自由党"和"新政治党"发起的"激进分子大会"。

(D) 给官员提供信息

《1969 年 12 月 10 日，圣安东尼奥地区办事处致局长的备忘录》

联系大量官员以激起反对"暂停越战委员会"活动的骚乱，这种骚乱导致"暂停越战委员会"公布日益减少的老兵姓名的计划以批评性方式出现在报刊上。

(F) 利用密探

《1969 年 10 月 3 日，克里夫兰地区办事处致局长的备忘录》

把便衣渗透进"争取民主社会学生运动"之中，在电视屏幕上造成该团体的极端好战形象。

(G) 利用媒体资源

《1970 年 1 月 7 日，华盛顿地区办事处致局长的备忘录》

建议宣扬"气象员"组织(从"争取民主社会学生运动"中分裂出去的团体)主办的报纸具有"反以色列"色彩，媒体报道应该"建议犹太人社区团体实施的全国教育计划去指出'争取民主社会学生运动'政治观点的邪恶本质"。

《1970 年 3 月 31 日，费城地区办事处致局长的备忘录》

与媒体建立持久的联系，以激励两类文章的写作，这些文章要"用明白易懂的大众语言清楚地说明新左翼阴谋的连锁性质，以及新左翼造成的不幸"。

(H) 在目标团体中散步联邦调查局编造的消息

《1969 年 2 月 7 日，芝加哥地区办事处致局长的备忘录》

（续表）

建议散发小册子给负责任的、温和的学生团体，这些小册子把“争取民主社会学生运动”描绘成由一些“被宠坏的幼儿”组成的团体。

（M）提供资源给反对新左翼的团体

《1969 年 2 月 11 日，杰克逊地区办事处致局长的备忘录》

建议帮助不知名的“美国军团”成员出版一本反对新左翼的小册子，这本小册子计划在密西西比州大学和高中里散发。

（2）瓦解内部组织

（A）寄匿名信

《1969 年 9 月 18 日，盐湖城地区办事处致局长的备忘录》

建议寄一封匿名信给在犹他大学的“争取民主社会学生运动”主席，指控一个著名的新成员是联邦特工。

（B）寄假信

《1969 年 1 月 8 日，芝加哥地区办事处致局长的备忘录》

散发信件（伪装成是一个“争取民主社会学生运动”成员写的），信件标题是“‘争取民主社会学生运动’全国办公室的背叛”，信件指控“争取民主社会学生运动”全国总部官员忘记了少数民族居住区，试图仅仅组织蓝领工人。

（E）编造证据

《1970 年 8 月 31 日，局长致洛杉矶地区办事处的备忘录》

把一个不知名的“进步劳工党”成员的经过修改的信件送交该党另一个成员，希望能造成这种猜疑：前者是一个告密者。

（F）利用密探

《1970 年 10 月 23 日，局长致第十三区办事处的备忘录》

派遣曾经是“争取民主社会学生运动”/“工人学生联盟”在册成员的密探参加即将在底特律和圣何塞举行的会议和游行示威，以“促进帮派主义，在‘争取民主社会学生运动’全国总部主要成员中就目前的运动政策制造纷争”。

（H）散布联邦调查局编造的关于目标团体的信息

《1970 年 6 月 29 日，辛辛那提地区办事处致局长的备忘录》

散布杰里·鲁宾在“辛辛那提警察局里一个和解地点”的照片，以在“气象员”组织里造成这种猜疑：鲁宾是警察局的特工。

（I）会见目标人物

《1970 年 10 月 28 日，局长致第十四地区办事处的备忘录》

会见那些曾经接触到“革命联盟”全国组织核心的个人，以使“革命联盟”的预备成员相信：这个组织已经被密探渗透到了高层。

（L）积极骚扰目标团体

《1969 年 2 月 28 日，新奥尔良地区办事处致局长的备忘录》

直接打电话给目标个人以骚扰之，也可以打电话给其雇主以骚扰之，还可以通过其追随者打电话骚扰之。

（N）发送嘲笑类型的信息

《1971 年 1 月 6 日，明尼阿波利斯地区办事处致局长的备忘录》

建议邮寄一些卡通画，匿名嘲笑新左翼成员是“嬉皮士”。

(续表)

(3) 在抗议团体之间制造纠纷

(A) 寄匿名信

《1969 年 1 月 24 日,纽约地区办事处致局长的备忘录》

建议寄一封匿名信给“学生动员委员会”,希望能够造成这种猜疑:《解放新闻服务》在为联邦调查局工作。

(B) 寄假信

《1969 年 12 月 22 日,纽约地区办事处致局长的备忘录》

建议寄一封假信,就说一个匿名寄信人不再为“黑豹党”早餐计划提供资金,以扩大对一个掌管资金的黑豹党成员的猜疑,并加深“黑豹党”和“争取民主社会学生运动”之间的分裂。

(F) 利用密探

《1969 年 6 月 4 日,芝加哥地区办事处致局长的备忘录》

使用一个密探接近芝加哥“黑豹党”领导层,以便在“争取民主社会学生运动”和“黑豹党”之间制造分裂,也可以准备并散发一张卡通画,“突出显示‘黑豹党’对‘争取民主社会学生运动’的谄媚”。

(G) 利用媒体资源

《1969 年 8 月 26 日,波士顿地区办事处致局长的备忘录》

建议提供信息给媒体,以便在关注“争取民主社会学生运动”和“黑豹党”之间分裂问题的文章中使用。

(N) 发送嘲笑类型的信息

《1969 年 2 月 7 日,纽约地区办事处致局长的备忘录》

建议匿名散发一份传单,嘲笑“全国动员委员会”领导人戴夫·德林杰,传单意思是:鹬蚌相争,渔翁得利,“胜利者”设计为德林杰。

(4) 限制目标团体获取资源的途径

(A) 寄匿名信

《1970 年 1 月 19 日,明尼阿波利斯地区办事处致局长的备忘录》

建议邮寄一份匿名信给“青年社会主义联盟”大会的一名批评者,希望他/她能给明尼苏达大学董事局“造成压力”,使董事局不允许“青年社会主义联盟”使用大学公共设施进行“激进”活动。

(D) 给官员提供信息

《1968 年 6 月 17 日,匹兹堡地区办事处致局长的备忘录》

联系一名与梅隆基金会“有合作关系的”官员,以阻止“联合公司”(一个公民权团体)的一份资助申请。

(F) 利用密探

《1969 年 8 月 6 日,哥伦比亚地区办事处致局长的备忘录》

一名密探在一个新左翼俱乐部里获得了新左翼可以利用的大量资料,然后加以销毁。

(5) 限制目标团体的抗议能力

(A) 寄匿名信

《1968 年 7 月 26 日,芝加哥地区办事处致局长的备忘录》

（续表）

建议送一封匿名信给芝加哥大学理事会，警告他们注意"'新大学大会'带来的危险"，以使他们限制"新大学大会"的活动。

(C) 寄送文章或公共文献

《1968年8月12日，局长致第十区办事处的备忘录》

寄送一些《读者文摘》上批评"争取民主社会学生运动"在哥伦比亚大学举行活动的复印文章给该大学管理者，这些管理者"不愿意采取决定性的行动反对新左翼"，以鼓励他们在将来限制这些团体的自由。

(D) 给官员提供信息

《1970年10月7日，俄克拉何马市办事处致局长的备忘录》

给俄克拉何马大学官员提供关于阿比·霍夫曼计划访问该大学的相关信息，以促成取消此次访问。

(H) 散布联邦调查局编造的关于目标团体的信息

《1969年6月18日，纽约地区办事处致局长的备忘录》

建议散发一份用来中断计划要召开的"全国动员委员会"会议的传单。

(J) 提供错误消息

《1968年8月15日，C.D.布伦南致W.C.沙利文的备忘录》

送交250份乡下游行示威者的住房申请给民主党全国大会，这些申请都用假姓名和假地址，以"在游行示威者中间产生相当大的混乱"。

(K) 打匿名电话

《1970年12月28日，洛杉矶地区办事处致局长的备忘录》

伪装成加利福尼亚大学洛杉矶分校学生的父母，愤怒地打电话批判安杰拉·戴维斯。

(6) 削弱目标个人参与团体活动的能力

(A) 寄匿名信

《1968年11月25日，克里夫兰地区办事处致局长的备忘录》

建议送一封匿名信给两个目标人物的父母，通知他们其子女在反战活动中正在绝食。

(D) 给官员提供信息

《1969年1月6日，洛杉矶地区办事处致局长的备忘录》

联系一些官员，以保证一个目标人物不再被州立圣菲尔南多河谷大学雇佣。

(G) 利用媒体资源

《1971年4月1日，迈阿密地区办事处致局长的备忘录》

提供关于"气象员"组织逃亡者的有关信息给地方媒体，以便在关于这些逃亡者的文章中使用，并获得逃往地点的大量线索。

(I) 会见目标人物

《1970年3月30日，里士满地区办事处致局长的备忘录》

访问"激进学生联盟"成员，以确定"争取民主社会学生运动"逃亡者的藏匿地点，并阻止其他人加入"激进学生联盟"。

(续表)

(7) 转移冲突

(D) 给官员提供信息

《1969 年 12 月 23 日,阿尔伯克基地区办事处致局长的备忘录》

通过环境卫生服务署官员干扰“学生组织委员会”出售食品,声称这些食品达不到健康标准,以促成就此小事产生冲突。

(8) 收集信息(情报)

(F) 利用密探

《1969 年 2 月 14 日,华盛顿地区办事处致局长的备忘录》

在“争取民主社会学生运动”的一次集会上散布请愿书,以获得其成员的笔迹样本、住址以及其他信息。

(I) 会见目标人物

《1969 年 7 月 1 日,诺福克地区办事处致局长的备忘录》

会见一名“承认以前曾是共产党员”的不知名的大学教授,以了解大学校园里的抗议活动。

第五节 国内反谍计划的效果

除了联邦调查局的意图以外,国内反谍计划对于目标团体有着重大影响。在这一节里,我从两个层面探讨这些影响。首先,某项国内反谍行动的“直接的实际成效”,在特别主管呈交局长办公室的季度进展报告中都有记录。这些行动中只有一部分记录可以看到结果部分的文字,这些关于行动结果的档案记录,使我们可以对联邦调查局实施的针对新左翼引起的各种威胁而作出的反应进行某些分析。另外,这些结果记录提供了评估国内反谍计划对其目标团体产生的真实影响的一种相关资料。然而,由于这些报告反映的是参与了这种结果产生过程的特定人物的看法,因此它们不可能是不偏不倚的记录。作为对联邦调查局这些档案文件的补充,我增加了国内反谍计划在新左翼运动衰落中所扮演的角色的相关阐述。由于社会运动的衰落是一个极其复杂的问题,不能简单地归结于少数原因,我探讨了某些特殊类型的联邦调查局镇压行动在其目标团体(诸如“争取民主社会学生运动”)最终解散的过程中所起的作用。恰如我们将要看到的，镇压对于抗议组织动员社会资源的能力产生了直接影响，对与社会运动关系最紧密的那些人更是产生了直接的长期影响。

一、联邦调查局报告中关于国内反谍行动的“实际成效”

衡量国内反谍计划的实际效果，需要知道由该计划而实施的许多行动的结果。由于不可能总是知道某些镇压行动对目标团体产生的真正影响，特别主管们被要求在呈交的季度进展报告中汇报镇压行动的“实际效果”。从这些报告中，我们可以获得特别主管们对于地区办事处实施的镇压行动的评估的某些信息。也可以获得局长办公室对于地区办事处某类行动的实施效果的评估信息。不幸的是，大多数镇压新左翼的行动结果并未包含在季度进展报告中，这就给全面理解国内反谍计划的结果造成了困难。对业已被汇报的相关结果，我都进行了分类，根据包含在描述某个特定行动结果的备忘录中的相关信息，将其分为失败或成功两大类。在所有这些行动中，其结果都符合其中的一类，我只能推测这是由于结果模糊的那些行动并未在报告中得到反映，在针对新左翼的 463 项行动中，有 85 项（占 18.4%）已经知道其结果，其中成功的数量大大超过失败的数量（77 比 8），这也许是因为，特别主管们为了升迁而更愿意报告成功的行动，而不可能是因为难于把那些失败的行动归结为不完全成功、因此也无法汇报实际效果。报告中绝大多数成功的镇压行动都是非常真实的，从逮捕数量、抗议活动参与者丢掉了工作，到抗议组织被拒绝进行公共集会，然而，这些镇压行动可能并不像镇压实施者为了提高声誉而夸夸其谈的那样成功。为了理解这些档案中记录的成功的镇压行动，表 2.4 列举了针对新左翼的国内反谍计划的所有分类结果。

表 2.4 中列举的镇压行动结果的类型十分广泛。联邦调查局试图实现的 8 种功能中有 7 种都以某种形式得以实现（参见表 2.2 中关系到国内反谍行动的全部功能范围）。最普遍的结果是成功地瓦解了目标团体的组织。联邦调查局也经常使用多种方式制造或维持许多目标团体的负面社会形象。次之，国内反谍行动成功地在目标团体之间制造了分歧，限制了目标团体获得资源（资金或其他东西）的途径，也限制了目标团体以及个人参加抗议活动的能力。[12]

表 2.4　报告中提到的针对新左翼的反谍行动获得的成功结果

结　　果	出现数量
目标组织发生内部冲突和/或组织解体	9
目标人物被解雇	9
立法者和/或大学管理者加大对学生抗议活动的惩罚	7
目标人物被捕	7
目标组织之间产生冲突	6
组织成员被迫离开组织	6
报刊文章使用联邦调查局提供的信息	4
目标组织活动的资金成本提高	4
目标组织失去了会议地点或指挥场所	4
目标组织的成员被错误地怀疑为密探	3
目标组织解散	3
目标人物失去了工作机会	2
目标人物离开学校	2
由于感觉受到美国移民归化署的压力，目标人物离开美国	2
成功地造成了目标团体（人物）的负面公共形象	2
目标组织的电话服务中断	1
破坏了目标组织之间合作进行抗议活动的尝试	1
电视节目使用了联邦调查局提供的信息	1
目标组织被禁止进入校园	1
目标组织被迫改变了耗资极大的计划	1
目标组织受到美国国税局的干扰	1
限制了目标组织出版物的销路	1
总数	77

成功的行动很大程度上取决于提出并付诸实施的行动的类型。总的来说，特别主管们倾向于提出那些有着合适基础的容易执行的行动计划，就是说，对于特别主管们来说，为了证明他（那时候所有的特别主管都是男性）是严肃认真地对待反谍计划的，他就需要经常提议采取行动（若不如此，常常会导致组织的强行管制，一般是采取局长发出措词严厉的备忘录的形式）。因此，绝大多数这些行动都是易于达到目的的。使用媒体资源制造目标团体的负面形象、向官员提供目标团体的相关情报，这些常常不是最复杂、最有新意、甚至不是最有效的行动，尽管如此，这些行动却能够不断维持最小进展，而且几乎不用耗费什么资源，这些“一般的”活动并

不以目标团体以某种方式采取行动为依据，也不随着目标团体活动的结束而结束。因此，此类活动往往会淹没了反映国内反谍计划整体战略的更加复杂的计划。要求定期采取行动会妨碍特别主管提出更有创新性的行动方案，稍后，我将探讨影响国内反谍计划实施效果的其他内部障碍。

二、国内反谍计划和新左翼的衰落

1971 年国内反谍计划终止之时，大多数新左翼目标团体或者消亡、或者停止了任何实质性的公共呼吁活动。"争取民主社会学生运动"，作为针对新左翼的国内反谍计划的中心目标，1969 年时有近 100 000 名坚定的支持者(Sale 1973, p.664)，此时已变成一个由极端好战分子组成的小集团，对于晦涩难懂的左翼分子的革命思想常常难以达成一致意见。"气象员"组织，作为最著名的、持续时间最长的团体，1970 年早期已经转入地下活动，1971 年时仅仅作为一小群相互孤立的组织而存在，这些小组织的成员数量从未超过 200 人(Sale 1973, p.651)，此后，"气象员"组织(后来变成具有微弱男性至上主义色彩的"气象人"或"地下气象"组织)通过零星的象征性的爆炸活动继续进行各种针对政治不公正的抗议活动。他们成功地爆炸了几个法院和警察住所，也成功地对美国首都和五角大楼实施了爆炸，但是，他们最引人注目的壮举是帮助了毒品文化头目蒂莫西·利里从加利福尼亚州一个安全措施松懈的监狱里成功逃脱，以及他们的三个成员在格林威治村住所制造炸弹时发生事故而死亡。尽管"地下气象"组织的活动在某些地方达到了出人意料的规模，但是其呼吁美国大众武装起来的目标从未成为现实，1972 年，其组织，恰如"争取民主社会学生运动"的残余组织(由"进步劳工党"控制)，停止了任何实质意义的存在。除了"争取民主社会学生运动"以外，1971 年秋，校园动乱也急遽减少，尽管针对越战的抗议活动——此时这些抗议活动已经与种族问题、贫困问题或对现存体制的激烈批评完全脱离——仍然维持到 70 年代中期。随着征兵动员的停止和在越美军的逐渐撤回，这些抗议活动也逐渐失去了主题，并最终失去了存在的理由。

当然，70 年代早期，与新左翼有联系的组织急遽衰落这个事实并不必然意味着这是由国内反谍计划造成的。丘吉尔和范德沃尔(1990)认为，国内反谍计划在这些目标团体的衰落中起到了主要作用，二人甚至认为，联邦调查局是新左翼在60年代后期转向暴力和革命的根本原因，因为在此事例中联邦调查局对暴力的应对是“对于由镇压行动（殴打、枪击、瓦斯）引起的暴力感到暴怒，结合官方的一贯政策：持续的撒谎、责怪受害者、媒体的错误报道，还有一个不断强化的信念（这个信念常常被联邦调查局密探强化）：某些形式的暴力可以用来改善形势”（p. 28）。但是很清楚的是，新左翼的瓦解是由一系列因素造成的。奥伯斯卡（Oberschall 1993）承认镇压所起的作用（扩大点范围来说，包括联邦调查局的“肮脏诡计”、司法行动，以及警察和国民警卫队的野蛮行径），但是也提出了另外两个因素：抗议团体自身的组织缺陷、他们未能实现自己的主要目标。奥伯斯卡总结道，镇压可能对60年代社会运动的衰落起到一定影响，但是这种影响相较“帮派主义和组织缺陷”（p. 287）而言是比较小的。然而，国内反谍计划的中心任务是瓦解目标团体的内部组织，以削弱其游行示威的能力，理解这一点很重要。运用告密者和误导性信息制造不信任、多疑症和内部冲突，这些在新左翼各种团体中极大地造成了帮派主义活动和内部分裂。这些团体内部组织的缺陷当然并不单是联邦调查局活动的产物，许多新左翼团体关注政治参与民主，但是目标却并不清楚而且经常变化，这些因素特别易于导致内部冲突，然而联邦调查局渗透活动的持续直接影响不容忽视。尽管有联邦调查局自身组织缺陷的限制，但是，由国内反新左翼间谍活动计划负责实施的全部镇压活动在镇压气候的形成中起着主要作用，这种镇压气候导致60年代后期新左翼的分裂。

持续的全面镇压活动对社会运动成员的影响是非常明显的。新左翼前领导人的回忆经常提到，由于持续感到被监视而精疲力竭，不知道能信任谁，因为密探几乎渗透到所有主要的新左翼团体之中。汤姆·海登（Tom Hayden）是“争取民主社会学生运动”前主席，长期名列联邦调查局关键分子黑名单，他曾谈到多疑症是由于参加地下团体而产生的，更是由于知道类似联邦调查局那样的团体只要有机会就可能杀害目标人物之后产生的：“不管你是否参加了‘武装斗争’，很可能的情况是，如果你被捕，你不会受到礼貌对待；更可能的是，你可能像弗雷德·汉普顿那样被射杀在自己的床上”（Hayden 1988, p. 422）。[13]反战积极分子伦尼·戴维斯和戴夫·德林杰也谈到过相似的精疲力竭和多疑症的感受(参见 Dellinger 1975;Hayden 1988:461—464)。

60 年代末,谈论新左翼的话语看起来相当悲观。以“青年国际党”共同创始人杰里·鲁宾的谈话为例,在他 1969 年 1 月发表在《新左翼评论》中的“给社会运动朋友们的一封信”里,鲁宾哀悼道,精神委靡和道德堕落已经取代了“情绪高昂、普遍充满着乐观主义”,在他看来,三年前的大多数新左翼运动盛行着后两种情绪。尽管鲁宾仍然认为社会运动在许多方面还是充满活力的,是“这个国家白人中最富有活力的社会力量”,但是,通过系统的国家镇压计划,“国家控制了资源、耗竭了运动的能量、挫伤了运动的士气”,因此,社会运动的影响已经被极大地限制了。何种形式的国家镇压应该对社会运动的活力衰退负责(如我们所知,这个过程绝不会逆转)? 鲁宾指出,便衣警察曾一天 24 小时监视其活动,密探伪装成社会运动的积极分子,特别是捏造罪名加以逮捕,导致冗长的、昂贵的法庭较量,这些国家策略的交互使用在两个事件中得以显现,鲁宾把这两个事件视为美国作为“警察国家”的活生生的证据。用他自己的话来说,第一个事件是:

> 三个纽约缉毒侦探拿着一份神秘的搜查证,横冲直撞地冲入我在下东[原文如此]区的公寓,怒气冲冲地从墙上撕下一张卡斯特罗的招贴画,声称我藏有 3 盎司大麻,为此要逮捕我。在我的公寓里,他们用了 90 分钟时间讯问我关于“青年国际党”在芝加哥的计划[与即将召开的民主党全国代表大会有关],并翻看我的个人信件和电话通讯录。搜查证声称,[三天前]一个告密者与我同在我的公寓里,并看到了危险药物。

第二个事件出自鲁宾自己在民主党全国大会上的活动,一个渗透进青年国际党的芝加哥便衣警察声称,在一次发生在格兰特公园的冲突中,鲁宾用手提式扩音器煽动人们“杀死那些猪猡”。这个指控致使鲁宾花费了 25 000 美元的保释金(比当时被控谋杀所交纳的平均保释金还要高),并接到一项命令,在审判之前不得离开伊利诺伊州。鲁宾说,如此可怕的结果以前不可能发生,这是为了有效地分裂最有影响的白人新左翼运动,因为“最近一次战斗造成的伤亡[留给]他们个人解决,因为[运动]将向下一次更大的行动发展”，这就迫使“许多运动积极分子……转而寻求父母的帮助，而不是向正寻求推翻他们父母的政治体制的运动组织寻求帮助。”

在其吁请资金帮助以支付日渐增多的诉讼费的恳求书中，鲁宾打算对“剥夺自己公民权的犯罪阴谋”提出全面的赔偿要求。然而，即使有的话，看起来鲁宾也低估了他被国家有关机构列为破坏性威胁的程度。尽管他的控告是可以理解的，是根据最近导致其被捕和随后将至的审判的事件而作出的，然而联邦调查局同时进行了广泛的证据收集过程，得到了一份自1968年以来鲁宾政治和金融活动的详细账目，汇编的账目摘要注明的日期是1969年9月9日，共有10页，包括与鲁宾有关的所有活动的银行账目及其从所有演讲活动中获得的收入。这些资料的全面性说明了联邦调查局和银行官员之间的关系（很可能是银行官员提供了详细的账目资料）以及联邦调查局密集的告密者网络（告密者甚至能够估算出在某次校园演讲后非正式捐助给鲁宾的资金数量）。这种间谍活动是日益增多的相关镇压机构的关键成分，一般人却无法察觉出来；联邦调查局收集的情报，既可以为美国国税局用来作为偷税漏税者的证据，也可以为法院用来作为阴谋活动的证据。结果是形成了不断扩大的镇压气候，如同鲁宾所说：“当警察第一次进入校园时，自由主义者抗议尖叫，但是逐渐地，自由主义者疲劳了、睡着了，而警察和法院却从来不会睡着。”

所以，至60年代末，在较大的社会运动中出现一种日益增长的现象：这些社会运动已经引起当局的严重反应。那时候，野蛮镇压的轮廓已清晰可见。然而，人们一般认为这是普遍存在的可怕力量，倘若给人们造成这种印象：人们都是相互孤立、没有防卫手段的，那么，所有的事情似乎都会招致致命的打击。随后，联邦调查局进行的大规模动员、加上其他警察活动和司法活动，在某种意义上就会形成一种镇压的社会气候，这种镇压气候极大地阻碍了个人继续参与抗议活动。除了国内反谍行动所采取的形式以外，他们维持这种镇压气候的能力也在某种程度上确保了行动的成功。

但是，很清楚的是，国内反谍行动的形式是很重要的——有些行动获得了完全成功，有些则明显是失败了——认为所有行动都是一样的观点是错误的。为了深入理解联邦调查局利用那些有效行动的程度，重要的是超越联邦调查局特别主管们的那些有点追求私利的报告以及关于目标团体的带有逸事趣闻色彩的记述，集中研究联邦调查局实施镇压活动的组织过程，这种内生的组织过程可以用来衡量国家镇压机构瓦解目标团体的实际成功程度。在下一部分，我将更直接地探讨联邦调查局自身的内部工作流程，并阐明内部情报流是如何限制了其取得最大化成效的能力的。

第六节　组织的学习和联邦调查局的成效

分析联邦调查局国内反谍计划的效果，应该说清其发展镇压形式的学习过程以及限制其修正目标假设和发起镇压行动的组织能力的过程和结构。这里，我提出了联邦调查局进行大范围学习的证据，然后，揭示了在某些情况下、在应对社会抗议活动的变化时联邦调查局自身的组织结构是如何限制了其革新能力的。

1968 年 7 月 5 日，联邦调查局每个地区办事处都收到了一份来自局长的备忘录，备忘录里列举了针对新左翼的 12 种可以采取的行动，这个备忘录概括了特别主管们对于先前的一份“针对新左翼的国内反谍行动的建议”的回应，并提出了一系列行动要求，局长感到这些行动“[可能]所有地区办事处都可以采用”，这些行动的范围包括“在新左翼领导人之间激起冲突”、使用新左翼出版物上的文章以“揭露新左翼领导人及其成员的堕落”、散布假消息以瓦解将要进行的社会抗议活动。这个备忘录是针对新左翼的所有初期镇压活动的代表性文件[14]，我把这 12 种行动类型都归入到前面曾讨论过的形式——功能的结构框架里(曾概括在表 2.1 之中)。图 2.1 阐释了符合联邦调查局原先计划的镇压行动的比例是怎样历时改变的，我认为，不在原先计划范围内的全部行动都是新的行动类型(与原先计划的那些行动在形式、功能之一上有所不同，或者都有所不同)。图 2.1 清楚地显示出,符合原先计划的行动随着时间的流逝而减少,既然如此,行动的创新至少提供了组织学习过程的初步证据。随着时间流逝而出现的新的行动方式,可能是由于旧的行动方式失效、或是失去效力、或是对抗议活动的变化而作出反应的结果。但是,联邦调查局采取这些新行动以使行动效果最大化的关键之处,在于这些全国范围的创新模式。这些创新在组织内扩散到何种范围才能使在一个地区行之有效的行动也能应用到另外一个地区?我将在下一段探讨这个问题。

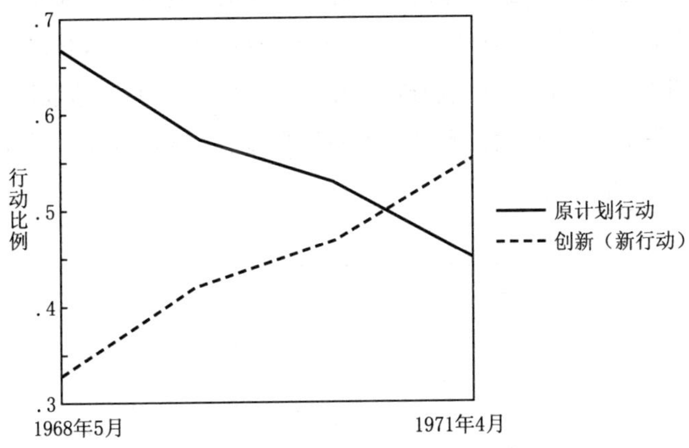

图 2.1　联邦调查局反谍行动的创新

图 2.2 说明了功能类型的历时分布情况。我把一个历年分为三个时间段(春季、夏季和秋季),大致对应校历中的时间段:秋季学期(9—12月)、春季学期(1—5 月)、夏季学期(6—8 月)。这些时间段意义重大,因为它们代表了时期划分观念,联邦调查局认为这种时期划分用在应对校园抗议活动上很有意义。秋季是动员时期,既有的校园组织努力说服学生(新生和返校生)参与各种社会问题的讨论、投身各种社会事业;然后,春季就成为抗议活动的实施时期,因为经过 9—12 月的持续动员,现在可以付诸实施了;夏季,抗议活动几乎完全消失,因为绝大部分学生已经离开校园。由于学年间学生流动的高度周期性,上述进程在下一学年会重复出现。

图 2.2 中,有两种模式非常明显。首先,功能 3(在抗议团体之间制造

纠纷）在1969年秋季有显著提高，这种提高是由于“争取民主社会学生运动”（反新左翼间谍活动计划列为主要目标的校园团体）和“黑豹党”（国内反谍计划中反黑人民族主义者/仇视黑人团体计划的主要目标团体）之间即将结盟。考虑到这两个团体始终受到高度镇压，就可以理解联邦调查局对于这种结盟可能性的忧虑。当这两个团体之间产生了一个裂缝的时候，联邦调查局局长发出一份行动建议的指令，以“扩大最近出现的这个裂缝”（《局长致16个地区办事处的备忘录》，1969年8月20日），三周后，局长命令这些地区办事处派遣密探混入这两个团体，以“采取行动，扩大这两个组织之间的裂缝，并坚决阻止任何和解的可能性”（《局长致16个地区办事处的备忘录》，1969年9月8日）。这些慌张的授权建议书说明，这个时期里在社会团体之间制造纠纷的活动增加了，随着“争取民主社会学生运动”和“黑豹党”之间联盟关系的实际崩溃，随后不久，联邦调查局的这类活动就减少了。

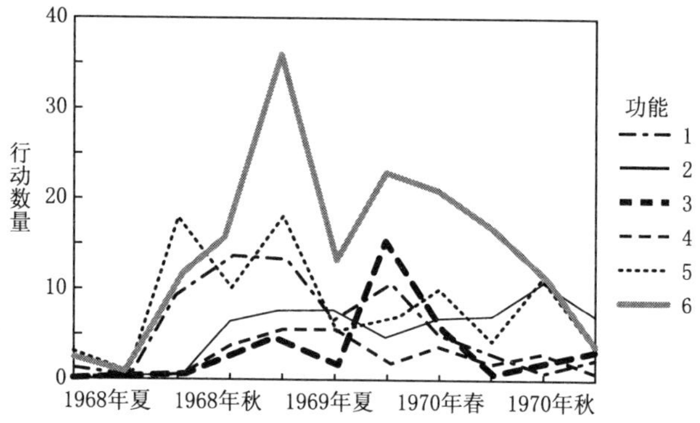

图2.2　联邦调查局反谍行动的历时变化

第二，功能6（削弱目标个人参与团体活动的能力）的使用起初很多，但是1969年初之后急遽减少。这种变化反映了局长对于社会抗议活动一个重大变化的认识，这个重大变化是抗议团体日益增加的战斗性以及使用暴力达成目标的日益提高的意愿。这种日益增加的激进主义产生的结果是，联邦调查局感到许多新左翼组织已经失去了对公众的吸引力，原先对于抗议团体对某些团体的潜在动员能力的担忧已不复存在。因此，1969年第一季度之后，局长不再把对那些并非组织中心人物（就是说，他们不是组织的领导者)的镇压视为有效的措施，那些不能有效影响抗议团体组织结构的建议一般都遭到了否决。

在这些事例中，镇压方式的改变是由关键事件造成的，或者是由那些被认定为具有全国重要性的事件决定的(例如，华盛顿联邦调查局主要角色们认定的那些事件)。关键事件的重要性(正是这种重要性使这些事件与其他事件区别开来)是由于它们得到局长的认可，然后，局长把这些事件的情报通报给所有的地区办事处，使他们能够据此行动。因此，关键事件的有关情报总是为联邦调查局所有相关人员所共享。图 2.2 中，在没有关键事件的情形下，我们看不到全国范围内行动方式创新的清晰模式，这是为何？要理解这个问题，我们就必须注意联邦调查局内部是如何进行情报交流的。

一、创新受到的限制

在国内反谍计划备忘录中，有许多频率较高的事情，其中之一是强调寻找新的有创新性的方法阻止新左翼的攻击(例如，可以参见《局长致诺克斯维尔办事处的备忘录》，1969 年 7 月 8 日)。创新总是得到组织的高度重视，即使这些创新性建议最后被局长否决，关于镇压目标团体的新主意总会“得到欣赏”。在好几个实例中，局长曾批评有关主管“官僚作风”太浓、不能因地制宜地对地方新左翼组织提出特别建议。局长和明尼阿波利斯地区办事处之间的交流，以局长申斥特别主管“严重依赖”联邦调查局制定的小册子、并建议地区办事处寻找可以作为创新镇压方法基础的“地方事例”而告终结。然而，尽管强调创新，局长的行为常常限制了新行动方式的出现。在实施反新左翼间谍活动计划的过程中，局长否决了 86 项地区办事处的建议。如此这般对建议的强行控制，局长极大地限制了联邦调查局可以采取的行动的范围。表 2.5 描述了遭否决的关于反新左翼间谍活动计划的建议的分布情况，阴影单元表示该计划从未实行过的形式——功能的结合体。我们看到，有 12 项创新遭局长否决，这些本可以把联邦调查局可以采取的行动类型提高 35%。通过控制这些看来可以接受的行动类型，局长极大地限制了反新左翼间谍活动计划中的创新。

表 2.5　关于反新左翼间谍活动计划的遭否决的建议

		形式														
		A	B	C	D	E	F	G	H	I	J	K	L	M	N	O	总数
	1	6	**2**	**4**				7	3					3			25
	2	2								2						1	5
	3	1	5	**3**					**3**					**1**			13
功能	4		**1**	**1**													2
	5	6		2	4						1				**2**		16
	6	5		**2**	10			1	**1**	1			**2**				24
	7																0
	8							**1**									1
总数		20	8	12	14	0	0	9	7	3	1	0	2	4	2	1	86

更值得注意的是，局长的行为也限制了创新能力在联邦调查局内的发展。表 2.6 列举了反新左翼间谍活动计划实施的三年中出现的方法创新。在这个计划中，局长室批准了 26 项创新性行动（例如，那些不在原先计划的行动范围之内、在图 2.1 里也就没有标出的形式-功能组合）。在 26 种形式中，有 17 种被采用过 4 次或少一些次数，这 17 种行动方式都是在局部地方采用的，仅仅为单个地区办事处所采用。这里的关键问题是：为什么这些创新（总是得到联邦调查局的鼓励）很少通过调查局得到推广以使各个地区办事处分享这些创新？

表 2.6　创新行动

(1) 制造一种不利的公共形象
- (A) 寄匿名信(6)
- (D) 给官员提供信息(1)
- (F) 利用密探(4)*
- (M) 提供资源给反对新左翼的团体(2)*

(2) 瓦解内部组织
- (A) 寄匿名信(7)
- (B) 寄假信(11)*
- (E) 编造证据(1)*
- (F) 利用密探(24)*
- (H) 散布联邦调查局编造的关于目标团体的信息(10)

（续表）

(I) 会见目标人物(3)*
(L) 积极骚扰目标团体(1)*
(3) 在抗议团体之间制造纠纷
(A) 寄匿名信(2)
(B) 寄假信(20)*
(F) 利用密探(10)*
(G) 利用媒体资源(2)*
(4) 限制目标团体获取资源的途径
(A) 寄匿名信(1)
(D) 给官员提供信息(27)
(F) 利用密探(1)*
(5) 限制目标团体的抗议能力
(A) 寄匿名信(13)
(H) 散布联邦调查局编造的关于目标团体的信息(1)
(K) 打匿名电话(1)*
(6) 削弱目标个人参与团体活动的能力
(G) 利用媒体资源(3)
(I) 会见目标人物(2)*
(7) 转移冲突
(D) 给官员提供信息(1)
(8) 收集信息(情报)
(F) 利用密探(4)*
(I) 会见目标人物(3)*

注:加星号的那些行动表示的是不在原先计划的行动范围之内的那些行动方式。括号中的数字表示该类行动被实行的次数。

为了回答这个问题,我们需要思考国内反谍计划本身的组织结构。如前所述,关于地方新左翼目标团体的所有建议或情报,都是在局长和单个地区办事处之间交流的。在某些情况下,局长会要求其他地区办事处对某个建议提供更多的情报或建议,但是决不允许地区办事处之间直接联系。通过这种方式,局长能够得到所有地区办事处的情报,并控制地区办事处之间的情报交流。我们可以想象,这种组织结构是以局长为中心、地区办事处分布在一系列各不相连的区域里。这种结构长期以来被组织中心人物视为理想状况,能够维持对于组织的高度控制。用罗纳德·伯特(Ronald Burt 1992)的话来说,这种组织结构使局长能够填补存在于各个地区办事处之间的“结构漏洞”。一个结构漏洞可能被认为是“必要联系之间的分离”(Burt 1992, p.18),这类似于马克·格兰诺维特(Mark Granovetter 1973)所说的“弱联系”,或者是可以沟通互不关联的社会群体之间的联系。一般而言,在结构漏洞中关系网丰富的那些人能够获得更多的信息便利,也能够通过在其他人之间充当经纪关系获得控制权。因此,处在“最佳”结构位置的人与各种各样的人都可以建立联系,而这些人相互之间则不能建立密切联系。因此,处在这种最佳结构位置上的人能够“享受到更高的投资回报,因为他们知道、也能插手、更能实际控制获得更多报酬的机会”。在联邦调查局的事例中,填补结构漏洞使局长能够取得来自地区办事处的所有情报,也能够在组织内充当所有信息交流的中介。因此,如果这种结构得到完全的维持,在局长第一个得到这个情报之前,没有任何一个地区办事处里的人能够得到它。

在组织层面上,这种结构的一个含义是,关于新的镇压类型的情报常常不为其他地区办事处所知,关于镇压新左翼的大多数想法仅仅停留在地方层面。经常出现的问题是,由于缺乏沟通,导致相互不了解彼此想法的各个地区办事处提出许多多余的建议。1968 年春,“争取民主社会学生运动”领导了哥伦比亚大学的动乱,之后,巴伦发表了一篇标题为“校园还是战场?”的文章,该文激烈批评“争取民主社会学生运动”在全美各大学校园中频繁出现。1968 年 6 月至 8 月,十多个地区办事处向联邦调查局汇报了这篇文章,它们都建议联邦调查局重印这篇文章并向校园里的游行示威者散发。尽管 1968 年 8 月联邦调查局实施了这个建议(参见《局长致 35 位特别主管们的备忘录》,1968 年 7 月 29 日、1968 年 8 月 2 日、1968 年 8 月 12 日),这种拖拉很好地说明了,参与国内反谍计划的地区办事处之间的情报交流受到的严格限制。

局长控制情报交流在几个事例中可能表现得最清楚,在这些事例中,地区办事处试图就某个镇压行动彼此交流看法。这些交流被局长设法制止,一个地区办事处打算送给另一个地区办事处的意见书实际上变成了呈交局长的备忘录,并写上序文,例如“供纽约地区办事处使用的信息”。这种间接交流的一个事例发生于 1971 年早期,在纽约地区办事处和圣安东尼奥地区办事处之间。这次交流中备忘录的先后顺序如下:

《1971 年 1 月 26 日,圣安东尼奥地区办事处特别主管致局长的备忘录》：

建议向天主教徒官员提供关于“学生动员委员会”将在天主教大学召开会议的信息情报。目的是撤回用于支持天主教大学的大主教区资金，作为对该大学未能制止新左翼在该大学校园进行活动的回应。

《1971 年 2 月 1 日，纽约地区办事处特别主管致局长的备忘录》：

为了响应局长的要求，作为对圣安东尼奥地区办事处建议的建议，纽约地区办事处认为，他们怀疑该提议的效力。特别主管也提出了一个关于宗教生活中激进思想的历史作用的看法，该看法明显贬低了圣安东尼奥地区办事处特别主管的意见。

《1971 年 2 月 2 日，局长致圣安东尼奥地区办事处特别主管的备忘录》：

尽管纽约地区办事处有保留意见，局长还是批准了该建议。

《1971 年 2 月 4 日，圣安东尼奥地区办事处特别主管致局长的备忘录》：

圣安东尼奥地区办事处敬告局长，纽约办事处 1971 年 2 月 1 日提供的意见不适合下发，圣安东尼奥地区办事处对于纽约地区办事处对圣安东尼奥地区办事处的建议的批评答复如下：

至于纽约地区办事处认为各种形式的激进思想已经渗入广泛的宗教生活之中，圣安东尼奥地区办事处业已完全意识到这个情况。纽约地区办事处的这种看法只是说出了一个复杂的既成事实。然而，纽约地区办事处应该知道，天主教徒数量众多，有宗教人员，也有律师，他们都不赞成这种激进思想，人们可以强烈地感觉到，一旦采取所谓的宽容态度，如果实施有效的反谍行动，联邦调查局对新左翼以及其他事情的调查就不会像现在这样卓有成效。至于纽约地区办事处对于圣安东尼奥地区办事处反谍行动成效的其他建议……[列举了许多成绩]……由上可知，目前圣安东尼奥地区办事处的组织学习活动正是试图努力消除任何激进思想和激进组织的。

《1971 年 2 月 10 日，局长致纽约地区办事处和华盛顿地区办事处特别主管的备忘录》：

> 局长认可圣安东尼奥地区办事处1971年2月4日的意见，并指示纽约地区办事处和华盛顿地区办事处向圣安东尼奥地区办事处提供"学生动员委员会"会议的有关情报，还要呈交针对"学生动员委员会"会议采取的反谍活动的其他方法的建议。备忘录说：
>
> 纽约地区办事处和圣安东尼奥地区办事处的意见受到联邦调查局的重视。联邦调查局认为，决定性的、积极的、及时的、组织良好的反谍行动，对于维护我们的利益、对于瓦解和改变明显反对美国公共利益的活动都是非常宝贵的。最重要的问题是采取全面的安全措施以确保所有行动都受到联邦调查局的控制。
>
> 《1971年2月11日，纽约地区办事处致局长、圣安东尼奥地区办事处和华盛顿地区办事处特别主管的备忘录》：
>
> 包括与即将召开的"学生动员委员会"会议有关的情报，以及能够提供给圣安东尼奥地区办事处的其他信息。
>
> 《1971年3月19日，圣安东尼奥地区办事处特别主管致局长的备忘录》：
>
> 修改针对"学生动员委员会"的行动计划。备忘录也包括下面的陈述，这些陈述解释了局长曾经要求的对该组织结构的控制程度（可以与1971年2月10日局长的备忘录进行比较）：
>
> 圣安东尼奥地区办事处强烈地感觉到，决定性的、积极的、及时的、组织良好的反谍行动，对于维护我们的利益、对于瓦解和改变明显反对美国公共利益的活动都是非常宝贵的。
>
> 圣安东尼奥地区办事处觉得，反新左翼间谍活动计划是联邦调查局行动的至关重要的组成部分，而且，联邦调查局能够确保此事得到严格执行。

值得注意的是，各个地区办事处之间进行交流的间接方式（他们都得把所有的意见呈交局长），以及所有地区办事处特别主管的意见受到的控制程度。毫不奇怪，特别主管们呈交局长的备忘录中，措词和观点都是相似的，但是，1971年3月19日圣安东尼奥地区办事处特别主管致局长的备忘录中，有一部分一字不差地引用了先前局长备忘录中的话。尽管主管们可能以为效法局长是升官的有效策略，但是我们认为，组织中这种思想的同质性是由于中心人物的强力控制造成的。

回到我们原先的问题:为什么这些创新性的思想在联邦调查局里很少得到推广？一个解释是,局长是联邦调查局的关键中心人物,他通过控制组织中外围人物之间的信息流动,能够最大程度地控制联邦调查局的组织核心。因此,局长有两个目标,但是这两个目标之间却是相互矛盾的:希望最大程度地控制联邦调查局、希望能有效地镇压抗议团体。后一目标要求全部镇压行动具有足够的弹性,以适应抗议活动的变化,但是前者却限制了联邦调查局内的信息情报的流动,因而限制了地区办事处之间相互学习的能力。关键事件能够促使局长加强与地区办事处之间的合作,把信息情报分送各地区办事处,在缺乏关键事件的情形下,学习过程就只能是地方性的,这就限制了特别主管们应用其他地区办事处的创新成果的能力,并最终损害了联邦调查局最大化其镇压行动效果的能力。

二、结论

我在本文开端曾断言,社会运动研究中对于抗争政治中镇压活动的作用的相关研究是很薄弱的,这种薄弱性有几个起因:仅仅集中关注抗议者本身、认为所有的镇压都是全面的和先发制人的这种暗含假设、获得一系列镇压活动的资料的困难。这些问题业已导致人们无法准确地理解镇压对于随后的抗议活动的影响。在这篇文章里,我认为,理解政治镇压的效果必然涉及理解镇压活动是如何实施的。尽管镇压对于挑战者获得让步和动员参与者以及获得其他资源的能力总是会产生实际影响,但是其实施仅仅间接地涉及抗议团体自身的特点。政治镇压不会凭空出现,而总是由某类组织发起的,并常常(尽管并非总是)与国家有密切联系。通过运用国内反谍计划作为媒介来理解镇压对于目标团体产生的影响,我得出了两个结论,首先,联邦调查局的活动当然对新左翼产生了一定影响。根据地区办事处呈交联邦调查局总部的报告,我们可以看到,仅有小部分反谍行动取得了实际成效。然而,尽管联邦调查局各种行动针对的目标并不能够经常认识到某些镇压活动,国内反谍计划的效果看来也仅限于这个事实:这个计划能够形成背景,使其镇压活动产生一个可以感知的镇压气候。这就是说,该计划发挥作用恰恰是因为其镇压目标希望存在镇压、并因此相应地改变行动和行为。

第二，除了联邦调查局人员或其镇压目标感觉到的效果以外，通过分析镇压组织的内生组织过程，我们也可以进一步洞察镇压机器的实施效果。在本文中，我分析了联邦调查局内部的交流模式，并且发现，在国内反谍计划案例中，联邦调查局自身的独特结构（由局长实行最大化控制的愿望产生的）严重地限制了情报流动，因而限制了联邦调查局实施镇压的效果。尽管这个结论具有特殊性，是针对联邦调查局自身的，但是这个结论也说明了一个事实：要全面理解镇压的影响，就需要说明镇压组织的镇压过程以及目标团体自身的运作过程。

注　释

1. 联邦调查局正是以此方式对这些团体进行分类的。参见本文随后部分，坎宁安（Cunningham 2000，第二章）对反新左翼间谍活动计划针对的某些团体进行过更详细的研讨。

2. 印第安纳波利斯地区办事处曾请求取消其针对新左翼的反谍计划，联邦调查局对此请求的回应具有典型意义："所有证据都表明，好战成性的左翼分子正继续活动以破坏高等教育。你们必须继续实施该计划，以便在你们那里继续进行反对新左翼的行动，并依照联邦调查局的指示寻找压制新左翼的方法。"（《1970 年 3 月 16 日，局长致印第安纳波利斯地区办事处的备忘录》）同样的，堪萨斯市地区办事处没有提出建议（有 8 个月未曾上交报告，因为新左翼业已无所作为），此事招致了局长发出如下备忘录："这反映了你们部门对这个计划的态度极其消极。必须指出，压制新左翼的最佳时机是其虚弱无力、组织瓦解之时。反谍行动能起到决定性作用，甚至可能导致新左翼完全退出这些教育机构。"（《1969 年 1 月 23 日，局长致堪萨斯市地区办事处的备忘录》）。

3. 应该注意的是，人们几乎都以为"局长"头衔就等于 J. 埃德加·胡佛。但是，华盛顿联邦调查局全国总部里的几位高层人物都被授权使用"局长"作为行文的标题（参见《美国众议院档案 1974 年》，第 22 页）。因此，在本文中，我认为"局长"并非单指某一个人，而是联邦调查局内的一小群人，这些人在调查局内由于占据中心位置而地位显赫（如随后的研究所示，他们也只是联邦调查局的雇员，能够获得参与反新左翼间谍活动计划的所有 59 个地区办事处的信息情报）。

4. 其他镇压形式（逮捕、监视、公开信等）为联邦政府和地方政府其他机构所采用（特别是警察部门，学院和大学管理层在对付学生团体时也经常采用其他镇压形式）。反谍计划常常帮助其他组织并与其合作，但是，我们无法把联邦调查局视为这个时期里所有镇压的建筑师。另外，尽管实施时间只有 15 年，反谍计划只是一个持续进行的公共安全计划的一部分，这个公共安全计划对国家安全面临的威胁作出反应，而不是为了应对20世纪50年代和60年代里国家面临的特定威胁或挑战所制定的特殊计划。在此意义上，联邦调查局从事某些类型的反谍计划早于50年代中期，70年代后期结束。

5. 然而，重要的是应该澄清，尽管决策制定过程是保守的，经过选择的反谍行动的结果常常为胡佛用来获取政治利益，并加强联邦调查局的自主性。

6. 但是，请注意琳达·克洛斯这个人，此人曾在联邦调查局档案处工作20多年，记得反谍计划档案的解密，她证实了戴维斯的观点。

7. 对联邦调查局删除档案中某些信息的标准进行的详细研究，可以参见Churchill and VanderWall(1990年，第一章)。

8. 特别是，因为促成国内反谍计划开始制定的重大事件是1968年4月学生们在哥伦比亚大学进行的反抗活动(参见Davis 1997，该著作详尽地说明了哥伦比亚学生反抗活动和反新左翼间谍活动计划的制定这两者之间的关系)。

9. 大多数特别主管谈到，社会运动的动态和流变性质使得区分特定团体和领导人成为难事，作为克服新左翼概念模糊的措施，纽约地区办事处提出了一系列标准(包括年龄、阶级背景、厌恶工作、"犹太自由主义背景"、反传统的衣着和思想观念)以识别新左翼的坚定支持者。

10. 这里，反对美国共产党间谍活动计划与反新左翼间谍活动计划之间的界限变得模糊了。然而，事情似乎是，大学校园里的共产主义团体往往被归入到新左翼旗帜下加以处理，在其他情况下，这些目标团体也与反对黑人民族主义者/仇视黑人团体间谍活动计划针对的目标团体交叠在一起。

11. 如果说，某些特定形式不能实现某些特定的功能，或者说，某些功能只能通过有限的形式才能实现，那么，一小部分行动类型在逻辑上是不能成立的。这种类型学的实质(一般认为形式和功能是独立的维度)保证了从结构上被排除的行动数量是不大的。这些结构(而不是真实)"零点"在表2.2里的方格中用小短横(—)列出，而不是用"0"表示。参见坎宁安(2000年，第三章)对每个结构零点的详尽分析。

12. 另外一个功能——转移冲突——从未被认可为取得了实际成效。然而，这类行动也很少进行(在反新左翼间谍计划中只进行过一次)。

13. 汉普顿(Hampton)是黑豹党伊利诺伊州支部的领导人，1969年12月4日清晨，在一次警察搜捕中被杀。毫无疑问，联邦调查局和芝加哥警察卷入了这次谋杀行动。警察对汉普顿公寓里的几个黑豹党人发射了近100发子弹，杀死了汉普顿和黑豹党领导人马克·克拉克。可能的情况是，在黑豹党内地位上升并已经成为汉普顿私人保镖的联邦调查局密探威廉·奥尼尔，给汉普顿服了麻醉药，使其在这次袭击中不能醒来。

14. 参见蒂利(Tilly 1978)对全部这些行动的综合研究。

3

制定国家议事日程
——美国城市政治中的基督教社区组织

海迪·J.斯沃茨

1991年6月5日，加利福尼亚州圣何塞市，800名基督教徒参加了一次“祈祷服务”集会，其中一个特殊的听众是市长苏珊·哈默。在焚香、蜡烛和宗教音乐以及祈祷者“把我们的城市、特别是我们的青年从压迫中解放出来”的祷告声中，800名虔诚的教徒注视着他们的领导人，倾听其提出的一个广泛计划，该计划呼吁把圣何塞市开发局的资金转用为青年服务。市长没有威胁要削减280万美元的社区服务资金，而是同意了该计划提出的资助要求，提出要实施一项为期5年、耗资600万美元的系列计划。

1997年9月28日，密苏里州圣路易斯市，750名教徒牺牲了他们星期日下午的时间以及一场圣路易斯市公羊棒球队的室内比赛，在圣路易斯市密苏里大学回声体育馆参加一个“精明增长公共集会”。此事是由9个宗教团体发起的，黑人和白人儿童为自己的未来祈祷。在讲演中，蒙西加诺·特德·沃西基阁下重提教会对“穷人和边缘人群”的承诺，并提醒人们：“《尼希米记》书中说‘来吧，让我们重建耶路撒冷墙！’”启示论者、非裔卫理公会主教西尔维斯特·劳德米尔大声说道：“我们要求圣路易斯市实现精明增长！你们同意吗？”赢得一片掌声;"你们同意吗?"赢得更多的掌声。热衷于这个众所周知的计划的人认为它是"对精明增长的理论阐述"。

上述事例都不像传统描述的美国政治中的议程制定过程和决策制定过程。但是,这样的基督教联盟是为数不多的媒介中的一种,它们超越邻里、种族和阶级,来动员和锻炼低收入和中等收入的美国人在城市政治中提升自己的议事日程。他们有时会获得成功,设法在城市政策制定过程中扮演重要角色。那么,什么因素能够解释他们采取的各种策略和取得的成功?研究美国政治中社会运动和政治议事日程的有关文献很少有涉及这个问题的,因此,这些文献对于回答这个问题几乎没有什么帮助。

本文提出了三个主要观点:(1)社会运动研究文献建构的一些概念——政治机遇、动员组织、组织架构——可以帮助阐明议事日程制定过程。(2)本文分析了上述两个案例的结果(圣何塞市和圣路易斯市,这是从许多事例中择取的典型),可以由此说明对于公民组织试图影响城市政治而言获得成功或招致失败的条件和策略。特别要注意的是,集权的政府结构,而不是破碎的政府结构,更易受到选区自治会选举的影响,也会为草根组织提供更大的优势。虽然,圣路易斯市那个破碎而高度分散的政府,可能使挑战者具有比在圣何塞市更多的政治表达渠道,但是,没有任何一个社会团体能够提出影响该市的批评性社会问题。圣何塞市那更集权化的政府,一旦被某个公民运动团体说服采取某项行动,就会立即付诸实施。此外,所提议题的类型对于成功地影响政府是很关键的,并与政治机遇、动员能力、议题构造交互作用。重新提出议题很难为市政当局采纳,不仅如此,相较那些精英们感觉在短时间内就能提升经济能力的议题而言,那些只有经过长时期才能发挥作用的增强中心城市经济能力的议题很难获得提倡。(3)此外,即使提出的议题未被采纳,社区组织也可能极大地影响城市议事日程。可能更重要的是,在赢得资源和影响政策制定方面即使取得有限的成功,对于参与者而言也是极大的鼓励,并促使其在未来更加积极地进行活动。

最近,关于公民社会以及民主社会中志愿社团的作用的讨论多了起来,特别是在美国政治学研究中更为明显(Putnam 1993, 1996, 2000;

Skocpol and Fiorina 1999），然而对于草根公民组织的认识却是非常有限的。美国政治中宗教权利的上升，使社会科学研究者意识到基督教新教派和正统教派的宗教激进主义倾向。由于社会服务的权力下放到各州，特别是由于1996年《个人责任与工作机会协调法》的颁布，以及乔治·W.布什总统于2001年推行的、引起争议的“以信仰为基础的社区服务计划”，使得教会在提供社会服务方面的作用清晰可见。学者们认为，传统的新教教会和天主教会已经涉足全国性的中间偏左的激进主义活动，这些活动涉及饥饿问题、全球人权问题、美国主要种族的团结问题以及拥护反核问题（例如 Meyer 1990）。但是，中间偏左教会致力于培养教徒们参与实际政治的能力、组建由中低收入公民组成的地方性的活动组织，这些在关于公民协会和城市政治的研究中几乎看不到踪影。[1]这是很不幸的，因为根据最近的一项调查，估计约有300万美国人直接或间接涉及教会社区组织的活动（Hart 2001）。

这些草根组织之所以无从察觉，原因在于学者们都在关注全国性问题。然而，特别是在联邦制中，“国家”中有许多地方都能制定政策。社会运动组织并不总是把眼光瞄着全国政府，甚至也不总是瞄着州政府。尽管并非清晰可见，当抗议团体瞄着州政府或地方政府或其官员时，也会出现影响多数人的政策改变。这并不是说，地方政策脱离了全国政策或全球经济趋势，实际上，相反的现象却是的确存在的。然而，主要政策的制定都控制在州政府和地方政府手里，并由它们提出政策目标，这些政策领域包括：婚姻和家庭、经济发展、教育、执法、社会服务、公园和娱乐等等。有些社会运动选择城市政府作为长期战略的目标，以确立对全国政府的影响：例如，同性恋权利组织要求家庭伴侣救济金；劳工/社区联盟要求市政府制定城市最低“生活工资”。本文研究的这些社区组织，趋向于把地方政治活动、有时也把全州的政治活动作为自己的主要政治舞台。尽管这类活动明显地限制了他们的潜在影响，但是却适合他们的资源状况，也最有可能取得明显成果。集中关注地方政府也为组织成员发展政治能力和体验成功提供了最大的机会——这些组织的领导人认为，在贫穷公民和工人阶级公民中增进这种政治成功的体验是他们最重要的目标之一。

本文研究了两个社区组织的主要活动，一个组织在密苏里州圣路易斯市,另一个在加利福尼亚州圣何塞市。[2]它们都是独立的普通的罗马天主教和新教教会社团,组成了全市性的社团联合组织。此外,每一个城市团体都是一个全国性组织的一部分,后者为前者培训职员和领导人、提供咨询意见以及长期的战略协调计划。每个城市组织都活跃在邻里、城市和各个地方。

在探究这些组织的活动之前,我将简要评论社会运动和国家议程制定的相关研究文献。然后,我将论述这些活动的成就,按照最近关于社会运动的政治过程的研究著作中所提出的三个主题来论述,这三个主题是:政治机遇、动员组织、文化结构(McAdam 1982; McAdam, McCarthy, and Zald 1996; Tarrow 1998a)。不仅教会根基的社区组织难以察觉,而且大多数草根公民组织也难以察觉,这种难以察觉性阻碍了我们对于地方政治和政策制定的认识,也阻碍了我们对于那些目前在政治上无所作为但却打算扩大政治参与以及打算在政策制定中提出新的民主影响管道的组织的认识。尽管这些组织与商业游说组织和政府官僚相比其作用比较小,但是,如果忽视它们、或者天真地把它们与30年代和60年代的组织相提并论,就会导致过于单纯的认识,一方面,会认为普通公民没有能力影响公共政策,另一方面,也会认为,只要这些组织另辟蹊径,他们就可能发挥重大影响。这些组织的成败说明了缺乏大规模群众运动支援的草根组织动员活动的缺点和实际成就。

第一节 社会运动:抗议活动和政策制定

美国的联邦制度政出多门,联邦政府把社会福利和其他政策的制定权力下放,这意味着州政府、市政府和地方政府拥有愈益增多的政策革新机会。市级和州级的社会运动及其组织很可能更易于影响由地方政府而不是由联邦政府决定的政治议事日程。[3]然而,社会运动和制度化政策制定过程的相关研究文献很少涉及这个问题。作为政策制定过程关键方面的议事日程的制定,对此问题的典型认识是,议事日程的制定是由一些竞争性的全国性利益集团和精英们参与的狭隘过程。对于利益集团的研究常常认为全国性专门组织是由专家组成的(Baumgarter and Jones 1993; Kingdon 1984),它们排除了复杂的地方层面和州级层面的斗争,这些斗争影响城市和州议事日程,并与塑造全国议事日程的其他力量相互作用。

很多社会运动研究者常常认为,草根运动及其组织并不是政策制定过程的经常性参与者,它们只是被视为挑战者,用非常规的、不合作的、常常具有破坏性的方法从政策制定者那里获得让步(Tarrow 1998b)。[4]这种观点是可以理解的,特别是对于仍然采用60年代种族国家主义、革命或者其他破坏性的社会运动这类分析架构的那些学者而言,更是如此。当然,长期以来,斗争性的群众运动和更稳重的志愿团体都对美国政治议程作出了重大贡献——不仅只是阻止了一些政策的制定,而且也提出了一些新的政策建议(Sanders 1999; Skocpol 1992)。然而,以往关于政策制定和社会运动的研究文献在研究焦点和理论假设上都把这两者分割开来。

最近一些关于议程制定的研究文献考虑到了公民组织的作用(Baumgarter and Jones 1993; Berry, Portney, and Thomson 1993; McCarthy, Smith, and Zald 1996)。[5]这些研究文献趋向于对不同组织或者是不同情况下的同一组织进行大范围的典型性比较分析,这些比较分析是获得一般结论所必需的。但是,它们无法解释这个过程:在使自己提出的议题列入议事日程和取得预期结果这些方面,有些组织和社会运动比其他组织和社会运动取得了更大成功。[6]通过研究两个公民运动的过程和结果,我分析了政治机遇、动员能力、议题选择和议题构造这些因素是如何影响社会组织的成败的。

第二节　政治议程制定的相关研究文献

当科布和埃尔德(Cobb and Elder)在1972年写出了他们那部具有影响力的关于议程制定的研究著作时,它面临的背景是难以驾驭的社会动员、暴力冲突和激情四射的城市,他们俩就是在此背景下介入到关于政治参与的争论中的。这部著作赞成社会变化的可能性,认为社会变化既不该抑制不同政见，也不该危及民主政府的稳定性：

> 如果一个民主政体试图避免发生全面的革命，使社会发生重大变化而又不会引起全面革命，那么，主要的社会变革力量就必须参与到制定关于合法斗争的议程之中（1972，p.166）。

这部著作也是对于民主理论中多元论和精英论的争论的一个回答。精英论理论家把政治议程制定视为民主参与的必备成分（Bachrach and Baratz 1962；Schattschneider 1960）。科布和埃尔德意欲使用他们自己关于议事日程建构的观点来描述这个问题：在获得代表权方面，为何有些社会团体获得成功而其他团体则遭到失败，包括其提出的议题从未列入政治议事日程的那些社会团体。

议事日程建构关注那些还未列入公共议事日程的、有着广泛争议的社会议题。相比选举参与而言，议事日程建构对于维护长期的制度稳定更加重要：尽管选举可能强化制度的短期稳定，但是在一个民主政体中，长期的正式（政府的）议事日程应该有助于系统的（公共）议事日程（Cobb and Elder 1972，p.164）。

自从1972年科布和埃尔德出版那部著作以来，美国进入了相对平静的历史时期，一个中间偏左的社会运动的暂时中止期。但是，尽管左翼运动已经衰退，研究左翼运动的学者数量却在上升，之所以如此，部分原因在于，学者们通过反思他们对于美国政治的理解来重新认识60年代（McCarthy and Zald 1977），他们认为，社会运动是动员社会资源以适应政治环境变化的合理因素（McAdam 1982；Tarrow 1998a；Tilly 1978）。然而，美国政治学中研究议程制定的文献，却极大地忽视了社会力量和社会运动对政治议程的影响作用。例如，在其关于联邦政府政策制定的研究中，金登（Kingdon 1984）认为：诸如政府官员、媒体和政党这类“看得见的”参与者制定议事日程；而诸如专家、学者和顾问这类“看不见的”参与者则只是提出特定的备选方案。专家们提出特定的建议，而利益集团“更多的是通过阻止而不是支持议案的通过来影响政府议事日程”（pp.21，71）。但是我们知道，平均地权运动和人民党主义运动的要求促成了进步时代计划，公民权运动导致了意义深远的1964年5月的立法，女性主义运动、环保运动和消费主义运动导致了许多重要新法律的颁布（Costain

1992; McAdam 1982; Sanders 1999)。难道政策制定的本质已经改变了吗?或者,提出议案的许多活动消失了吗?仅仅只有那些智囊团和国会议员这些精英们才能活跃在政策制定的舞台上?

关于议程制定的许多研究都强调精英的作用。鲍姆加特纳和琼斯(Baumgartner and Jones)对议事日程和政策变化的最新研究承认公民动员的作用,特别是日渐增加的公民利益集团的作用以及它们在反对核武器、杀虫剂和其他潜在威胁中的压力作用。然而,在鲍姆加特纳和琼斯以及金登的论述中,主要的参与者还是政府官员和其他精英,这些议程制定活动都在正式的政府背景下进行。

研究议程制定的学者们多倾向于关注全国性政治问题,因而限制了对于地方性政治议程制定的关注。金登认为,全国性政策制定机构掌握着大量的资源,使其能够找到解决问题的办法,也能够坐待构成有利时机的一些因素:一个确证的问题、一个可行的解决办法、一种合适的政治气候,这些因素最终都会打开一个"政策窗口"。金登断言,政策制定机构能够找到解决问题的办法并等待时机提出这些办法。相应的,贝里(Berry)等人谈到,城市政府不可能支持政策制定的基层参与者:"就掌握的可用资源来看,地方政府与联邦相比简直就像一个第三世界国家"(1993, p.117)。更多的情况是,城市各种问题的解决办法并没有被束之高阁,而是及时用于解决眼前的问题或是长远的问题。这可能为公民组织提供了提出备选方案的机会。

少数研究把政策制定视为地方层面的事情(Berry et al. 1993),或者仅仅关注被动员起来的公民团体(McCarthy et al. 1996)。贝里等人在其研究中把议程制定归入到城市支持的公民参与计划之中。然而,因为它把议程制定看作是个体公民和个体官员的态度恰好一致的产物,这种研究是有严重缺陷的。关于个体公民和官员的研究告诉我们,他们之间的态度是如何协调一致的,但是这些研究忽略了社会组织在调协和塑造个人态度方面的作用,它们也就不能衡量社会组织在帮助设计议题方面的作用,也不能描述出议程制定的过程。

麦卡锡(McCarthy)等人评述了五种社会运动或组织的研究资料,以研究在特定背景下这些组织试图影响政府政策时的全部策略。[7]该研究文献是迄今为止唯一强调社会运动的议题选择是如何影响其成功的，作者的目的是把社会背景引入到关于设计议题和制定议程的研究之中。通过比较公众、媒体、选举和政府领域里最常使用的全部策略，可以揭示出一些一般模式，例如，只有较少资源的社会团体往往趋于使用外部人策略（游行示威、公民不服从），而资源较多的那些社会团体则趋于使用内部人策略（游说、立法）。作者发现，诸如宗教社区组织这样权限较小的社会团体倾向于使用兼有以上两类策略的混合策略。

麦卡锡等人的代表性研究主要考虑策略比较而非结果比较，它不进行历时比较，不能揭示草根组织参与议程制定的过程，也不评估其结果。我把他们这种研究的优点应用到议程制定的研究之中，用以比较两个草根运动是如何尽力影响议事日程的，以及政治机遇、动员组织和文化结构上的差异是如何影响其获得成功的，政治机遇因素将得到确定；关于“动员组织”，我指的是将人们组织起来和动员起来的组织形式的范围，从家庭、工作地点、集会、学校和协会到其他社会关系网络，再到正式组织。“文化结构”指的是设计和提出问题及其解决办法的战略方式（Goffman 1974；Snow et al. 1986）。参与者们用期望能够引起很多公众共鸣、并因此能够列入议事日程的方式设计议题。

议程制定相关研究文献的简要述评几乎无法告诉我们，志愿团体是如何可能影响城市议事日程的。鲍姆加特纳和琼斯对城市政策的研究，分析了自从这个问题出现于联邦政府议事日程到 80 年代终止这一短暂的时期。根据该研究可知，当公民组织试图影响议事日程时，我们会希望它们主要是通过阻止其他立法提案、而不是提出自己的议案这种方式来进行（Berry et al. 1993；Kingdon 1984）。

本文下面的两个案例描述了地方公民组织是如何试图影响他们城市和地区的议事日程的，这两个案例揭示出，要理解现今美国的城市政治、地方政治和州政治——社会福利和其他政策越来越多地由它们制定——仅仅考虑全国性参与者是不够的，仅仅考虑既有的政治精英也是不够的。我们必须注意到公民的组织化团体，看到它们的缺陷和潜力，视其为政治革新的一个源泉。此外，要理解公民参与是议程制定的一个重要源泉，我们必须注意到教会（Verba，Schlozman，and Brady 1996）。

第三节　两个基督教社区组织

这篇论文比较了两个多议题教会联盟影响城市和地方议事日程的活动。这两个团体都是在邻里、城市、地方和州级层面上组织起来的，第一个是“社区人民共同行动”，这是圣何塞市 17 个教堂组成的联盟，它发起了“青年服务 5 年计划”的运动，它在市长、市议会和开发局议事日程中添加了自己的议题，并赢得了一些新的城市计划。另外，它开创了一个先例，把城市开发局用于城市发展的资金（尽管数目不大）转用于邻里服务。

第二个是“圣路易斯联合都市圣会”，一个由 61 个教堂组成的组织，它从事一项雄心勃勃的反对圣路易斯地区城市无序发展的长期运动。尽管其成员无法赢得自己发起的运动，他们在致使公共议程、媒体议程、选举议程和政府议程出现混乱无序方面却扮演了关键角色。[8]在 70 年代和 80 年代，教会或圣会组织活动由于索尔·阿林斯基（Saul Alinsky）这类组织者的推动而得到发展，这些组织者把这些活动作为建立长期组织的战略，他们认为长期组织对于长期政治存在是必须的（Campbell 1986; Ramsden and Montgomery 1990; Reitzes and Reitzes 1987）。在教会社区组织中，个人集会谈论的是他们自己社区的问题，并采取共同行动以解决全市性的问题。教会社区组织并不提供服务，只是组织基层教众开展讨论议题的一些活动。而大多数圣会组织都是一个叫做“网络”的联盟的成员，这个联盟建立了许多组织并为其工作人员和领导人提供昂贵的培训。

教会社区组织吸收了阿林斯基的组织传统，但有所不同。首先，教会社区组织的组织者常常具有强烈的信仰，且具有《圣经》精神的社会正义感。[9]第二，有些教会社区组织把加强集会和提高组织成员的个人能力作为最终目的。期望在社会变化中发挥长期作用使得这些教会社区组织既重视当下的政治胜利，也重视政治教育、人员培训以及公民责任感的培育。组织者通过教徒之间的个别交谈、指导教徒研究问题、设计组织活动、与决策者交流这些方式教育地方人民组织起来，个别交谈是表示关心和吸收新成员的基本方式。第三，这种强调提高领导能力和组织能力的方法产生了截然不同的组织实践，我们可以把这种组织实践描述为“亲缘式”的组织活动（Appleman 1996; Swarts 2001）。

如同大多数教会社区组织一样，“社区人民共同行动”和“圣路易斯联合都市圣会”都是多议题、全市性的行动组织。尽管它们会支持某些候选人并动员选民，但它们支持的并不是某些政客，而是某些社会议题。不同组织采用的策略有所不同，同一组织在不同时间采用的策略也有所不同，但是常用的基本策略是举行大规模的“责任大会”，在这些会议上，政府官员或决策者被要求当众作出一些特殊的承诺，并受到一些挑剔者要求作出“是”或“否”回答的压力。头一次参加这种会议的政治家往往会受到敌意对待，因为这些会议的目的是宣示权力、要求得到官员的尊重。当政治家们意识到，如果对教会社区组织置之不理，就会遭到报复；如果尊重它们，教会社区组织就能提供各种资源（社会议题、公众支持、投票），它们的规则和行为就会是一以贯之并可以预测的，政治家们就会经常追求与教会社区组织在政策制定上达成合作关系。

一、圣何塞市“社区人民共同行动”：增加的社区青年服务议程

加利福尼亚州阳光地带城市圣何塞是一个新兴都市，以“硅谷首都”著称，人口中有30%的西班牙裔、25%的亚裔、4.5%的非洲裔美国人，其余的绝大部分是白人。通过合并，圣何塞市的面积急剧扩大，也就能够从人口暴涨中征得很多税收。但是该市社会问题也不少，它为了促进经济增长而进行的合并已经造成了城市再发展的巨额资金投入，而在某些社区，由于40年没有修剪道旁树，街灯昏暗不明（Castillo 1998），州预算的削减严重危及公立学校，亚裔和西班牙裔学生的辍学率在30%到60%之间，毒品问题是一个持久的社会问题，低收入社区犯罪活动猖獗。“社区人民共同行动”由一些天主教牧师于1985年建立，这些牧师设立了“工业区基金”组织网络，以帮助建立教会社区组织。“社区人民共同行动”的成员由14到17个教堂组成，这些教堂都属于“太平洋社区组织协会”这个组织网络。[10]

1988年，在个别交谈和研究中发现的一些社会问题，使“社区人民共

同行动”开始关注“南湾区绝大多数家庭面临的毒品横行及其危害问题以及暴力侵害问题”。每个春季,“社区人民共同行动”都会举行年度最大规模的集会,一个叫做“责任大会”的全市性的群众会议,“社区人民共同行动”施加压力,要求市长或者选举年里的市长候选人考虑将其议题列入年度议程。在选举年里,这个会议的召开先于民主党初选;在非选举年里,则先于市预算提案和审议时间而召开。[11] 1989 年,在年度大会上与政府官员举行的会议,以与市长汤姆·麦克内里的会谈而达顶峰。在与“社区人民共同行动”会谈的前一天,麦克内里宣布了“打击计划”,耗资 100 万美元全面打击社区中的吸毒贩毒活动。在与 1 000 多“社区人民共同行动”成员举行的会议上,市长同意把打击毒品政策列入来年的优先计划。“打击计划”可以看作“社区人民共同行动”的一次胜利。

次年,1990 年,这是一个选举年,“社区人民共同行动”从三位市长候选人那里得到了承诺,这些候选人承诺在 6 个月的选举期里宣讲一项全面的反毒计划。苏珊·哈默当选市长后,“社区人民共同行动”与她建立起了磋商关系。

与此同时,圣何塞市已经实施一项雄心勃勃的城市发展计划。通过增加税收,市开发局极大地加大了对大都市建设规划的资助。“社区人民共同行动”成员们感到市政府“热衷于雕像和棕榈树,却不把钱投入到社区服务之中”[12]。“社区人民共同行动”提出了预防和惩治青少年犯罪的计划,称这是圣何塞市“最好的”(意谓“集合所有人的力量”)计划,围绕 1990 年议程,它通过瞄准来自各区的 10 人市议会以实施“最好的”计划。[13]“社区人民共同行动”的各个教堂位于全市 10 个区中的 6 个区里,地方教堂组建各自的委员会推动教徒采取行动以争取市议会议员的支持。

1991 年,加利福尼亚州的经济衰退导致圣何塞市政府威胁要取消 280 万美元的社区服务计划。[14]“社区人民共同行动”要求优先实施全面的应对“青少年问题和毒品泛滥问题”的 5 年计划。它建议市长在 6 月“社区人民共同行动”进行年度全城活动时公布这个计划,并就此与市长办公室磋商,用 5 个月时间完善这个计划。“社区人民共同行动”更加雄心勃勃的建议,是要求圣何塞市开发局资助该计划。市开发局支持的是城市主要建筑计划,而不是社区服务。尽管市长答应写出书面文件要求开发局资助该计划,但在最后一刻,强势的开发局局长称资金转移是违法行为,拒绝了该计划。[15]

因此,在未得到肯定支持的情况下,"社区人民共同行动"于5月与市长在该市天主教大教堂举行了会议,会上,800名"社区人民共同行动"成员参加了"祈祷服务",并与市长一起举行了责任大会。"社区人民共同行动"提出了该市预算双重方案的提议:一项为期5年、预算9 640万美元的再发展和建筑计划,一个为期1年的实施其他事项的预算。"社区人民共同行动"提出了一些规划以及一个把开发局资金转用为青年服务的长期计划。后来,市长同意在5年里投入600万美元的开发局资金,将其转用为"最好的"计划,并批准设立青少年康复中心,得知此消息,"社区人民共同行动"领导人非常高兴。尽管"社区人民共同行动"未能争取到在将来投入更多的资金用于青少年事项,"最好的"计划和"打击计划"却获得了极大成功。"社区人民共同行动"的战略已经变为推动这些特殊议程项目的实施,一旦证实其行之有效,就推动市政当局加以推广并继续实行。如今,"最好的"计划业已实施了12年,"打击计划"实施了14年。

"太平洋社区组织协会"努力寻找机会普及这些议题、战略和策略。最近列入"社区人民共同行动"社区青少年服务计划的,是由市政府资助的"家庭作业中心",1993年,"社区人民共同行动"的一个教堂获悉家庭作业中心已经在一个属于"太平洋社区组织协会"的姊妹城市成功设立。"家庭作业中心"在白天时间里提供课外儿童的护理、辅导以及远离帮派活动的安全场所,大多数青少年犯罪活动多产生于白天的帮派活动。教堂与两个市议会议员一起在该社区的公立学校里资助设立了5个家庭作业中心。出资建立135处课外家庭作业中心,每处都有一位付薪主任,这个以前曾是城市负担的事情现在成为一项持久的预算项目。课外家庭作业中心受到家长和老师们的热烈欢迎。尽管课外家庭作业中心为之服务的学生大多数来自低收入家庭,但它却是为全体居民服务的,并非只为贫困居民服务,因此受到了广泛的支持。这些课外家庭作业中心,已经成为能为市长和市议会议员赢得支持的好事情。

作为"太平洋社区组织协会"加利福尼亚分会14个组织的一部分,"社区人民共同行动"也帮助提高该州的教育水平。1998年,分会组织了

2 500 名成员到萨克拉门托与 20 位该州议员参加市镇会议，以推动迄今为止规模最大的州内学校基础设施共享法案（95 亿美元）以及一项全州性的资助课外家庭作业中心的法案（两个法案都得以通过）。“社区人民共同行动”帮助修改法律，更多的是通过家庭作业中心的示范作用，而不是提出娱乐设施计划来实现的。

总的来说，90 年代里，“社区人民共同行动”成功地将打击社区犯罪活动和青少年服务列入城市议事日程。通过甄别成员们关心的社会问题、加强研究、与市长和市议会议员加强磋商以及与政府官员举行大规模的会议，他们对市府当局施加压力，要求把诸如防治社区吸毒贩毒活动、惩治黑帮活动、防治青少年吸毒、建立各个社区娱乐中心以及在所有圣何塞市初级中学和高级中学里设立家庭作业中心这些创新性计划加以制度化。他们与市府官员在政策制定过程中建立了合作关系，这给他们带来了重要的政治资本。尽管他们没有能够成功地把持续转用大部分开发局资金加以制度化，但是，他们在地方政策制定过程中付出的努力影响了其他城市的议事日程和州议事日程：他们修改了州法律，其他城市都在仿效他们提出的一些计划。家庭作业中心现在已经成为“太平洋社区组织协会”加利福尼亚地区其他组织的基本议程项目，“打击计划”已经被誉为全国惩治社区犯罪活动“除恶扬善”计划的典型。

二、圣路易斯联合都市圣会：根本性的改革议程

圣路易斯市的教会社区组织“圣路易斯联合都市圣会”包括 3 个联合组织，共有 61 个教堂组成。它隶属于有着 38 个组织，主要集中在中西部地区的“加玛列尔基金会”。“圣路易斯联合都市圣会”下属的教堂其教徒主要是市区和近郊的白人和蓝领、黑人低收入者以及混血种族。

尽管圣路易斯市 11 个县的总人口基本上保持稳定，但是曾经一度喧嚣繁华的圣路易斯市，其郊区人口正迅速减少。[16]这是因为，如同许多中西部城市一样，该市已经失去了很多中产阶级人口（以及选民），“加玛列尔基金会”的高层人员曾总结到，很多地方都并入到城市之中，郊区教堂对于解决城市内部的许多问题是必不可少的。1996 年，“圣路易斯联合都市圣会”开始组建，成为一个由圣路易斯市 3 个组织构成的全市性的大

组织。

圣路易斯市有一个强硬的市长和市议会。尽管自1960年以来该市人口已经减少了59%，但是仍然保有28位市议员，每位市议员代表的选区选民数不足15 000人。虽然圣路易斯市历史上就是强势市长主导型政府，而圣何塞市是管理委员会式的政府，但是圣何塞市市长却处于更有力的位置。之所以如此，部分原因可能在于圣路易斯市的权力结构极其破碎，不仅下属地方政府如此，就是圣路易斯市政府本身也是如此。[17]

通过“加玛列尔基金会”组织网，“圣路易斯联合都市圣会”结识了戴维·腊斯克、迈伦·奥菲尔德等城市政策专家顾问。[18]“圣路易斯联合都市圣会”与他们进行了磋商，并开始研究圣路易斯市衰落以及城市无序扩展的原因。圣路易斯市人口中有47%是非洲裔美国人，内城区黑人的贫困问题非常突出。贫困、毒品、犯罪和学校不足等问题持续恶化，促使中产阶级离开；城市的无序扩展进一步促使内城区边缘化和贫困化。城市的无序扩展、商业和居民的流失不仅使税源减少、城市服务质量降低、房价降低，而且也影响到教堂。在城市人口向外流失的同时，市政当局不是投资于既有的基础设施，而是建设许多新的市政设施。

腊斯克认为，开发那些衰败的社区并不能扭转严重的贫困问题和城市衰落问题，只有通过大范围的城郊合并或市县合并以便把城市扩展到郊区，只有这种“弹性”的城市边界才有可能解决这些问题。60年代圣何塞市扩展城市面积并控制合并，与此同时，圣路易斯市却严格限制城市边界，从而也就减少了许多郊区税源。腊斯克认为，城市的无序发展也激化了圣路易斯市的种族隔离问题和集中化的贫困问题，因为地方政府几乎从不推动地方经济增长管理政策、税收分配政策或公平的住房政策的革新，州议会才是这些重大政策革新的主要场所。“圣路易斯联合都市圣会”认定，“城市增长边界”即使不是唯一的、也是最好的解决办法。[19]

1996年，“圣路易斯联合都市圣会”举行了3次“学习峰会”和9次“市政厅会议”，特邀市府官员、腊斯克和奥菲尔德参加，面向选民、媒体和公众召开这些会议。通过报纸征集支持者。“圣路易斯联合都市圣会”以其他地区为榜样，提出了“精明增长”(Smart Growth)的议题，与州议员一起起草相关法案，1997年，“圣路易斯联合都市圣会”一些教堂所在的一个区里的一名州众议员在州议会上提出了这个法律草案。[20]“圣路易斯联合都市圣会”努力扩大群众基础以组建“精明增长联盟”，联合环保主义者、交通运输政策的制定者、公共交通支持者和圣路易斯县地方官员。

1997 年，该议题在圣路易斯市议事日程上愈益显著。首先，“圣路易斯联合都市圣会”于 9 月举行了一次全市性的“精明增长公共会议”，出席者有 750 人，虽然没有达到预期的 2 000 人，市长和县主要行政官员没有出席(具有讽刺意味的是，在城外的一次会议正讨论相同的议题)。会上，“圣路易斯联合都市圣会”宣布了会议的两个目的:“精明增长边界”法案、由市县资助 20 000 美元以提供关于圣路易斯市无序发展的代价的研究报告。当密苏里州众议员罗恩・奥尔组织一个州议会委员会来到圣路易斯、就这个议题举行听证会的时候，无序增长这一议题迅速进入媒体和公众的议程。州长克拉伦斯・哈蒙当众宣布他支持采取措施制止城市的无序发展，这就使州长卷入了和偏远的斯特查尔斯县官员之间的争执，加剧了双方之间的冲突。[21]

1998 年，关于城市无序发展的争论集中体现在佩奇大道扩建项目上，该项目长期以来悬而未决，原计划由州和联邦政府共同资助 5 亿 5 千万美元修建公路和桥梁，建成后可以在圣路易斯县和斯特查尔斯县之间增加 10 条高速公路通道。[22]该项目的反对者认为佩奇大道扩建项目代价高昂，将进一步加剧圣路易斯市人口向偏远的郊区流失，纯属无用之举；支持者主要是大开发商、道路建筑商和地方商业人士，他们认为该项目对于减轻交通堵塞、促进经济发展是必要的。在 1998 年 10 月圣路易斯县选举中，“圣路易斯联合都市圣会”协助提出了一份阻止佩奇大道扩建项目的公民复决的请愿书。由环保主义者、“圣路易斯联合都市圣会”以及其他人组成的联盟，发起了一场反对郊区开发商、商业巨头、道路建筑商、建筑协会、房地产商、金融资本家以及其他郊区利益集团的逆向运动。包括“圣路易斯联合都市圣会”在内的反对佩奇大道扩建项目的力量只及对方的八分之一。[23]1998 年 11 月，阻止佩奇大道扩建项目的公民复决的请愿书遭到 60%多数的否决。

在发起反对城市无序发展的运动之前，“圣路易斯联合都市圣会”成功地进行了许多社区性和全市性的运动，例如保护公立学校和一个内城区邮局、帮助建立该市唯一的地方高中和一个主要的内城区购物服务中心。然而,“圣路易斯联合都市圣会”从未尝试进行合作性的地方运动。它以前提出的议题往往具有公众吸引力,几乎没有坚定的反对者。“圣路易斯联合都市圣会”缺乏评估州内政治机遇的经验,也没有意识到城市增长边界计划在保守的密苏里州州议会里是不可能获得成功的。[24]议员们和计划制定者们最终确信“圣路易斯联合都市圣会”已经放弃了增长边界议题,或者已经不再重视这个议题了。

佩奇大道扩建项目的斗争,帮助“圣路易斯联合都市圣会”认清了其对手的身份和力量,可能更重要的是,他们认识到圣路易斯的商业精英是不会反对无序增长的。“公民进步”是一个强势组织,由 40 个人组成,其中包括 26 家大公司的执行总裁,该组织支持城市保护和公共交通,但是通常也支持发展基础设施,并捐巨资给支持佩奇大道扩建项目的一方。[25]商会也赞成该项目,因为许多商会成员依赖于郊区的发展。

除了强大的既得利益集团以外,发展政策的改革还要面对许多人称之为“缺乏公民领导”的问题[26],这与政客的选举计算是有关系的。诸如圣路易斯县行政官员这样的地方官员、国会议员和市长都在筹划谋求升职的选举活动,从这个乱七八糟发展的郊区捞取选票。县行政官员选举基金对遍及密苏里州的民主党官员的捐助,有助于确保他们的忠诚。[27]

甚至那些已经没有什么可以失去的公民领袖也没有表现出领导姿态。[28]退休参议员杰克・丹福思 2004 年担任圣路易斯市长的时候,一场精英推动的活动其目标是“圣路易斯地区的新生”,基本上就是自由市场式的方法,通过改善城市条件而不是调节经济的方法促进城市和郊区展开竞争。这场活动得到了许多大公司的大量资助,这些资助是在“公民进步”的外表下进行的,这些大公司都反对政府调节经济发展。[29]

在关于城市无序发展的争论过程中,阻止佩奇大道扩建项目的失败是一个分界点。反对无序发展的《圣路易斯邮递快报》在其社论中增加了一篇紧急编者按:本文首次为城市增长边界观点辩护,请注意“本地区需要把这种观点放在首要位置加以考虑”。就此,“圣路易斯联合都市圣会”不再提及增长边界议题,转而重新调整自己,准备进行一次更长时期的活动。[30]

简而言之,“圣路易斯联合都市圣会”在促进无序发展问题列入圣路易斯地方议事日程方面扮演了重要角色。它选择城市发展边界议题是公共政策分析的一次胜利,这种分析是基于实际的政治计算得出的。“圣路易斯联合都市圣会”面临的政治气候给它造成了很多障碍,阻碍了它成功地宣传城市衰落的基本原因,这些障碍包括:破碎的政治权力机关、坚定的反对者、种族多元化、难于向选民解释城市混乱无序的原因和解决办法。尽管如此,混乱无序的影响(如果“圣路易斯联合都市圣会”用这种方式成功地描述出来的话)在城市中心的居民中不分种族和阶级都能广泛地感受到。关于这个议题的成功活动有赖于多种因素,包括无序发展反对者的组织力量和无序发展议题列入政治议程。尽管“圣路易斯联合都市圣会”没有在无序发展议题上获得成功的结果,但是毋庸置疑的是,它影响了公众、媒体、选举和政府议程。“圣路易斯联合都市圣会”的领导层得到了深刻的政治教训,而且,通过与市政官员、环保主义者和公共交通支持者建立的合作关系,为它以后更长时期的斗争奠定了基础。

通过这些关于草根社区组织影响城市议程的能力的事例,我们能够认识到什么呢?导致不同结果的因素,可以根据政治机遇、动员组织和议题的战略设计三个方面的不同情况来加以有效的描述。

第四节 政治机遇

许多学者认为,政治机遇包括这些因素:政治参与渠道的畅通、不稳定的联盟、有影响力的支持者、分裂的精英(McAdam 1996; Tarrow 1996)。另外一个因素是政府能力:国家的镇压能力和执行政策的能力(McAdam 1996, p. 27)。如果把这些因素应用到圣何塞市和圣路易斯市,“政府能力”指的是地方政府制定和执行大都市政策的能力。在诸如美国这样的民主国家里,不稳定的联盟采取的形式是选举不稳定(Tarrow 1996, p. 55),精英的分裂意味着同盟者可能是有用的,包括政府官员、商业精英、媒体精英以及其他精英。

一、政治参与渠道的畅通与选举不稳定

“政治参与渠道的畅通”[31]指的是政治机遇的正式制度化方面，而“选举不稳定”指的是影响政治候选人的机遇。在圣何塞市，1988年“社区人民共同行动”在市议会分区选举中获胜，使其能够有效地动员其下属教堂所在的各个选区。80年代里，政治机遇与“社区人民共同行动”的动员能力相互作用，大规模的集会迫使市长汤姆·麦克内里对其城市新计划作出回应，有了这个政治资本，“社区人民共同行动”得到市长麦克尔尼的保护，并继续得到新市长苏珊·哈默的保护。

“社区人民共同行动”利用选举周期，通过动员尽可能多的选民对候选人施加压力。在圣何塞市，重大的选举竞争发生在民主党内部，而不是在民主党和共和党之间。“社区人民共同行动”为市长候选人和市议会候选人提供了大量组织化的草根选民，圣何塞市政治家现在经常积极参加社区活动，把社区提出的议题融入选举议程之中，能够为政治候选人提供区别于其他候选人的办法。

与之相反的是，“圣路易斯联合都市圣会”发起的反对城市无序发展的运动，是试图在几乎没有政治机遇的地方创造政治机遇的典型事例。尽管对于城市混乱无序[32]的广泛不满促使“圣路易斯联合都市圣会”选择了这个议题，但在当地的政治背景下几乎没有清晰可见的实现路径。“圣路易斯联合都市圣会”已经与市长、市议员、一些州议员和许多官僚精英建立了联系，然而，圣路易斯市官员和一些州议员缺乏推进这项议题的权力。

在圣路易斯市和密苏里州，选举竞争并未给“精明增长”的支持者继续从事自己的议题提供机会。在保守的密苏里州政治气候中，郊区官员抓住机会反对那些带有政府调节意味的措施，甚至反对免费高速公路项目。该州议会里，“精明增长”的支持者大大低于反对者的人数，例如，2000年总统选举期间，城市无序发展问题出现在国家议事日程里，这可以在密苏里州增加该议题的显著性[33]，又如，1998年选举期间，在全国各地采取的150项强烈反对无序发展的措施建议中有85%获得通过。尽管如此，至2002年7月，与调节经济发展有关的措施中没有一项在密苏里州议会得到通过。

二、有影响力的盟友

教会社区组织的最低目标是争取教会高层人士的明确支持，上文中的两个组织也是这样做的。“社区人民共同行动”的支持者包括：自身政治议程的进展依赖于“社区人民共同行动”支持的一些政治家；“社区人民共同行动”所提计划的支持者，包括公立学校教师和管理者；有时候也包括圣何塞市《信使新闻》；还有关心生活质量议题的人，以及与“社区人民共同行动”在培训青年人进入硅谷工作上有共同目标的强大的硅谷商业利益集团。尽管这些商业利益集团反对“社区人民共同行动”挑战城市开发局的权力，但他们支持“社区人民共同行动”进行的有助于提升圣何塞经济竞争能力的活动，这些活动主要是关于住房、教育和交通运输方面的（Peterson 1981）。

“圣路易斯联合都市圣会”的支持者包括地方计划制定者、地方官员、环保组织、几个州议员、市长和当地的日报。这些支持者并不足以形成对地方商业领袖和政治领袖的多数优势。圣路易斯市《邮递快报》的舆论领导方式是很谨慎的：报纸文章把无序发展说成是技术问题，而不是政治问题，文章非常清楚地阐明了无序发展的代价，但却不愿意指明从无序发展中获利的那些人。[34]

三、分裂的精英

在它们最重大的挑战活动中：制定城市发展边界、把开发局30%的预算资金转用于青少年和社区服务项目，“圣路易斯联合都市圣会”和“社区人民共同行动”都发现精英们一致反对它们的计划。当开发局和市长办公室就一次性再分配一小部分开发局预算资金问题产生分歧时，市长站到了“社区人民共同行动”一边。但是至于再分配资金这个重大问题，“社区人民共同行动”受阻于圣何塞市经济增长支持者组成的强大联盟（Mollenkopf 1983）。

迄今为止，圣路易斯市经济增长支持者的联盟尚未显现出重大分裂的迹象。基于选举计算和郊区选民利益的考量，地方官员已经拒绝限制经济扩张。商业利益集团支持反贫困和反衰退的措施：学校反种族隔离、改善教育、城市复兴和发展公共交通，这些措施有利于商业利益集团或商业工人,然而,商业利益集团拒绝支持限制经济扩张。[35]斗争还在继续进行,与此同时,市区商业利益集团和郊区商业利益集团之间产生了分歧,这种分歧有可能扩大,但可能性不大,这不仅是因为商界有强烈的冲动去结成联盟以反对限制经济扩张,而且是因为商界和商人的利益常常是由市区维护和郊区扩张决定的。

四、政府能力

这个因素对于圣何塞市政府和圣路易斯市政府的影响明显不同。圣何塞市的大部分地域由市政府管理,而圣路易斯都市区分属 92 个地方政府,即使是在圣路易斯市,权力结构也是破碎不堪、极其分散。圣路易斯市议会的议员来自 28 个选区,而圣何塞市议会的议员仅仅代表 10 个选区。圣路易斯市本身就缺乏限制无序发展的政府能力。任何限制经济扩展的活动必然是地方性的,包括密苏里州和伊利诺伊州。圣路易斯市及其内郊区面临艰难的斗争以谋求外郊区的支持,在州议会里也处于劣势。

总而言之,对于"社区人民共同行动"和"圣路易斯联合都市圣会"来说,政治机遇的 5 个方面:政治参与渠道的畅通、不稳定的联盟、有影响力的支持者、分裂的精英、政府能力,只剩下了 3 个方面,正式的组织参与渠道涉及选举不稳定和政府能力。政治渠道包括选举市议会议员的政府结构和规则。"社区人民共同行动"和"圣路易斯联合都市圣会"在其市议会里都有一些地区代表,都有与市长联系的渠道。但是,圣何塞的政治结构使"社区人民共同行动"相比"圣路易斯联合都市圣会"具有两个有利条件,首先,圣何塞的 10 人市议员体制,使"社区人民共同行动"更易于影响议会多数的 6 个议员,而圣路易斯高度分散的 28 人市议员体制,要求"圣路易斯联合都市圣会"必须拉拢并赢得 15 名议员的支持才能获得多数支持。第二,政治参与渠道的关键问题是控制一定地域的地方政府的数量,圣何塞市控制了大片地区并加以合并,而圣路易斯市政当局的管理范围局限在一个很小的地域里,对于"圣路易斯联合都市圣会"来说,赢得圣路易斯市长的支持或一些市议员的合作是不足以解决问题的,因为影响城市经济增长的决策权分散在 92 个地方政府手中(还有商业界、州和联邦政府)。

在城市政治中，有力支持者的多元化和精英的分裂往往是同时存在的，因为当精英分裂时，其联合就成为可行的选择。在这两个城市中，尽管精英们一致反对两个组织广泛的改革建议（持久性地重新分配开发局的预算资金以及城市增长边界议题），但是，“社区人民共同行动”的一些特定议题得到了精英的支持，精英们感到这些议题有助于减少犯罪活动或者能够提高城市青少年的教育水平。

这就表明，政治机遇与该组织选择的议题有必然关系。请注意，议题的实质有别于议题的表达。城市无序扩张议题，特别是城市增长边界的战略议题，意味着“圣路易斯联合都市圣会”业已选择了一个会导致地方精英分裂的议题，城市和内郊区政治精英赞成限制无序扩张，但是，商业精英却一致反对。“圣路易斯联合都市圣会”及其支持者并没有强大到足以对抗商业界和州议会的反对。与此相反的是，“社区人民共同行动”选择了分配性议题而不是调整性议题，支持经济扩张的地方精英联盟认为这些议题是有利的。

第五节　动 员 组 织

在美国，教会是独一无二的动员组织，它们的资源包括正式和非正式的关系网络以及共同的话语和价值观，这些语言和价值观对于教徒生活的显著影响，几乎没有其他组织能够超越（Reitzes and Reitzes 1987; Verba et al. 1996）。教会的潜在资源包括教派基金、持久的正式和非正式的关系网、社会合法性、宗教和世俗领袖以及共同的话语和信仰。“社区人民共同行动”和“圣路易斯联合都市圣会”从其成员教堂获得这些资源，也从它们的上级教会社区组织网络（“太平洋社区组织协会”和“加玛列尔基金会”）获得这些资源。上级教会社区组织网为它们提供各种资源，包括全国性的领导人培训会议、员工培训、提供长期咨询服务、全面的战略设计和员工招募。

在“社区人民共同行动”组织里，共同的基督教信仰帮助了该组织团结最低收入西班牙裔天主教徒和中产阶级盎格鲁—撒克逊新教徒。“圣路易斯联合都市圣会”则必须克服多种分歧，它的61个教堂努力促进北圣路易斯、南圣路易斯以及北圣路易斯县各个种族之间的团结，黑人牧师担心受到白人的控制，这就削弱了“圣路易斯联合都市圣会”招募黑人教堂加入该组织的能力。然而，尚不清楚的是，是否有别的机构试图促进圣路易斯市不同地区居民之间的团结、而不是促进教堂之间的团结。尽管“社区人民共同行动”和“圣路易斯联合都市圣会”在地方议程中提出了调整性或再分配性的根本改革议题，但它们都缺乏从事这些改革议题的人员、资金、盟友或动员能力。虽然如此，两个教会社区组织都有足够的资源赢得一些具有微小再分配效果的成果(Peterson 1981)。[36]

尽管“社区人民共同行动”和“圣路易斯联合都市圣会”都从其下属教堂获得了相似的资源，然而，“社区人民共同行动”是一个由14个组织组成的全州性联盟的一部分，这就使它能在该州发挥更大作用。而“圣路易斯联合都市圣会”只是“加玛列尔基金会”密苏里州分会的唯一成员，临近的堪萨斯市教会社区组织属于“太平洋社区组织协会”。来自具有竞争关系的不同组织网的组织之间很少形成合作关系，然而很明显的是，来自密苏里州其他大城市的合作肯定有益于反对城市无序扩张的运动。缺乏组织网的合作显示了教会社区组织从事全州性和全国性运动的能力缺陷。由于缺乏资源从事草根组织活动，这就迫使各个组织和组织网为稀缺性的资金展开竞争，它们也就有一种把自己与其他组织区别开来的内在冲动，而不是进行合作的内在冲动。

“社区人民共同行动”在预算资金和人员上大约二倍于“圣路易斯联合都市圣会”。这就给两者的动员能力造成了直接影响。没有相应的基础，“圣路易斯联合都市圣会”却发起了一次全州性立法活动，可以想见，其效果微乎其微。“圣路易斯联合都市圣会”寻求组建更大的教会联盟：扩展到内城区之外，这也可以使“圣路易斯联合都市圣会”摆脱为特定的社区谋利的特殊利益集团的公共形象。它们的教会基础使其能够根据自身的长期利益(有效使用税收资金、减少交通堵塞、保护公共空间)、在种族和宗教方面实现社会正义的吸引力来吸收郊区教堂加入该组织。“圣路易斯联合都市圣会”需要更多的资金和政治资本以推动城市发展边界议题列入选举和政府议程，但几乎没有成功的机会。对于“社区人民共同行动”而言，如果它试图进行更大范围的调整性或再分配性的根本改革挑战的话，例如挑战开发局，其结果也一样会徒劳无功。

总之，这两个组织都受益于这种教会基础的组织模式，它们获得了组织资源，例如教堂和教派的资助、社会关系网以及领导人。组织网成员资格为它们提供了培训员工、获得长期咨询服务、培训领导人的途径。最后，它们拥有文化资源，例如强大的基督教集体身份、共同的话语和价值观以及宗教仪式。尽管这些教会社区组织也面临种族、阶级和利益（市区和郊区利益）这些棘手障碍的挑战，它们还是能够利用最适用的组织基础去进行社区组织活动。当然，在教会社区组织中，各个组织掌握的资源是不一样的：“社区人民共同行动”拥有大量的资金，因而在每一个教堂就有更多的组织者；因此，虽然其教堂数量不足“圣路易斯联合都市圣会”的三分之一，但却能动员更多的人员。

因为教会社区组织是一些组织网的成员，它们就能够参加更大规模的活动，例如，“社区人民共同行动”已经开始参加“太平洋社区组织协会”加利福尼亚分会的一些活动。然而，由于这些组织网为了资金和教堂而相互竞争，它们就丧失了加入其他势力集团、特别是全国性势力集团的机会。

第六节　议题设计

在组织研究的话语中，特定的议题被研究者从一般问题里凸显出来。一个好议题的标志是：它是具体的、特定的、可以获得成功的。一旦选择了某个议题，必须运用多种方法“设计”它，以赢得选民和盟友的支持。

作为教会社区组织，“社区人民共同行动”和“圣路易斯联合都市圣会”都把它们的议题设计为“有价值的”和“基于信仰的”，正如基督教联盟所做的那样，并且，它们使用祈祷者、音乐以及其他礼拜因素。通过自下而上、与教徒一对一的个别交谈，“社区人民共同行动”和“圣路易斯联合都市圣会”都使用了教会社区组织明确问题的方法。这个过程是为了确保它提出的议题能够超越种族、阶级、社区和教派的界限获得广泛的支持。然后，经仔细考虑战略背景，由组织者以及组织网高层管理人员进行严格筛选，才确定议题。

两个组织设计议题的策略都包括使用专家知识。如同大多数教会社区组织一样，通过对议题进行研究、教导教徒提供有说服力的研究，“社区人民共同行动”和“圣路易斯联合都市圣会”都努力使自己成为（和显得）真实可靠、知识广博的组织。对无序发展的代价的研究进行资助，不仅为了获得更多的信息，而且是一个文化战略，可以获得议题合理性并赢得中产阶级郊区居民成为盟友。

一方面，“社区人民共同行动”和“圣路易斯联合都市圣会”设计运动的能力大不相同。在实施一些个别计划时，如青少年服务、家庭服务、教育服务、社区服务、反吸毒贩毒和惩治黑帮活动，“社区人民共同行动”能够使它们成为“重大议题”，这只是议题合理性的一个方面，另外，它能引起“一个强烈的、相当一致的情感反应，不会产生争议”（Nelson 1984, p.27）。“社区人民共同行动”要求在这些计划中提出“危及南湾区众多家庭的毒品泛滥及其造成的社会危害和暴力犯罪”，当加州教育水平从全美第一猛跌至第49位的时候，加利福尼亚人深切感受到了这种影响，由于家庭作业中心遍及各个地区，它们就很容易获得支持。

与此同时，“圣路易斯联合都市圣会”从事的是城市发展边界这个高度复杂的政策大调整性议题，它难于促进精明增长议题这件事证实了一个结论：相比错综复杂的议题而言，易为公众理解的议题更有可能成功地列入媒体议程和选举议程。城市无序发展这个问题有许多方面：种族、经济、环境、负责的规划、特殊利益集团、公路拥堵、税收提高。双方都能强调生活质量问题：例如，在佩奇大道扩建项目争论期间，支持者宣称，该项目对于防止交通拥堵是必要的，而反对者则很难争论说该项目最终会导致交通拥堵。如果要说清楚无序发展的危险，就需要有长远的眼光。一个地方规划者说道：

> 赞成扩张的人说，我能够筹到钱修建公路、建造3 000套新住宅……反对者说，我们会毁了环境、失去湿地，公路上会产生各种问

题。这个议题如此具有争议性，原因在于，人们是从不同时间段考虑这个问题的。[37]

由于“圣路易斯联合都市圣会”在一个保守的政治气候里、在中产阶级中间提出这个议题，其领导人已经从其他方面考虑到了“财产权”问题，并将其应用到一些历史较长地方的财产所有者身上，这些地方的投资活动受到无序扩张的威胁。

总而言之，“社区人民共同行动”和“圣路易斯联合都市圣会”都具备将其提出的议题与信仰、宗教和道德联系起来的有利条件，然而，它们提出的议题在复杂性方面有所不同，它们将议题设计成具有普遍吸引力的重大问题的能力也有所不同。对“圣路易斯联合都市圣会”而言，所选议题本身比如何设计议题更为重要。尽管它确有调节意味，城市发展边界问题本身并非反对发展，它与经济发展之间的关系依赖于提出此议题时的时代背景，支持者强烈认为，从长期来看，设定城市发展边界将提高城市和地区的核心竞争力。这些地方的官员也确信的确如此，并乐意采取措施与无序发展作斗争。然而，从这种无序发展中直接获利的商业利益集团反对这些措施，而城市和郊区的其他商业利益集团又处于分裂状态。从长期来看，即使发展边界问题能够成功地列入市政当局核心层的基本议程，并因此能够成为地方商业界的基本议题，但是，要使商业人士确信控制发展是有利的，这也是很困难的事情。该议题的复杂性也使其难于得到普通公民的理解，因此，“圣路易斯联合都市圣会”在争取广泛支持方面面临重大挑战。

第七节　结　　论

在中间偏左的社会运动逐渐削弱这个共同背景下，“社区人民共同行动”和“圣路易斯联合都市圣会”，都需要构建工人阶级和中产阶级的联盟以赢得政府当局的让步，这些让步不仅有利于这些选民，也有利于低收入者。这两个团体都选择了那些能够团结这些选民的议题。然而，“社区人民共同行动"采用的是渐进性的而不是根本性的改革战略，逐渐取得了阶段性成效，并在城市预算中得以制度化。"圣路易斯联合都市圣会"从事的是城市发展边界议题，从根本上说，这个议题是根本性的改革战略，即使它不可能获得成功。"圣路易斯联合都市圣会"接受了教训，并采用更多渐进性的改革方法。

对"社区人民共同行动"和"圣路易斯联合都市圣会"来说，要把其议题列入政府议程，群众基础和社会动员并非充分条件。这两个组织面对的是大不相同的城市，但是这两个城市都在为经济发展而努力竞争(Peterson 1981)。在这两个城市里，开发者及其盟友都属于最强大的利益集团，"社区人民共同行动"和"圣路易斯联合都市圣会"都在同这些利益集团较量。然而，"社区人民共同行动"选择了一个分配性的议题，为争取一小部分资源而努力斗争，尽管这些资源并不能给选民带来极大的利益。虽然"社区人民共同行动"威胁到了开发局的霸权(依据其所开的先例而不是实际的代价)，但是并未威胁到开发商利益集团和商业利益集团，教育水平的提高和安全的社区反而是符合这些人的利益的。另一方面，"圣路易斯联合都市圣会"用一个雄心勃勃的调整性议题同商业利益集团较量，本身又没有什么资源和盟友，它是不可能赢得城市发展边界议题的胜利的，但是，它成功地将城市无序发展议题列入到媒体、公众和政府的议程之中。

以教会为根基的独立公民组织能够执行议程制定功能，迄今为止，关于议程制定、政治参与的研究文献或相关文献还没有这类研究著作。议程制定的研究文献有一种进行全国性研究的偏好，研究议程制定的专家大多注重对全国政府的研究，而不太注重对地方政府的研究。相较州政府和全国政府而言，地方政府议程更容易受到地方组织的影响，地方组织不仅能够否决某些建议，而且能够开展积极的社会运动，提出一些惠及成千上万选民的建议。因此，公民组织能够帮助制定城市政策。自下而上筛选出来的议题有助于激发公众参与，并有助于防止参与者受到媒体和反对者策略的影响。

教会社区组织是社会运动吗？也许把它们理解为地方性的利益组织比较妥当(Karapin 1994)。但答案可能是，草根公民组织采取了自由民主制的特殊形式(Meyer and Tarrow 1998a; Tarrow 1998b)。日渐增加的资源以及国家的妥协促进了它们的专业化(McCarthy and Zald 1977)。在社会运动得到宽容的社会背景里(也可能得到抚慰),我们如何判断它们是获得了政治参与渠道还是被拉拢到政府一边呢?我认为,如果不分析某一社会运动的政治机遇,就无法作出该运动组织业已被当局拉拢的结论(Katzenstein 1998; Swarts 2001)。当"一种社会制度受到一系列社会运动的根本性挑战的时候",最有可能发生改革(Tarrow 1996, p.60)。这恰好与目前美国的中间那偏左社会运动所面临的环境相反。因此,我们可以预料,城市社区组织要从政府那里得到重大让步十分渺茫。多数教会社区组织,包括"社区人民共同行动"和"圣路易斯联合都市圣会",必定会定期显示它们动员大量人员的能力,这恰恰是为了保持同当局上层人物对话的渠道。[38]即使是一些效果十分有限的分配性议题,要获得成功,也需经过艰苦的公众动员活动、对议题进行慎重的选择和设计。例如,为了争取一名市议会议员支持采购一套治疗吸毒者的设备,一个"社区人民共同行动"委员会敲开400户居民的门以获得他们的支持,并动员了200人与市议会议员举行会议。[39]至于再分配性议题和经济调节性议题,做起来就更难了(Lowi 1964; Peterson 1981)。

"社区人民共同行动"和"圣路易斯联合都市圣会",与美国150个类似组织具有相同的组织过程、相同的话语以及相同的战略。它们都特别注重组织过程的民主化,注重公民能力的训练,注重获得政治成果。这种对民主训练和实际成效双重焦点的注重在当代美国志愿组织中是不同寻常的,研究其优点和缺点是值得的。由于社会政策的制定正日益为州政府和市政府掌握,我们需要更好地了解试图影响这些政府的地方组织是何以成功和失败的。

注 释

1. 例如,维巴、施洛兹曼和布雷迪在他们对于美国政治参与的研究中,惊异地发现了教堂在培养公民能力中扮演的重要角色,特别是对于那些在工作中几乎没有机会学习这种能力的蓝领来说,尤其如此。但是,如果考虑到自美国建国以来基督教在美国社会运动和志愿社团中的支配地位,对这种情况就不应该大惊小怪了。

2. 本文节选自一个研究范围较广的关于城市政治中宗教社区组织和非宗教社区组织的研究著作。

3. 我使用了迈耶和塔罗对“运动”一词所下的定义:“基于共同目的而团结起来的人们,在与精英、反对者和政府当局的互动中,对现存的权力安排和分配方式的集体挑战。”

4. 一个颇有价值的例外是科斯坦和麦克法伦的研究,参见卡赞斯坦对社会运动研究文献中的这种观点所做的富有见地的批判。

5. 鲍姆加特纳和琼斯进行的雄心勃勃的研究,卓有成效地使用了多种研究方法,包括大范围比较法和特殊的历史案例研究法。

6. 参见克莱门斯对于进步性利益集团形成的历史过程的研究。

7. 这些组织的类型包括穷人团体、和平团体、反酗酒团体、环保团体和既得公共利益集团。

8. 资料来自于对这两个城市进行的为期 6 个月的调查。

9. 尚不清楚这是否是圣会组织的重要因素,因为社区组织总是能够吸引教徒。索尔·阿林斯基的早期资助者都是教派中人,他的继任者埃德·钱伯斯是本笃会神学校的学生。现在,教会社区组织是社区组织的主要形式,所以它也许只吸收最好的组织者。作为本文来源的那项大范围的研究,其一个目的是识别影响教会社区组织实际成效的结构和文化因素。

10. 目前有 4 个主要的教会社区组织网:“工业地区基金会”,由索尔·阿林斯基于 1940 年建立,现有 60 个成员组织;“加梅利尔基金会”,有 40 个成员组织;“太平洋社区组织协会”,有 41 个成员组织;“遭难动物拯救团队”,位于佛罗里达州,有 17 个成员组织。70 年代,“工业地区基金会”是教会社区组织的先驱。

11. 在这个民主党人占优势的城市里,11 月份选举的获胜者主要是由 6 月份举行的民主党会议决定的。

12. 采访“社区人民共同行动”官员,1999 年 1 月 27 日。

13. 自 1988 年以来,这个 10 人市议会一直由各选区选举产生的议员组成。

14. 与此同时,市长支持在圣何塞市鲨鱼区投资 2 500 多万美元,修建一个主棒球馆,组建一支棒球队。

15. 洛杉矶市合法地实施了这种战略计划,“社区人民共同行动”提出了相同的方法:寻找开发局能够合法资助的城市预算项目,用开发局的资金资助这些项目,然后把部分城市预算资金分配到一些新项目上。

16. 圣路易斯地区 11 个县的人口一直稳定在 250 万,但是,1990 年以后,偏远的圣查尔斯县的人口增加了 22%,而圣路易斯县只增加了 1.5%。圣路易斯市的人口从 85 万减少到今天的 35 万,而且减少的速度比其他美国大城市都要快。1998 年和 1999 年,西埃拉研究会把圣路易斯列为仅次于亚特兰大的全国第二混乱城市。

17. 1876 年,当圣路易斯市从圣路易斯县脱离出来的时候,它就具有了独立于市政府的“县”政府的功能结构,市议会议长和市长共同控制预算,警察部门隶属州政府控制(这是美国内战的一个遗产)。

18. 腊斯克是阿尔伯克基市前市长,奥菲尔德是明尼苏达州众议员,这两个人都是城市规划和城市政策的顾问专家。

19. 一些城市,例如俄勒冈州波特兰市和加利福尼亚州圣何塞市,业已成功地执行了发展边界政策。

20. 众议员罗恩・奥尔本人就是"圣路易斯联合都市圣会"一个下属教堂的教徒。

21. 在这次听证会上,一名官员邀请黑人市长哈蒙到斯特查尔斯县去,"在那里,他会感到很安全。"有人指控这是变相的种族主义,因为,人们往往把圣路易斯市的犯罪活动与高比例的黑人人口联系在一起。

22. 斯特查尔斯县60%的居民在县外工作,许多人要求扩建公路,要求得到来自汽油税中的联邦公路信托基金和州公路信托基金的资助。

23. 据一名担任领导职务的积极分子说,选票将会很接近,也许正反双方会各占一半。但是,公路扩建的支持者比反对扩建佩奇大道的纳税人投入的16万美元多投入了80万美元。电话采访,1999年1月9日。

24. 州议会对于诸如城市发展边界这样的调节性议题一向持敌视态度。保守的农村利益集团历史上就一直敌视圣路易斯市,公路委员会里的来自东密苏里的议员都是住宅建筑商。采访圣路易斯县自治联盟成员,1999年1月。

25. 佩奇大道扩建项目支持者捐款的部分名单,按照数额多少排列,包括:建筑商和开发商捐款231 650美元、"公民进步"组织一些大公司捐款175 092美元、圣查尔斯县其他利益集团捐款157 775美元、公路建筑商和工程师协会捐款136 600美元、其他社团捐款116 335美元、房地产开发商和金融利益集团捐款10 950美元,共计828 382美元。这些数字由圣路易斯县自治联盟于1998年12月20日汇总。

26. 采访一位《邮递快报》匿名记者,1999年1月。

27. 由于技术上的原因,全州性的金融改革一再被州立法当局否决。

28. 有两位著名的美国参议员汤姆・伊格尔顿和杰克・丹佛思,丹佛思支持佩奇大道扩建项目,伊格尔顿则声称他个人反对该项目,但不希望引起纠纷。电话采访一位匿名积极分子,1999年1月。

29. 圣路易斯市2004年有一些雄心勃勃的目标,也取得了一些令人印象深刻的成就。2004年,其中一个计划业已筹集了7亿5千1百万美元,以振兴11个社区并促进其持续发展。批评者认为,该计划最终会徒劳无功,因为该计划丝毫没有改变混乱无序发展的现状,而正是这种无序发展毁了这些贫困的社区:"这就如同给老年人以生活保障,想让他们生活得舒服一些,可是却没有注意他们正在吮吸身上流出的血。"电话采访一名圣路易斯县自治联盟成员,1999年1月8日。

30. 电话采访一位"圣路易斯联合都市圣会"成员,1999年1月。

31. 在本文列举的这些案例中,这两个因素紧密结合,值得我们把它们一并考虑。

32. 这些包括：中产阶级人口的流失、教徒人数的减少、住宅价格的下降、税源的流失以及由此产生的学校和公共设施的衰落、公共资金转向建设新的基础设施、由于中产阶级逃离而日益恶化的贫困问题和犯罪活动。

33. 早在 1998 年，阿尔·戈尔就公开反对“在我国城市中迅速蔓延的混乱无序的发展”。《圣路易斯邮递快报》1998 年 2 月 20 日。

34. 部分原因可能在于，郊区读者是报纸订阅的日益增长的市场，所以报纸拒绝刊登佩其大道扩建支持者的捐款名单。报纸文章公开反对佩奇大道扩建项目。电话采访《圣路易斯邮递快报》记者雷普·哈德森，1999 年 1 月。

35. “公民进步”组织，这个由圣路易斯一些最强大的公司组成的组织，强烈支持学校税收措施，它也支持佩奇大道扩建项目。电话采访蒂姆·P. 菲什斯尔，1999 年 1 月 8 日。

36. 这些成就包括：开创性地建设了一个内城区邮局和一些学校，设立了一个内城区超市和购物中心、设立了圣路易斯市唯一的职业学校、在圣何塞市低收入社区设立了市政府资助的青少年服务和康复中心、建设一些新的住宅，等等。

37. 采访圣路易斯市密苏里大学的马克·特拉内尔，1999 年 1 月 20 日。

38. 获得了更多制度化参与渠道以及取得政府官员咨询权利的那些教会社区组织，经常比“社区人民共同行动”和“圣路易斯联合都市圣会”显示出更大的动员能力——例如能够动员多达 6 000 至 8 000 人。“社区人民共同行动”和“圣路易斯联合都市圣会”与市议会议员们以及一些盟友也有持久的磋商关系，但是，它们远不能动员大量人员以获得市长办公室的持久参与渠道，更不用说占据市长办公室里的职位了。在改变政府管理议程方面，与强大的利益集团相比，教会社区组织非常脆弱：例如，“社区人民共同行动”与市长苏珊·哈默以及市预算局局长都有定期会晤，但是却不得不与哈默的继任者、1998 年当选市长的罗恩·冈萨雷斯重新建立这种会晤关系。

39. 然而，一次精英领导的、组织良好的公开行动募集到了 7 亿 5 千 1 百万美元，用于一个重大的城市建设计划。当然，这个计划丝毫没有改变产生这些社区灾难的持久性的结构性因素。

4
墨西哥民主转型中的国家契约、精英与社会运动

罗格·卡迪那—罗阿

精英契约式民主转型理论，是建立在精英典范理论和权威国家理论基础上的。胡安·林茨(Juan Linz)认为，权威国家是介于民主国家和集权国家之间的一种政治制度。权威国家有着有限的、非责任性的政治多元化以及非独立的政治运动(Linz 1975, p.264)。国家的各种精英被认为是主要的政治参与者，即使不是唯一的参与者。精英们通过实际手段和法律手段维持有限的多元化，控制、瓦解和镇压各种挑战者。从这方面来看，毫不奇怪的是，"契约学派"(Burton and Higley 1987; Diamond and Linz 1989; Higley and Gunther 1992; O'Donnel and Schmitter 1986; Przeworski 1990, 1991)认为，民主化是精英们达成契约的结果，精英们是主要的政治参与者，即使不是唯一的重要参与者，因此，对于解释斗争性事件来说，只要分析精英们理性的决策制定就足够了，与社会运动的研究毫不相干，因为这些社会运动要么是无足轻重，要么就是受到操纵的。[1]

墨西哥的民主转型在许多方面都偏离了契约学派的分析模式。通常情况下，民主转型是从非选举的权威政府转向选举产生的代议制政府，但是，墨西哥的民主转型并非仅仅是建立或重新引入政党和选举：自1920年以来，总统选举和议会选举就一直定期举行。民主转型常常是突然性的事件，但是墨西哥的民主转型却是渐进的、不稳定的过程，这个民主转

型起始于 20 世纪 70 年代，几乎用了三十年方告终结。墨西哥的民主转型并非这样一个过程：由于年迈的独裁者死亡而引起了起义，起义是由要求进行激进政治变革的大规模社会运动发起的，或者是出现了其他危及精英的地位、利益或资源的重大威胁，从而迫使精英立即采取行动，然后，推翻僵硬的独裁体制、制止精英的分裂。民主转型常常被理解为精英主导的过程，但是在墨西哥，社会运动和群众抗议活动却是民主化过程的关键因素。墨西哥民主转型过程中并未出现精英契约[2]，没有起草和批准新宪法，2000 年 12 月之前也没有改变由政党控制行政权力的现状。

本文认为，墨西哥的案例提供了相应的证据，证明社会运动在民主转型过程中具有极大的重要意义。本文指出，研究精英主导式民主转型过程需要密切注意斗争性社会运动与传统政治之间的交互作用。

学界提出了民主制度的许多不同定义以及民主化的不同结果。查尔斯·蒂利(1998, p.3)认为"如果一个社会制度能够保障广泛的公民权、平等的公民权，保障公民对政府活动和政府人事的普遍质询权，能够保护公民使其免遭专制独裁活动的侵害，这个制度就是民主制度"。蒂利认为这些因素中最重要的是"受到保护的质询权"，民主化过程就是最大限度地扩大公民受保护的质询权。2001 年麦克亚当、塔罗和蒂利在他们的合著中宣称，有些团体(政府精英团体、反精英的团体、提出自己要求的一些人，以及这些人的联盟)希望扩大公民的质询权并愿意尽力实现这个目标，而既得权利和特权受到威胁的其他一些团体则加以反对。因此，"民主制度源自群众斗争、动员群众并塑造群众斗争"(McAdam et al 2001, p. xx)。相应地，本文认为民主化就是公民受保护的质询权的扩展，包括那些由于群众斗争而获得的公民质询权。

在墨西哥的民主化过程中，不同的团体建立了自己独立的信任网络(各种社会组织和政党)，并加紧构建合法的制度化架构以保护公民权利。契约学派认为，权力的转移、起草和批准一部新宪法，这都是民主转型已经开始的有力证据。墨西哥的权力转移发生在 2000 年 12 月，但是与 70 年代、80 年代和 90 年代早期相比，公民受保护的质询权已经发生了明显变化。本文分析了这种变化是如何发生的，并论述了公众活动在这个过程中的关键影响。

通往民主制度的路径是多元化的，因为民主转型是路径依赖的过程：你能在何处获得成功取决于你从何处来。因此，分析墨西哥的民主转型就产生了这样的问题：从何处转型？在回答了这个问题之后，我通过一些关键性的斗争事件分析了墨西哥的“争取民主社会运动”，这些事件推动了人们建立独立的组织，并迫使各个政党改变立场。

第一节　从何处转型？

当代墨西哥国家是由领导人民革命推翻了波尔菲利奥·迪亚斯(Porfirio Diaz 1877—1910)政权的一些军事和政治领袖建立的。革命政权消灭了波尔菲利奥寡头统治政权及其军队，实行了一个强调社会公正的革命纲领，包括发展规划、土地革命、劳工保护、公共教育和社会福利(提供主食津贴和公共医疗卫生服务等)。革命后国家的合法性来源于群众对革命事业的支持，而不是民主进程。

众所周知，20世纪墨西哥的长期政治稳定在拉丁美洲国家里是引人注目的，多数拉美国家政权在60年代和70年代里都具有下列特点：政治动荡、政变频繁、军队叛乱，是一个肆意侵犯人权的时期。[3]在这几十年里，墨西哥在发展中国家里以“软弱的”甚至“仁慈的”权威国家而著称。尽管是一党控制政治体制，私营企业却很兴旺，1920年之后也定期举行总统和国会选举，而且墨西哥总统的职权受到严格限制。

简单地描述墨西哥国家却不给它贴上标签并非易事，这个标签可能会模糊而不是能清楚地说明其最重要的特点。墨西哥业已被描述为“民主专制”(“民主”和“专制”的组合词)和“温和专制”(“专制”和“温和”的组合词)。这些双关词暗指这个事实：墨西哥的国家制度和政治体制是一个复杂的混合体，截至70年代已包含下列几个不同成分：

(1) 总统制政府体制。尽管宪法规定实行制衡原则的共和制度，但是立法部门和司法部门并非真正独立于行政部门，宪法将国家权力集中于共和国总统一人。总统可以任命和罢免所有内阁成员，包括国家总检察长和联邦直辖区总督，几乎不受任何制约。总统是强大的行政部门最高首脑、武装部队总司令，在其任期内也是执政党党魁（Carpizo 1978; González Casanova 1970）。总统任期6年，不得连选连任。

（2）高度集权的政治体制。名义上，墨西哥是一个联邦共和国，由31个州和一个联邦直辖区组成。实际上，总统控制了选举性职位候选人的提名，包括国会议员、州长和总统继任者的提名，总统可以通过弹劾而罢免州长和国会议员。各州内部也复制了同样的集权体制：州长支配着州司法和立法部门，在州级官员的提名上具有极大的作用。

（3）直属总统的文官控制武装力量，军队不得参与政治（Camp 1992; Rondfeldt 1984）。1946年，最后一位军队将军被选为总统，其职位由一位选举出的文官担任，此后，军队就被排除出直接权力结构之外。

（4）只有一个全国性政党，其主要功能一直是团结"革命之家"的主要派别，即参与革命并因而觉得有权参与墨西哥政治事务的那些社会力量。该党开放了一定的空间，革命精英们可以在此空间里进行协商以避免公开的分裂和斗争。普卢塔科·伊莱亚斯·卡勒斯（Plutarco Elías Calles）总统要求建立国家革命党（PNR, 1929），作为联合军队势力、政治势力和社会势力的联盟。[4]拉扎罗·卡德纳斯（Lázalo Cárdenas）总统把国家革命党改组为墨西哥革命党（PRM, 1938），曼纽尔·阿维拉·卡玛科（Manuel Avila Camacho）总统把墨西哥革命党改组为革命制度党（PRI, 1946），这就是今天人们熟知的名字。该党在两个方面灵活变通又注重实效：维护社会稳定、促进资本发展（Reyna 1977）。该党业已成为国家的选举机构，在自己的党徽上涂上了国家色彩，并依靠各州作为自己的资金来源。

（5）不自由、不公平或不公正的选举制度。1946年《联邦选举法》规定了选举事宜，根据该法，所有21岁及以上的男子、已婚18岁及以上的男子，都有选举权。1947年赋予妇女在地方选举中的选举权和被选举权，并在1953年扩展到全国选举。1969年，该法得以修正，把选举权赋予所有18岁及以上的人。候选人必须得到一个政党的提名，候选人名字得印在选票上，有提名权的政党须为全国性政党，并需在内务部登记。事实上，这就等于禁止独立候选人和地方政党参与竞选。为了获准登记，政党需要证明自己至少有2 500名成员在三分之二的联邦机构里工作，还需证明自己在全国至少有 75 000 名党员。所有联邦选举的组织和监督工作都集中到联邦选举委员会(1951 年设立),该委员会由内务部长担任主席,在该委员会中,政府成员和革命制度党党员占多数。全国选举登记处是一个联邦机构,负责划分选区、编纂登记表。革命制度党党员占多数的下议院负责批准总统选举和国会选举的结果。

(6) 非竞争性的政党制度。只有 4 个登记政党能够参与选举:国家行动党(PAN)、革命制度党(PRI)、人民社会主义党(PPS)和真正墨西哥革命党(PARM)。在选举期间,革命制度党从政府那里获得资源、人员和信息,并与政府合谋使用欺诈方式操控选举结果(Craig and Cornelius 1995; Molinar 1990)。

(7) 附属于革命制度党的社团组织,以此确保对农民、蓝领工人和白领工人的政治控制。社团组织的领导人代表政府利益(最终是代表能够任意免除这些领导人职务的总统的利益),也代表他们自己的个人利益和集体利益,最后、也是程度最小的,也代表着这些组织普通成员的利益(Meyer 1977b)。工会领导人(尤其是那些全国性大工会的领导人)通常都在国会占有一席之地,服从政党的约束。

(8) 政府机构和挑战团体之间的协商和讨价还价。这个过程常常采用交易形式,在让步和利益之间进行交换,以获得政治支持和合作,这就是说,满足挑战者的要求以换取其服从政府(Anderson and Cockroft 1972, p.232)。

(9) 最终应导向社会公正和公平发展的国家发展任务。1940 年以后,墨西哥经历了几十年的持续经济增长(年均增长率超过 6%),把这个国家从乡村变成了城市、从农业国家变成了半工业化国家,社会各界都对经济增长寄予极大的期望。但是,在 70 年代里,由于预算赤字、通货膨胀、资本外逃以及比索贬值,继续实现经济增长和社会公平的希望破灭了。80 年代和 90 年代,经济发展的希望变成了外债和内债、预算紧缩、实际工资减少、消费补贴减少,国家实行结构性调整政策。持续经济增长的停止毁坏了为权威政体提供合法性的一个支柱。

(10) 压制政治反对派。当代表其利益、提供参与渠道、协商、施以恩惠和吸收其加入政权这些措施都无法奏效的时候,瓦解挑战组织、镇压其领袖——有时公然侵犯公民权利——就成为国家为垄断权力而采取的最后措施。毫无疑问，镇压一直是墨西哥国家统治者的一个特色，但并非其主要成分（Concha 1988）。如同其他权威国家一样，墨西哥不允许出现持不同政见者势力中心。即使国家对某些特殊的要求作出让步，也绝不会不去“约束”那些动员起来的社会团体（Purcell 1977）。

考虑到墨西哥国家的这些特点，墨西哥的民主化并不仅仅意味着在一些重大事件中重新引入或建立政党和选举。革命后权威国家的民主转型，需要建立支撑真正的竞争性多党制度以及自由而公平的选举的制度化架构，要求建立保护公民权免遭政府机构专制独裁威胁的制度化架构，并防止政府我行我素和不负责任。

第二节 争取民主的社会运动的出现

20 世纪 40 年代之后的一系列斗争事件，特别是精英们和普通墨西哥人对这些事件的解读，已经改变了领袖、组织和普通群众赋予革命国家的含义和特征。这种解读源自“思想解放”过程，并放大了这个过程（McAdam 1982），这个“思想解放”过程常常侵蚀了革命后国家的象征资本，损害了国家的合法性，并导致抗议事件的增加，这些抗议事件无法在既有的政治架构内得到解决。这个过程造成了一个强硬的意识形态，导致政府拒绝挑战者的要求以换取其服从政府或者至少部分支持执政党。得不到政府接纳的领袖、组织和组织网就自我表达，要求国家和革命制度党承认其自治和独立地位。强硬的领袖和组织越来越多，致使采取强硬态度的国家政府越来越多地依赖镇压手段。

简而言之，我把“争取民主的社会运动”描述为持强硬态度的领袖、团体和组织网的出现、扩散和他们之间的联合，他们对革命后的国家有共同的理解，反对一些人日益猖獗的敌视大众的偏见。[5]根据他们的解读，这种敌视大众的偏见为下列事实所证实：拖延完成革命事业、忽视革命阶级的要求、没有能力建立使国家响应群众要求的法制化和制度化渠道、国家政策把商人利益置于人民利益之上、镇压农民和工人。下文提及的许多社会运动并不认为自己是在为民主而斗争，他们通常主要是为了获得某些特权或者是要求比其他团体享有更好的优待。尽管如此，所有这些社会运动（以及其他社会运动）都要求国家扩大对公民质询权的保护。因此，只要稍微回顾一下过去，我们可以认为这些社会运动业已迫使国家扩大了民主。

以前对墨西哥群众抗议运动的研究，几乎没有注意到构成墨西哥争取民主社会运动的各种组织网。由于大多数群众组织、干部组织和宗教组织的秘密性、非正规性和小心翼翼，对它们的活动和发展轨迹也就没有系统的记录。除了一些例外，大多数二手研究资料都认为，社会动员无疑是对由结构性因素产生的社会愤懑情绪的反应。因此，以前的研究者几乎都没有注意到社会运动领袖、组织以及他们之间的复杂联系所起的作用。尽管有这些局限性，本文的以下部分还是要用既有的资料，论述群众组织网、干部组织网和宗教组织网的形成过程，以及这些组织网与一些忿忿不平者之间的复杂关系，这就是我所指称的争取民主的社会运动。

一、大众的挑战——农民、工人和教师

20 世纪 40 年代起，几个社会团体开始挑战革命后的墨西哥国家的社团主义和权威主义特征。有一种观念认为，政府继续遵循拉扎罗·卡德纳斯总统的施政方式正在耽误载入 1917 年宪法的“革命事业”，而且忽视了国家曾对农民作出的承诺，这种观念业已深入人心。1942 年和 1946 年，政府曾对《土地法》做过修改，结果是，“保护[大地主拒绝农民的土地要求]更易于执行，而对水利设施、农业基础设施和优惠信贷的公共投资主要是为西北部的大型农产品出口企业服务的”(Harvey 1990, p. 10)。许多农民组织认为《土地法修正案》并非土地改革的终结，而是大规模土地反改革的开始。这种解读意味着，农民要实现自己的正当要求，就只有依靠不断升级的斗争、建立独立的组织并采取相应的行动。

1943 年前后，鲁宾·贾拉米洛(Rubén Jaramillo)这个前萨帕塔主义者革命斗士和新教牧师(Macín 1985)，对土地改革的步履蹒跚深感失望，在莫雷洛斯州发动了游击战争。政府特赦了他，1944 年，贾拉米洛重新

进行合法的政治活动，他建立了一个政党，1945 年和 1952 年两度参加州长竞选，但都在舞弊选举中败选(Ravelo 1978)。鉴于对农民土地的侵夺不断加剧，为了保护农民的土地，贾拉米洛重又发起了游击战争。1962 年，一个准军事团体杀害了他及其全家(Jaramillo and Manjarréz 1967)。这个事例是许多农民运动的典型："大多数这类举动[无视法律规定而占有土地]都是农民团体实施的，为了得到土地，这些农民已经办理了所有合法手续，尽管名义上这些农民得到了土地，但却从来没有真正得到土地……对这些农民来说，非法占有这些土地是没有实际效果的法律手续的逻辑继续"(Montes de Oca 1977, p.58)。非法占有并武装保卫这些在农民看来是他们应得的土地，这被称为"其他手段的政治策略"(McAdam, McCarthy and Zald 1988)，当传统的、合法的、选举的途径都不能奏效的时候，这些手段就会得以使用。

1958 年，几个工会要求提高工资和福利，由于经济要求而产生的劳资冲突后来变成了政治冲突，工人们向由社团主义的工会领导人、革命制度党和政府组成的紧密联盟发起了挑战。石油工人要求废除把工会附属于革命制度党的强制性的工会法规(Pellicer 1968)，电信工会发起了罢工，随后，铁路工会和教师联合会也进行了罢工，这些罢工是由基层发起的，不受政府工会头头们的控制，并反对这些头头们。1958 年早期，铁路工人要求提高工资，工会头头们向政府提出的要求以及得到的实际结果大大低于普通工人的要求，于是发生了一场拒绝接受工会头头们的领导、要求建立民主工会的运动，劳工部长宣布新的工会委员会为非法。1959 年，政府部署武装部队守卫铁路设施，持不同政见者领导人被监禁并禁止与外界接触。罢工终于被瓦解，持不同政见者领导人受到"分裂社会罪"的起诉，被判入狱 16 年(Alonso 1972; Stevens 1970, 1974)。大约在 1960 年，教师联合会领导人也受到"分裂社会罪"起诉而被捕入狱，罢工运动被镇压下去(Loyo 1970)。政府镇压独立工会的这一时期被大众解读为一个证据，证明工会并不是代表工人利益的，也无助于增进工人的利益，而只是控制工人、喂肥工会领导人的替代性手段。对这些斗争及其结果的回忆常常出现在以后的斗争事件中。[6]

这些事件结束以后，1961 年，在前总统拉扎罗·卡德纳斯的主持下，关注政府工人政策和农民政策的几个社会团体联合起来，组成了“民族解放运动”(MLN)。卡德纳斯主义者(革命制度党的左翼)、独立知识分子、墨西哥共产党(PCM)、人民社会主义党以及许多农民组织、工人组织、学生组织和妇女组织加入了“民族解放运动”。“民族解放运动”高举民族主义和反对帝国主义的大旗，呼吁声援古巴革命，要求尊重宪法赋予的权利、释放政治犯、继续进行土地改革、实现工人组织和农民组织的民主化。1964 年总统选举之后不久，“民族解放运动”分裂了：卡德纳斯主义者和人民社会主义党支持革命制度党的总统候选人，而其他团体则组成了一个选举阵线，推举一位共产党人农民领袖竞选总统。

许多社会领袖和政治领袖以及知识分子加入了“民族解放运动”，推动了他们与其所加入的团体之间的交流与合作。“民族解放运动”对争取民主的社会运动的形成和扩大有着强大的影响，许多成员建立政党、支持社会运动，有的成为骨干成员，有的成为社论作者和作家，有的成为游击队战士，有的成为政府官员(Maciel 1990)。

除了以上所说的这些全国性的斗争事件以外，还有更多的地方性的事件。其中之一发生在格雷罗州，是由一些对农民和工人的斗争所取得的可怜结果感到灰心丧气的教师进修学院学生、教员和研究生发起的。州警察镇压了由“格雷罗公民协会”倡议的一次和平的会议，导致几人伤亡。联邦国会撤销了该州州长的职务，州议会任命了一位临时州长，并允许“格雷罗公民协会”加入一些市议会。1962 年，“格雷罗公民协会”决定推选独立候选人参加市政选举，但是地方强硬派以舞弊方法操纵着选举。“格雷罗公民协会”称选举是骗局，其举行的一次和平的集会也被粗暴地镇压下去。“协会”的一个领导人、教师吉那罗・瓦斯奎斯(Genaro Vázquez)遭到起诉，声称其应对开枪交火负责，并于 1966 年被捕，1968 年，一个武装突击队将其从监狱救出，原来曾经是地方合法组织的“格雷罗公民协会”变成了游击队组织，直到 1972 年还在活动(Estrada 1986，1994)。

1967 年，在格雷罗州阿托雅克，警察镇压了一次要求一个小学校长辞职的和平示威，几个示威者被杀，示威活动的领导人、教师卢西奥・卡巴纳斯(Lucio Cabañas)被控伤害罪，卡波纳斯逃走并开始在格雷罗州进行游击活动，持续时间为 1967 年至 1974 年。

卡巴纳斯的遭遇类似于瓦斯奎斯，两人都是小学教师，都在阿尤特兹纳帕乡村师范学校上过学（该校具有起自卡德纳斯统治时期产生的社会主义传统），两人都积极参加教师联合会为争取民主化而进行的斗争，积极参加“民族解放运动”以及反对格雷罗州州长的群众运动（Castillo 1986；Ortíz 1972；Suárez 1976）。由于他们的合法活动遭到阻挠和镇压，他们转而进行武装反抗。这些类似的事例揭示出，常规政治和非常规政治都是一个连续体的两个极端，并非毫不相干的两个问题（Goldstone 1998）。政府对群众的要求置之不理、关闭合法的沟通渠道，这就会迫使社会运动领导人进行超越法律（并未得到认可）并因而成为非法的抗议活动。

在北部的奇瓦瓦州，要求分配大地主土地的一场社会运动遭到了政府当局的暴力回应。由一些学生、教师进修学院教师和农民组成的一支游击队袭击了政府军兵营，游击队领导人是人民社会主义党党员、发生在国家工学院的一次学生罢工（这次罢工于 1956 年遭到军队镇压）的一名领袖。袭击军营这件事发生在 1965 年 9 月 23 日，正值政府军占领国家工学院一周年之际，大多数游击队战士被杀（Guevara Niebla 1988；Rascón and Ruíz 1986）。该州州长曾是过潘科·维拉（Pancho Villa）领导的墨西哥革命的一名战士（Camp 1995），他命令军队将游击队战士的尸体掩埋于一个无名墓地，未用棺椁成殓。据报道，州长曾说：“他们想要土地，那就给他们，直到他们满意为止”。具有戏剧意味的是，这些死去的游击队战士是以军队葬礼安葬的（Hirales 1982；Lau 1991）。

如此野蛮的行径激怒了很多人，这种愤怒情绪也感染到基督教团体，包括天主教团体和新教团体。60 年代中期前后，第二届梵蒂冈教务委员会（1961—1965 年）发起了基督教改革运动，之后，全世界天主教堂的结构和教会活动都进行了改革。在拉丁美洲，第二届拉丁美洲天主教大会决定进行改革，此后，这些改革得到了重大推进，许多天主教徒认为，这种改革是对他们为建立基督教全球统治地位而进行的群众运动的合法化。信奉开放性神学思想、主张穷人优先选择权的基督教团体（CBCs）迅速扩展到邻里社区和附近地区，这些基督教团体认为，应该分担“穷人”的不幸和苦难（Concha，Gary，and Salas 1986，p.309）。它们兴办养殖场、文化教育设施、工厂，从事公有制和民主化实践活动。有些基督教团体的成员成为群众领袖，还有一些人则加入了左翼政党和左翼组织。在一些接近学生组织和工人组织的牧师中，激进倾向开始出现。一大批宗教组织、基督教神学研究中心、公共出版物和非营利组织，在开放性神学思想的激励下，为公众提供职业培训和技术培训服务（Carr 1992；de la Rosa 1985；Nuñez 1990）。

国家的镇压行径、随心所欲地使用法律手段以及选举舞弊，进一步强化了这些挑战者的这个观念：这个国家具有敌视人民的偏见。几年以来，国家教师进修学院、大多数公立大学以及职业学校业已成为大力主张反对革命制度党、反对国家排除异己的意识形态的活动中心。教师进修学院学生公开指责政府无力执行宪法、推进革命事业，尤其是在土地改革和政治权利保护方面更是遭到失败。职业学校和公立大学学生显得更加激进，许多学生接受了马克思主义思想，并致力于学生与产业工人之间的联合（Orozco 1976）。

教师进修学院教师、职业学校和大学的学生以及教职员工，与社会运动领袖和政治组织领袖之间建立了松散的组织体系，并联合遍及全国的对现状感到不满的许多人。这些组织的形成和扩大与国家对于群众运动的反应是同时发生的过程，更确切地说，两者之间是相互影响的，这种相互影响源自对于这些问题的思考：运动的目的、国家对这些运动反应、社会运动对国家反应的反应，等等。

二、1960 年至 1968 年间的学生运动

对于扩大争取民主社会运动的组织规模、扩散反对政府排除异己的意识形态来说，学生运动是一个关键因素。60 年代以后，全国各个公立大学的学生们支持地方群众运动，要求实行大学自治、修改大学相关条例。1963 年前后，墨西哥共产党发起并建立了一个广泛的学生组织统一战线（Guevara Niebla 1988）。

如同其他许多国家一样，在墨西哥，一场大规模的学生运动发生于 1968 年。这场学生运动起始于一次抗议活动，这次抗议活动针对的是警察在阻止两帮高中生街头械斗的警务过程中所采取的残暴行径。这场学

生运动得到了墨西哥最大的大学——国立墨西哥自治大学管理当局的支持，该大学管理当局对警察的残暴行径、对大学自治遭到侵犯感到震惊。在十多星期的时间里，抗议活动发展成一次大规模的学生运动，他们要求政府尊重公民权、履行政府职责。该运动的组织委员会提出了 7 项要求：释放所有政治犯（包括由于参加 1958 年至 1959 年工人罢工而遭到“分裂社会罪”起诉的那些政治犯）、解除警察部门首脑的职务、取消“手榴弹兵”、解散防暴警察部队、废止臭名昭著的《分裂社会法》、对镇压的受害者给予赔偿、追究暴力镇压学生的责任者。学生们努力争取首都墨西哥城人民的支持并不断获得成功。最后，1968 年 10 月 2 日，这次学生运动被残酷地镇压下去，导致几百名学生和围观者被杀死在特拉提罗尔科广场，更多的人遭到逮捕并遭监禁。墨西哥国会赞扬军队的干预，谴责学生的和平集会是“一次颠覆性的活动……由外国人进行的”(Stevens 1974, p.238)。经缺席审判，68 人被判有罪，罪名包括：鼓动暴乱、煽动叛乱、毁坏财产、杀人、抢劫、非法持有武器、袭击政府机构，这些人被判入狱 3 至 17 年不等（Guevara Niebla 1988; Poniatowska 1975; Stevens 1974)。

这次镇压只是已经发生的许多此镇压中的一次，这些镇压说明，采取合法行动、依靠法院都不能保护公民免遭政府伤害的权利，特拉提罗尔科广场的集体屠杀被认为是革命后墨西哥历史的分水岭。它发生在这个国家的首都，正值“举世瞩目”的时候，由墨西哥主办的第 19 届奥林匹克运动会将在 10 天后举行开幕式。这次镇压严重损害了国家的合法性，使国家疏远了知识分子、教职员工、公立大学和学院的大批学生。特拉提罗尔科广场集体屠杀的记忆影响到关于墨西哥社会改革的方法和目的的争论。

60 年代末，重新定位革命后的墨西哥国家已经超出了思想领域，许多组织都表达了对这种重新定位的看法，这些组织的共同性认识是反对国家采取的排除异己的意识形态。我把这些组织所表达的意见称为争取民主的社会运动，在随后的几十年里，这些组织聚合成了几个组织网。

第三节　民 主 转 型

墨西哥的民主转型并不是以国家权力出现明显的结构性缺陷作为开端的。这里并没有一位年老体衰的独裁者的死亡，没有僵硬的独裁体制的崩溃，没有精英的全面分裂，没有出现由要求进行激进政治改革的大规模社会运动所引起的起义、或者由于精英的利益受到重大威胁而导致的起义。直至60年代末，墨西哥的国家机器依旧强大，精英们也支持总统，而挑战者遭到孤立和镇压，挑战政府的活动也没有取得什么引人注目的成就。但是，国家的象征资本以及根本性的政治神话正在快速消蚀。那么，对于要求继续完成革命事业、来自革命阶级内部的那些团体，为什么革命后国家要进行全面的镇压呢？很多人会说，可能这时的国家已经不再是革命性的国家了。

这就值得讨论一下了，特拉提罗尔科广场的集体屠杀结束了在墨西哥开展的一轮斗争，在这轮斗争中，农民、工人、教师以及其他基层团体曾经要求革命国家予以帮助，却遭到出乎意料的镇压。然而，特拉提罗尔科广场事件之后，新一轮斗争又开始了，这次，出现了强大的反对者，他们都反对国家采取的排斥异己的意识形态，在许多群众团体看来，革命后国家此时已经丧失了合法性。因此，在70年代早期，墨西哥从革命后的权威国家向民主国家的转型，是以反对政府和控制政府的革命制度党作为开端的，与此同时，革命制度党政府试图阻止这类自由化改革活动。

一、民主开端

跛鸭总统古斯塔沃·迪亚斯·奥塔斯（Gustavo Díaz Ordaz）揽下了特拉提罗尔科广场集体屠杀的全部责任，这就为他亲手挑选的继任者路易斯·埃克韦拉（Luis Echeverría）铺平了道路。竞选期间，埃克韦拉在政治上与迪亚斯·奥塔斯保持距离，有一次在办公室里，埃克韦拉与一位新人民党主义者、民族主义者和改革主义者进行了交谈。埃克韦拉的施政以逐步放宽限制的方式("民主开端")开始,目的是增强统治合法性、调和政府与群众团体的关系。对于政府精英而言,问题在于合法性而不是民主问题。放宽限制的目的是把群众组织融入政体之中,同时使这些群众组织服从精英的利益,而不是创造条件使这些群众组织取代精英,也不是不受限制地放开政治体制。

埃克韦拉政府进行了一些应因学生运动的改革。1970 年,国会废除了《分裂社会法》,并颁布了一部特赦政治犯的法律,特赦因政治活动而被判刑的政治犯,这正是学生运动提出的两项要求,还对选举法进行了小修改。埃克韦拉政府注意接纳知识分子和年轻专家参加政府。这些政策导致新政府和革命制度党强硬派之间出现了严重的紧张关系,埃克韦拉曾嘲笑这些强硬人物是"过去的使者"。

当时,有一些公立的高中、大学、职业学校、教育学院已经受到左翼思想的影响,公共教育体系的学生是左翼组织招募成员、社会动员的主要目标。[7]60 年代后期和 70 年代,大学生数量的急剧增加为有效地进行政治动员增加了人员储备。[8]在许多公立大学里,学生运动组织寻求参与大学的管理。[9]1971 年 6 月,作为对大学校园里左翼活动的回应,一个秘密准军事团体镇压了一次和平的学生示威活动,在墨西哥城的街道上杀害了大约 50 名学生。政府当局宣称两个敌对的学生团体发生了冲突,从而推卸了屠杀的责任(Guevara Niebla 1988)。对这次犯罪行径没有进行任何调查,也没有任何嫌疑犯受到法院审判。[10]

这个事件使学生运动陷入困境,因为它显示出,尽管有"民主开端",但是,对和平示威活动的镇压将会继续进行。当时,马克思主义文化盛行于拉丁美洲(Carr 1992),在马克思主义文化空前繁荣的大学校园里,产生了影响舆论的众多方法,大学校园里的人们认为,通过合法的符合制度规定的途径已经无法保护公民权利免遭政府机构的侵害、政府职责形同虚设。众多的书籍、杂志以及其他形式的宣传工具,使马克思主义观点和阶级分析方法经常存在于许多辩论之中。人们普遍相信,革命国家不会镇压社会运动,只有反革命的资产阶级国家才会镇压社会运动,基于这种观念,人们认为,如果学生没有联系群众团体、没有得到群众团体的支持,国家就会镇压学生而不顾及后果。因此,与群众团体建立联系(建立"群众基础”)就成为激进学生组织的最优先事项(Bennett 1992)。

在建立绝对独立于政府和执政党的独立自主社会运动组织的过程中,毋庸置疑,毛主义团体地成为最有影响的团体。毛主义者对困扰墨西哥左翼并导致其分裂的一些古怪争议[11]的反应是“群众路线”:用真理的实践标准去正视压迫问题。如同基督教团体所做的那样,毛主义组织动员许多干部深入贫困的城市社区和农村社区,以满足他们最直接的需要。尽管毛主义者有革命性的雄辩话语,并拒绝参与制度化政治,但是其实际地位促使其避免与政府当局发生直接对抗。两个由激进教师和学生组成的毛主义核心组织最有影响:群众政治社团和同志革命组织。70 年代以后,群众运动的高潮期与实现了内部联合的激进核心组织是紧密相关的,这些激进核心组织公开的政治参与,批评那些登记的政党,号召人们不要参加选举(Bouchier 1988)。

埃克韦拉政府试图增强政府的人民特色,并颁布“共同发展”政策。政府增设了全国三方委员会这个阶级合作性质的咨询委员会,其委员来自商业界、工人阶级和政府,与既有的国会和政党体系一道来加强政府和总统办公厅作为社会冲突最终仲裁者的地位。经济精英反对政府干预经济以及总统的民粹主义色彩的花言巧语,这些精英们认为,这些花言巧语怂恿了极端分子、阻碍了投资。经过一场与经济界领袖们激烈的折冲樽俎之后,政府放弃了一项税收改革计划。尽管财政困窘,政府还是扩大了国家预算开支,增设了大量委员会和理事会,扩大了国有经济部门。这些政策造成了巨大的财政赤字,尽管依靠举借外债实现了财政收支平衡,但还是加剧了通货膨胀。经济精英们对此作出了回应,于 1975 年成立了经济协调委员会这个独立的高层协调机构,以反对政府实行的经济政策。

1976 年 11 月 18 日,在其 6 年任期结束前 12 天,为应因农民侵占土地,埃克韦拉总统下令征收索诺拉州和锡那罗亚州 100 000 公顷高产水田,并将其转为合作农场——农民公有财产的一种形式(Robles and Moguel 1990)。这种单方面的决策,说明缺乏对行政部门的制衡,此决定为经济精英们深恶痛绝。

尽管也努力进行改革,埃克韦拉政府却是一个完全失败的政府。就经济方面来看,该政府未能为国家财政奠定稳定的税源,与此同时,它加剧了财政赤字、外债和通货膨胀，这种情况，加上经济精英们的不信任，促成了资本外逃和1954年之后的第一次比索贬值。就政治方面来看，由于对传统的工会领袖感到失望，该政府首次鼓励工会造反，但是当政府与经济精英们的冲突愈益加剧时，政府转而依靠革命制度党的工会部门，附属于革命制度党的社团主义劳工组织成为统治联盟中最保守的部分（Craig and Cornelius 1995）。1976年征收农地之后，经济界已经与政府决裂。“民主开端”并未真正改变政党体制，1972年增加政党议员数量影响着已经登记的政党。针对城市和农村游击队的“肮脏战争”，包括使用准军事部队和暴力镇压，导致政府肆意侵犯人权。“共同发展”计划造成了一场经济危机。

二、政治改革

政府的民粹主义政策造成了政治混乱（工会独立、没收城市和农村土地、城市和农村的游击活动、经济精英与政府精英的分裂），加剧了经济危机，尽管如此，政党和选举领域并未出现混乱。政府和革命制度党共同控制着联邦选举登记处（划分选区、编纂选民登记名单），在联邦选举委员会（组织并监督联邦选举）和众议院（批准选举结果）里占有多数票。除此以外，经由内务部长（负责批准、否决或取消政党登记事宜），政府还是政党体制的热心看门人。1976年选举中，不仅登记政党的数量与1970年相同，而且更糟糕的是，只有革命制度党推举了一位总统候选人，人民社会主义党和真正墨西哥革命党支持革命制度党候选人，如同1958年之后两党的一贯做法一样。由于内部争吵不休，与经济界人士有密切联系的国家行动党这个天主教保守主义政党未能提名一位总统候选人。墨西哥共产党推举了一名总统候选人，但是由于该党未获登记，该候选人的名字未能出现在选票上。政治开放并未开放任何一件事情，甚至于损害了革命后精英们已经建立的代议制民主和竞选制度的正面形象。

乔斯·洛佩斯·波蒂略（José López Portillo）政府（1976—1982年）呼吁“联合生产”，以努力减轻工人的好战性并恢复经济界的信心。政府实施了一项经济稳定计划，包括工资限制和预算紧缩，但是这些经济措施并未长久，在国家的东南部发现了石油之后，政府就着手实施了一项高速增长计划，依靠巨额财政赤字和以石油收入为担保的举借外债作为支撑，国有经济部门得到持续增长[12]，而私营部门得到了财政支持和生产补贴，并受到保护使其免遭外国竞争者。作为"联合生产"的一个结果，经济精英和政府精英之间的关系得到相当大的改善，1978 年至 1981 年间经济又获得了持续快速增长(年均增长 8.2%)。

波蒂略政府宣布进行"政治改革"以平定自埃克韦拉政府以来的政治混乱。事实上，1977 年却是开始了这个缓慢而不稳定的进程，逐渐放开政党体制，建立竞争性选举机制，反对派开放立法机构。政府当局颁布了一部新选举法——《联邦政治组织和选举程序法》(LEOPPE)，这部法律使反对党的登记要容易一些，并激励了这些反对党参与选举。《联邦政治组织和选举程序法》将众议院议员的数量几乎增加了一倍(从 200 多席增加到 400 席)，并引入了混合选举制(300 名议员以每个选区各选一名的单一选区代表制方式产生，其余 100 名议席按比例代表制选举产生)，在实践中，这种选举改革意味着革命制度党将失去可靠的多数席位，让出了至少 25%的众议院议席给予更加独立(尽管支离破碎)的反对党。依据《联邦政治组织和选举程序法》，有三个政党(墨西哥共产党、墨西哥民主党和社会主义劳动党)获准登记参加 1979 年联邦选举，使登记政党数增加到 7 个。

"政治改革"的目标是将持不同政见者团体包容到受控制的选举领域里，并将反对党议员引导到软弱无力的辅助性的立法机构里。但是，改革产生了意想不到的效果，重新定义了政党和社会运动的关系。选举政治的需要以及频繁的选举日程[13]，使社会运动组织的干部和领袖都把精力转移到制度化政治活动之中。一个政党一旦获准登记，它就会注意加以维护。由于法律规定政党必须是全国性的，它们就开始寻找地方社会运动组织作为盟友。对于地方社会运动组织而言，寻找登记政党作为盟友，可以在全国听众面前提高自己的认知度，并能提名自己的领袖参与地方选举。

墨西哥共产党一当获准登记，激进核心组织被孤立甚至被镇压的可能性就立刻增加了。这些激进组织相信，"政治改革"是为了把左翼组织从群众中孤立出来，并阻止这些组织建立一个真正的革命政党。对于这些激进组织来说，民主（政治制度的一种变化）只能通过社会主义革命（全面改变经济和政治制度）才能实现，因此，这些组织决定不参加选举政治。

随着激进左翼从选举政治中撤出，一个更统一、更温和、更少意识形态化的左翼形成了，1981 年，墨西哥统一社会主义党（PSUM）取代了墨西哥共产党（PCM），1987 年，墨西哥社会主义党（PMS）又取代了墨西哥统一社会主义党。同样的，激进左翼也进行了重要的联合行动，如革命左翼全国联盟（1985 年）和革命左翼政党联盟（1987 年）。

1976 年总统选举中，有 4 个登记政党，但却只有一名总统候选人。作为“政治改革”的结果之一，1982 年选举中，9 个登记政党推举了 7 名总统候选人（人民社会主义党和真正墨西哥革命党支持革命制度党的总统候选人）。参加 1979 年中期选举的 7 个政党获准最后登记，有两个新政党获准有条件登记。

“联合生产”计划恢复了经济信心，但是给国家造成了沉重负担。建立在减少经济税收基础上的沙滩式的财政基础，使财政赤字和外债加剧，[14]国有经济部门无计划的增长，以及由于过度保护而造成的私营工业企业生产率的降低，当石油价格开始下滑时这种情况更加严重。1981 年中期，墨西哥陷入了严重的经济危机，资本外逃对比索造成了沉重压力，最终导致比索贬值。

跛鸭总统乔斯·洛佩斯·波蒂略谴责经济界应该对经济灾难负责，而经济界则指责政府。这场经济精英和政治精英之间的争吵其结果是，1982 年 9 月 1 日，洛佩斯·波蒂略在其最后一篇国情咨文中宣布政府准备对私人银行实行国有化。对于经济精英来说，银行国有化，将会比 1976 年的土地国有化更加清晰地证明，墨西哥权威国家、不受制约的极度个人集权、行政机关首脑，这些最终将严重损害经济精英的利益。精英们的意见分歧十分严重。1968 年、1976 年和 1982 年这三年的情况清晰地说明了，公民权利得不到保护，在事关生命、财产和公民自由这些事情的政府决策制定之前没有进行相应的咨询。1982 年之后，要求政府履行职责、保护公民免遭政府官员专断行径的侵害，成为经济精英、群众团体和反对派的主要目标。

三、结束过去

银行国有化之后，米格尔·德·拉·马德里(Miguel de la Madrid)总统已就职3个月。表面看起来，通过国有银行，政府可以更好地发挥对信贷、投资和生产的调节作用，但与此同时，国家经济处于极其糟糕的状态，经济精英和政府精英之间的关系遭到深刻的伤害。资本外逃、投资停滞、抵制税收改革、外债这些因素使新政府陷于虚弱的地位。新政府受到三个方面的压力：经济界、外国银行和群众运动。

对于经济界人士(他们视银行国有化为独裁主义的和社会主义的措施，不仅影响金融资本，而且也影响到私营企业)，新政府努力恢复其经济信心。德·拉·马德里总统就职后没几天，政府颁布了一项宪法修正案，限制行政机构没收财产的权力。不久以后，政府超额偿付了遭没收银行的赔偿金，激励正在观望的金融经纪人的投资动机，将数百家国有公司私有化或者关闭。这些市场导向的政策表示了与过去的决裂，它们标志着民粹主义的、民族主义的、保护主义的国家主导型发展模式的终结。但是，对于经济界人士来说，仅有这些措施是不够的，国家制度、特别是总统制度业已被证明是不可靠的。实业家和天主教会成员开始加大对国家行动党(PAN)的支持力度，一小群激进的国家行动党主义者——其中有些人受到埃克韦拉和洛佩斯·波蒂略那些政策的影响——控制了国家行动党，他们对选举事宜几乎毫不妥协，更愿意使用对抗性措施，往往倾向于使用公民不服从和斗争策略(Loaeza 1999)。

为了恢复外国银行的信心，保持国际市场对墨西哥开放，政府与国际货币基金组织(IMF)签署了一项经济稳定计划，该计划敦促政府采纳市场导向的政策、实行国际贸易自由化[墨西哥于1986年签署了《关税及贸易总协定》(GATT)]、减少实际工资、取消消费品购买补贴、削减社会福利开支。

群众运动组织进行了更多的抗议活动，来表达他们对这种经济调整计划以及恶化他们生活条件的这些政策的不满。“阿亚拉计划全国协调委员会”(CNPA)、“城市人民运动全国协调委员会”(CONAMUP)、“教职员工全国协调委员会”(CNTE)联合起来成立了“保卫工资、反对经济紧缩和高物价全国阵线”。这个“阵线”与“保卫公共经济全国委员会”一道组成了“全国农工人民大会”。自此以后，反对物价飙升和经济紧缩政策的抗议活动失去了自己的动力，关于选举的抗议活动逐步增加。

1983年，国家行动党在奇瓦瓦州和杜兰戈州全国最大最富裕的两个自治市赢得了市长选举。在两院制议会体制里，在从属性的众议院丢掉25%的议席并不能视为威胁到权威国家合法性的糟糕的开端，毕竟，参议院的大门对反对党是紧紧关闭的。但是丢掉两个市政厅和市长职位就完全不同了。在大多数州里，针对选举的抗议活动急剧增多。得到精英支持(经济界、天主教会和中产阶级)的各种强硬的公民运动组织和政党，已经严重地削弱了权威政体，这些组织和政党要求当局尊重其选举权。层出不穷的暴力活动都集中于选举病症。[15]通过非制度化的方法，公民运动要求政府执行制度政治的法治治理。在几个地方，地方组织和全国性政党之间的联合已经形成，以保卫其选举权，尽管他们之间在其他政治事务上还有分歧。

在奇瓦瓦州，国家行动党1983年已经胜选一个重要市政厅，并在1985年中期选举中赢得了更多的选票，在这里，革命制度党主导的议会修改了选举法，以操纵1986年的州长选举。国家行动党党员、市长西约达·朱瓦雷斯和帕拉尔一起组织了22天绝食罢工，以反对修改选举法，并宣布有人正在制造选举骗局。他们要求废除选举法修正案，得到了数千份签名支持。抗议活动继续升级：公民不服从活动、阻塞国际桥梁、在墨西哥城举行的集会。农民、教师、墨西哥统一社会主义党和教会团体组成了“选举民主运动”，大主教和几位主教谴责选举舞弊。作为国家行动党党员的奇瓦瓦市市长在州府主广场上发起了绝食抗议活动，要求尊重人民的选举权，反对选举舞弊的抗议活动引起了全国和国际媒体的关注。舞弊选举之后，天主教会宣布教会服务暂时中止，罗马教皇也介入其中，呼吁不要进行宗教抗议活动。内务部长公开为舞弊选举正名，称选举是“爱国之举”，因为反对派代表的是这个国家大部分右翼的联盟(商人和天主教会)。1986年9月，500多个公民组织和主要的反对党组建了“真正选举权全国论坛”，要求净化选举、改革选举法。

抗议活动在继续。国家行动党撰写了正式控告书，提交泛美人权委员会[隶属美洲国家组织(OAS)]，控告墨西哥当局在1986年奇瓦瓦州州长选举和议会选举中以及在杜兰戈州市长选举中粗暴侵犯人权和公民政治权利。经过调查之后，泛美人权委员会发现墨西哥法律未能保护公民权利，并发表评论称，由于墨西哥是美洲国家组织的成员国，因此它有义务保护公民自由而全面地行使政治权利，因而，该委员会建议，依据墨西哥政府签署的那些国际条约，墨西哥政府应该保护这些条约认可的公民权利和自由。在泛美人权委员会公开发表建议书之后三周，卡洛斯·萨利纳斯政府增设了“全国人权委员会”（CNDH）。此后，许多抗议活动不断采用人权问题架构，反对选举舞弊的抗议活动被人们认为是保卫普遍的公民权的一个组成部分。泛美人权委员会建议书之后，反对党和反对派公民组织找到了国际盟友和合法的制度化方式，去进行反对侵犯人权的抗议活动。

1985 年，墨西哥城的两次大地震摧毁了数百幢住宅，导致难以计数的伤亡和无家可归者。地震发生之前，许多社区已经被组织起来，目的各不相同（防止房主驱逐租住户、要求提供帮助等等）。工人运动、政党和核心组织的许多领导人都居住在震区。地震之后，既有的组织忙于从事营救、帮助和重建事宜，由此这些组织之间建立了联系。地震揭示出，在社区建立大规模联合组织的重要作用（即使对团体成员也是如此）。地震受害者救助组织就重建事宜成功地与政府进行了商谈，许多原租房者成为重建住宅的所有者。许多地震受害者的要求得到了解决，只有一个重要的例外，不再进行社会动员的要求未获解决，从而可以继续对政府保持压力，以促进墨西哥城市政府更加负责。

政府呼吁公民参加改革联邦区政府的听证会，联邦区包括绝大部分墨西哥城，其行政首脑由总统直接任命，法律武器就是联邦众议院。1987 年，一项宪法修正案得以颁布，以建立联邦区代表大会，1988 年首次举行该代表大会的选举。卡德纳斯联盟的出现和民主革命党（PRD）的建立，使部分地震受害者救助运动转变为政治力量，1991 年中期选举之后，这些政治力量在联邦区代表大会和联邦众议院里都有了代表。

群众斗争推动了民主化。德·拉·马德里政府曾经盘算过，如果扩大众议院以促进反对党不久前业已开始的政治参与，也许众议院会继续得以运转。政府颁布了新的选举法《联邦选举法》，扩大了众议院的议席，从400席增加到500席，由比例代表制产生的众议院议席由100席增加到200席，该法规定多数票为70%席位，因此，可以由反对派占有的少数议席的比例由25%提高到30%。但总的来说，该法对反对党是一种阻碍。该法取消了有条件的政党登记（1978年以来新建立的政党已经获准登记），加入了“控制条款”，该条款可以确保即使仅仅获得全国35%的选票也能够在众议院占有多数议席，并能够保持联邦选举委员会继续受到革命制度党和政府的控制。

尽管政府的结构性调整政策重新恢复了经济精英的信心，但是却导致了经济精英与政府精英的分裂。一股“民主潮流”在革命制度党内部形成了，该潮流的领导者是库奥提姆克·卡德纳斯（Cuauhtémoc Cárdenas）（米歇肯州前州长、备受尊敬的前总统拉扎罗·卡德纳斯的儿子）和波尔菲利奥·穆尼奥斯·莱多（革命制度党前主席、劳工部长、教育部长、前驻联合国大使）。“民主潮流”反对政府实行的新自由主义政策，诸如削减工资和福利开支以及其他政策，这些新自由主义政策得到国际货币基金组织的支持，但是不符合群众运动的要求。他们认为，这些政策背离了“革命事业”，使群众团体灰心丧气，而且，提名革命制度党总统候选人的传统方法（由在职总统亲自指定）只有利于新自由主义政策的继续。革命制度党内部的冲突转向了关于谁是墨西哥革命合法继承人的争论，卡德纳斯谴责政府是反革命，德·拉·马德里总统予以反驳，说卡德纳斯是一个民粹主义者、归根结底是一个反动分子。总统亲自指定政府结构性调整的设计师卡洛斯·萨利纳斯（Carlos Salinas）作为总统候选人。

“民主潮流”从革命制度党里分离出来，并推选卡德纳斯竞选总统。他的参选改变了整个政党体制，卡德纳斯与“全国民主阵线”（FDN）的各种独立社会运动组织建立了联盟，形成了一个中间偏左的但并非社会主义的联盟。卡德纳斯的竞选活动充分利用了既有的社会苦难，这些社会苦难是由于结构调整、地震受害者发起的抗议活动以及随后发生的民族大学的学生运动而产生的，因为30年代拉扎罗·卡德纳斯推行的土地改革而受惠的那些人也支持他的儿子。“全国民主阵线”是一个广泛的、成分复杂的联盟，包括一些政党的全部成员［真正墨西哥革命党、人民社会主义党、墨西哥社会主义党、民族重建卡德纳斯阵线党（PFCRN）］以及一些政党内的派别成员(革命制度党和民主革命党)。“全国民主阵线”“把自己描述为一个进步力量,可以占领革命制度党历来声称应归自己所有的政治空间。通过多种方法,它把自己描述为‘真正的’革命制度党——或者是墨西哥革命党的又一化身:一个民族的、人民的社会运动,包括左翼人士在内,并且重新建立了墨西哥革命党的联盟,是关注社会公平的墨西哥革命事业的继承者,是一个载体,可以为新觉醒的社会的民主呼声提供表达渠道的载体”(Collier 1992, p.124)。自从1952年以后,革命制度党的总统候选人一直就只有革命制度党一个党支持。

尽管从《1987年选举法》有所倒退,但是1988年的总统选举出现了十分激烈的竞争。从1929年至1982年,革命制度党及其前身赢得了所有的总统选举,得票率在71%到100%之间。这一次,革命制度党总统候选人卡洛斯·萨利纳斯仅获得51%的选票;“全国民主阵线”候选人库奥提姆克·卡德纳斯获得31%选票;国家行动党候选人曼纽尔·科洛西获得17%选票。这次选举因有欺诈行为而蒙污(González Casanova 1990),许多人相信(但是无法证实,因为政府控制了整个选举过程)卡德纳斯赢得了这次选举(Barberán et al 1988)。在国会众议院选举中,革命制度党仍然保持了多数席位,但没有获得修宪所需的三分之二多数票;在传统上对反对党关闭的参议院里,革命制度党丢掉了4个席位给“全国民主阵线”候选人。

四、“结束过去”的深化

在经过墨西哥历史上一次最有争议、最缺乏可信度的选举之后,卡洛斯·萨利纳斯就任总统。所有的反对党谴责1988年选举是一次舞弊的、受到操控的选举。但即使是在这种可怕的情况下,统治机构并未崩溃,也没有出现任何制度瘫痪。随后的萨利纳斯政府(1988—1994年)似乎要四处碰壁,但是新总统身先士卒。首先,政府与国家行动党达成了盟约,包括承认国家行动党的选举胜利(如果这种情况发生的话),政府制定了经济继续发展计划,并重新修订了选举法。第二,政府设法拆散反对新自由主义政策的统一阵线,尤其是割断各种群众组织与“全国民主阵线”以及民主革命党之间的联系。第三,改革革命制度党。

萨利纳斯政府呼吁与各政党“对话”，萨利纳斯在就职后第二天就与国家行动党领导人进行会谈。1989 年，国家行动党赢得了下加利福尼亚州长选举，革命制度党承认败选，这在革命后国家的历史上还是第一次。国家行动党支持自由市场取向，国有公司的私有化加速进行，包括电信公司和银行。[16]

1988 年选举之后，负责组织和监督选举过程的联邦选举委员会失去了公众和政党的信任。在革命制度党和国家行动党的支持下，联邦众议院于 1990 年颁布了一部新的选举法——《联邦机构和选举程序法》，以“联邦选举院”(IFE)取代声名不佳的“联邦选举委员会”，其主要特色是在联邦选举院总委员会这个联邦选举院最高决策机构之外设立 6 个独立的选举评议员，这些评议员由众议院从总统提交的一份名单里以三分之二多数票选出，他们被视为选举过程公平的保证人。

萨利纳斯政府迅速采取行动以瓦解社会运动和政党之间的联盟，这种联盟在卡德纳斯竞选期间得到了发展。政府采取的第一个正式行动是制定“民族团结计划”(PRONASOL)，该计划的制定是为了使城乡穷人直接从总统办公厅得到援助，它瞄准的是反对力量所在的地区，政府意欲重新得到那些地区群众的支持，或者在群众组织和“全国民主阵线-民主革命党”之间制造紧张关系。由于卡德纳斯认为政府当局为革命制度党窃取了选举成果，所以，他宣称萨利纳斯政府是非法政府，并且认为那些与这个政府打交道的政党、团体或个人是“卖国贼”。事实证明，这种做法是一个政治误算。不与既有政府打交道，这是不可能的事情，而且，“全国民主阵线”难免会有相互矛盾的两个需要：需要各政党领袖的忠诚、需要通过“民族团结计划”获得政府提供的资源。1989 年，许多群众组织与政府签署了“共同协定”以获得“民族团结计划”提供的资金，来满足人民的需求：道路、学校、饮用水、污水处理。当“全国民主阵线”内广泛而松散的各个联盟欲转变成一个政党时，民主革命党以及其他诸如民族重建卡德纳斯阵线党、人民社会主义党和真正墨西哥革命党都拒绝加入。随后不久，几个已经与政府签署了共同协定的群众组织，特别是那些具有毛主义血统的群众组织，共同建立了工党(PT)。因此，民主革命党未能奠定自己在契约式民主转型过程中的主要对话者的地位，从而使得国家行动党成为

1988 年选举结果的主要受惠者。

由于选举结果不佳，革命制度党的许多成分、特别是工人，已经降低为无足轻重的压力团体，他们不能为党带来选票，许多工人候选人在单一制选区中败选(Molinar 1990)。因为自由市场计划给工薪者带来了苦难，工人不支持政府的调整计划。在革命制度党第 14 次全国代表大会期间，在党代表选择问题上，党的地方组织、有代表性的地方势力分量更重、影响更大，从而降低了工人组织和农民组织的作用(Loyola and Léon 1992; Marván 1990)。通过“民族团结计划”，政府争取到了以往不属于革命制度党的一些社会团体，与其他选民建立了直接联系。

一些对观察和评论选举感兴趣的组织，受到泛美人权委员会向墨西哥政府提交的建议书的鼓舞，以及因 1988 年官方当局在选举中的挫折而受到的激励，这些组织迅速发展壮大，它们的目的是监督选举过程并发表选举监督报告。起初，这些组织的大多数成员与反对党联系密切，这些反对党相信，如果进行公平而干净的选举，就足以把革命制度党赶下台。后来，与政党没有瓜葛的成百上千的公民参与了选举观察，他们不是要支持某个候选人或某个政党，而是要确保选举的自由、全面和公正，而不管选举结果如何。

政府的一些政策(特别是“民族团结计划”)和反对工会寡头们的一些果断行动，扭转了 1988 年选举的颓势结果:1991 年中期国会选举，革命制度党取得了压倒性的胜利。然而，选举过程中的舞弊行径，在瓜纳华托州和圣路易斯波托西州激起了大规模的群众抗议活动。在瓜纳华托州，当选州长的革命制度党人在就职前宣布辞职，州议会任命一名国家行动党人为临时州长；在圣路易斯波托西州，反对派联盟推举的候选人谴责此次选举，并称选举结果被人偷窃，由此激起了抗议活动，当选州长在就职两周之后宣布辞职。1992 年，国家行动党赢得了奇瓦瓦州州长职位。同一年，革命制度党在选举计票之后宣布自己是米歇肯州(卡德纳斯家乡)选举的胜利者，随后发生了类似于瓜纳华托州和圣路易斯波托西州的一系列抗议活动，州长在就职三周之后辞职，州议会任命一名革命制度党人为临时州长。认可国家行动党的胜利却否认民主革命党的胜利，这种做法被媒体称为“选择性民主”。三名革命制度党州长的辞职，显示了由群众运动和要求公平干净选举的政党结成的联盟所取得的权力。

为了在1994年实现权力平稳交接，政府进行了任期内的第二次选举改革。控制性条款被废除，众议院中多数党议席限制在315席（这意味着没有任何一个政党能够获得修宪所需的三分之二多数票），参议院议席翻倍（从64席增加到128席），参议院中至少给反对党25%的席位。联邦区政府首脑由直接选举产生。

1993年4月，发生了几件事，打碎了政府的政治盘算，并导致政府精英的内部危机。萨利纳斯亲自指定社会发展部部长路易斯·唐纳德·科洛西奥（制定并实施"民族团结计划"的主要负责人）为革命制度党总统候选人，一直谋求获得候选人提名的联邦区总督倍感失望并宣布辞职。萨帕塔主义者在恰帕斯州发动的起义（1994年1月1日）遭到了军事镇压，内务部长迅速下令停止军事行动。联邦区前总督被任命为和平谈判代表，而恰帕斯州州长则未参加谈判。在如此模糊的政治环境里，科洛西奥遭到谋杀（1994年3月23日），萨利纳斯指定了新的总统候选人。

萨利纳斯政府糟糕的选举成绩（任期内任命了16名临时州长，其中一些任命是为了安抚抗议者）、高度的政治暴力、资源丰富的恰帕斯州的印第安人武装运动，这些因素造成了不信任、不安全的社会环境，因此组织一次受到群众信赖的选举就成为当务之急。可能出现的情况是，极具争议的选举（萨利纳斯时期的大多数选举都是这样）引发抗议活动，随后是镇压，社会处于失控状态，最后由联邦众议院任命一名临时总统。很显然，具有争议性的选举其代价极其高昂。因此，政府开始着手进行第三次选举制度改革。社会各界主要关心的是，在即将到来的选举中"联邦选举院"是否能够不偏不倚，因而，1994年的选举法改革在"联邦选举院总委员会"中增设了6名公民选举评议员，由众议院从议会党团提交的一份名单中以三分之二多数票选出，"联邦选举院总委员会"由内务部长任主席，总委员会中有4位代表来自国会（两名众议员，两名参议员，由第一大党和第二大党各出一名参议员和一名众议员），"联邦选举院总委员会"里只有这11个人有投票权。每一个登记政党在总委员会里都有一名代表，有发言权但无投票权。因此，在这个负责组织和监督联邦选举的机构里，其多数票要依靠这6位与政党没有瓜葛的可敬的公民，在最近一段时间墨西哥极度的政治混乱中，他们被视为确保 1994 年选举公正公平的保证人。革命制度党和国家行动党组成的议会多数派已经通过了 1990 年和 1993 年的选举改革，况且，1994 年的选举改革还得到了民主革命党的支持。

1994 年选举中的公民动员活动显示了一大批各种各样的非政府组织强大的动员能力。在恰帕斯和平协商中，成百上千的公民组织负责保护萨帕塔代表的安全。由萨帕塔倡议组建的“全国民主大会”在恰帕斯州雨林里成立，有数千人参加大会。1994 年选举受到数千名墨西哥观察者和外国观察者的监督，其中有些观察者接受了联合国的建议和资助，欧内斯托·泽德罗当选总统。泽德罗政府提出要进行“明确的”选举改革，改革方案于 1996 年得以通过。

第四节　讨论和结论

革命后的墨西哥国家不仅没有促进法律面前人人平等，反而将国民分门别类区别对待。国家产生的第一个重大分裂是“革命之家”和“反革命分子”。革命成功后的政府认为自己是代表人民的政府，应该奖赏那些进行革命的阶级和团体，但是并非每一个农民和工人都有权利受到这种奖赏。哪些社会组织和政党有资格成为合法利益的代表，政府对此有最后的发言权。工人组织、农民组织、商业组织和政党都要求官方重视并确认他们有权代表特定群体。工会要在劳工部长那里登记，农民组织要在农业部长那里登记，商业组织要在工商部长那里登记，政党要在内务部长那里登记。这就意味着，尽管有宪法，政府也可以决定哪些团体有权利结成受政府保护的社团、哪些团体没有这样的权利。官方支持的组织有义务支持政府，作为回报，政府会特别照顾这些组织提出的要求。未登记组织或政党的任何活动都可能被宣布为非法，并受到迫害。因此，基于特权和政治互惠的社团主义制度安排，就把宪法规定的结社自由和参与自由这些公民权利转变成一种特权，由政府把这种特权授予忠诚于政府的那些组织。在政府看来，政治忠诚(就是说，无条件地支持政府政策)是关键的问题。对于独立组织的建立和存在来说，不准登记、威胁撤销登记、准予第三方登记这些措施都是严重的制约。接受这些限制，社团主义团体就得忍受政府对选举体制的控制。但是，由于墨西哥官员不必对选民负责，因而返祖性的独裁主义和腐败现象日益增多。

一些自治性社会运动组织建立起来，它们都被认为是具有不妥协的意识形态，并独立于既有的社团主义和委托—代理的组织网之外，这些独立组织于20世纪40年代开始缓慢建立起来，起先是农民组织，后来扩展到工人组织。60年代，这些自治性组织开始联合并组建独立的非正式网络，其领导人、组织和忿忿不平的群众之间实现了联合，70年代，这些独立组织变得日趋强硬。我已经提到，这种持有不妥协思想的领导人和组织的紧密联合就是争取民主的社会运动。目前，社团主义的信任网络尚未消失殆尽，但正在削弱或瓦解，因为它们已经无法获得作为忠诚组织而应得的奖赏。日益激烈的选举竞争和日渐加快的国有财产私有化正在削弱社团主义组织和委托代理结构。

这些自治性组织网要求政府履行自身的义务，采取公正态度，终止那种想当然的特权，终止那种政府与忠诚于政府的团体之间的互惠关系，终止那种扭曲或无视法律以迎合既得利益者的行为，终止那种自殖民地时代以来已成为墨西哥革命典型特色的私人家族利益和团体利益至上的行为。这些组织网包括基层组织和精英组织。经济精英们通过“经济协调委员会”以及其他经济组织、通过支持国家行动党和一些私立大学，建立了自己独立的信任网络。

1970年，墨西哥只有4个登记政党：国家行动党、革命制度党、真正墨西哥革命党、人民社会主义党，事实证明，这些政党都不能处理好挑战者的要求。1977年政治改革之后，政党体制对所有独立政党开放。目前的政党体制有三个主要的竞争性政党：国家行动党、革命制度党、民主革命党。民主革命党和国家行动党这两个党在许多方面都相对弱小，在很多情况下，这两个党与革命制度党会形成二比一的竞争格局，只有在几个州里革命制度当还保持绝对优势地位。

1972年后经过8次大的选举改革形成的现有的法律—制度架构，已经开放了政党竞争领域。1996 年的选举改革包括控诉保全措施和选举公正的保证措施。[17]此后，选举之后几乎没有出现抗议活动和群众动员。选举体制更加真实可靠，为更高级别政府官员职位的党派轮替提供了现实可能性。在墨西哥签署了《关税及贸易总协定》(GATT)(1986 年)、加入了《北美自由贸易协定》(NAFTA)(1994 年)、宣布中央银行自治(1993 年)、并与欧盟签订了自由贸易协定(2000 年)之后，政策改变就有了可能。上述这些措施使得市场导向的政策开始制度化，并消除了决策制定的随意性，因而能够保证经济政策的连续性，而不会随着政府行政部门里执政党的改变而改变。

1996 年，联邦选举院脱离行政部门和立法部门获得了自主权，所有的决策都是由独立的选举委员作出的，这些选举委员由国会从议会党团提交的一份名单里以三分之二多数票选出，政党代表和国会代表有权参加总委员会的辩论，但无投票权。1994 年，一系列审查表明，总委员会里有投票权者名单清楚明白、真实可靠。还设计制作了一种新的防伪选举证。媒体参与的相关规定有利于消除媒体的偏见。各政党必须书面报告其收入和支出情况，以使政治献金更加透明。对竞选活动的限制依然很严格，这对革命制度党有利，因为它掌握的资源更多，但是，国家行动党和民主革命党两党接受的赞助资金的总和要多于革命制度党。选举日里，投票站工作人员是从两组人员中随机抽取的。本国和外国的个人和组织都可以观察选举过程的所有阶段，并可以报道观察结果。选举计票变得更加可靠、更容易核实。国会议席的分配也变得更公平，因为，60%的国会议席是通过每个选区选举一名国会议员的单一选区制分配的，其余40%的议席通过比例代表制分配。国会议员不得超额 8%，一个政党拥有的最多国会议席为 300 席，低于修宪所需的三分之二法定多数票。参议院议席对所有联邦实体内的第二大政党开放，各个民族都有一定比例的代表。联邦区设立了两院制议会，1997 年，联邦区的市长由直接选举产生，议员由间接选举产生(2000 年前，联邦区议员由直接选举产生)。现在，选举结果的认可依靠那些有别于官员并独立于政党和政府的权威人士。司法部门的选举法院是选举争议的最高仲裁权威，法律对于违反选举法的犯罪行为制定了严厉的惩罚条款。

1970 年，革命制度党拥有国会众议院 213 个议席里的 178 席，拥有全部参议院议席，控制了所有的州议会，并在全国所有的州和联邦区以及几乎所有的自治市处于执政地位。到 1988 年，情况已经发生了巨大变化，许多人相信，革命制度党窃取了卡德纳斯的选举胜利，在国会众议院里，革命制度党几乎无法保持多数票，反对党第一次在参议院里拥有了议席并且在两个州议会里拥有多数席位。革命制度党在联邦区、30 个州(除了下加利福尼亚州以外)和 89%的自治市里执政。作为政治游戏场逐渐变化的结果，到 1999 年末，革命制度党已经失掉了国会众议院的多数党地位，不得不与其他政党协商以通过议案和年度预算，但是，革命制度党仍然保有参议院的多数议席，并在 17 个州议会里保有多数票，而且在 21 个州(全国共有 31 个州)和 69%的自治市里处于执政党地位(Berrueto 2000)。在 1995 年至 1999 年期间举行的 29 次州长选举中，革命制度党赢得了 18 次，国家行动党赢得了 7 次，民主革命党赢得了 4 次。由于在联邦、各州以及自治市的行政部门和立法部门里出现了多个政党，联邦制和制衡机制得到了扩展。政府部门与政党之间不断增加的疏通和协商活动越来越普遍。然而，尽管民主化进程已经开始，在墨西哥执政达 70 年之久的革命制度党仍然在选举职位中占有相当大的比例。但是可能更重要的是，选举过程不再遭受质疑，选举之后的抗议活动也几乎完全消失，这就使得选举结果具有合法性，即使革命制度党胜选也是如此。

墨西哥民主转型中的一个两难困境是，三个主要政党之间存在重大分歧，几乎找不到达成妥协的共同基础。如同科利尔(Collier 1992)所说，民主革命党具有最强烈的民主化思想倾向，因为它反对市场导向政策，并曾被排除在决策制定过程之外。国家行动党支持市场导向政策，由于害怕民主革命党成为竞争更加激烈的政体中最大的受益者，国家行动党在渐进转型的过程中更愿意与政府妥协。革命制度党试图继续推进市场导向的改革，继续统治这个国家。因此，国家行动党和革命制度党之间的共同点多于民主革命党与国家行动党之间的共同点。

市场导向的政策一旦制度化，多党竞选联盟和议会联盟一旦成为惯例，就很有可能会出现一个国家行动党-民主革命党联盟，以便把革命制度党从权力宝座上赶下来，并努力争取迅速建立一个用一系列统一的权利义务来约束政府官员和普通公民的联合政府。但是，组建广泛的竞选联盟的谈判未能成功，这是因为，国家行动党和民主革命党在推选联盟主席候选人的方法问题上产生了分歧。谈判开始的时候，两党都已经提出了自己的候选人，而且这两个候选人都不愿意放弃自己的提名。组建竞选联盟的失败，揭示出两党互相怀疑对方献身于民主化和政策议程的诚意（国家行动党在一些关键的立法事项上的态度一直接近于革命制度党）。国家行动党和民主革命党都认为，对对方作出让步以组建一个竞选联盟，这个结果比让革命制度党再掌权6年还要糟糕。因此，权力更迭的压力并没有大到足以迫使它们寻找解决办法的地步。

这个竞选联盟的威胁一旦消除，革命制度党就面临着失去一些人支持的可能性，这些人可能已感觉到自己在总统候选人提名中将被忽视。但是，革命制度党用相当开放的方式提名总统候选人，据报道，有1 000万人参加了提名投票，革命制度党以此遏阻潜在的分裂。在2000年总统选举和国会选举中，有11个政党参与角逐，推举了6名总统候选人，革命制度党总统候选人是弗朗西斯科・拉巴斯蒂塔，由5个政党（民主革命党、工党、PAS、民主集会、PSN）组成的"墨西哥联盟"支持库奥提姆克・卡德纳斯竞选总统（这是他连续第三次竞选总统），由两个政党（国家行动党、墨西哥生态绿党）组成的"改革联盟"支持文森特・福克斯竞选总统。

在世界纪录式的连续执政71年之后，革命制度党承认在2000年总统选举中败选，并平静地从联邦行政机构中撤出，国家行动党总统候选人文森特・福克斯被宣布为胜选者。除了总统选举败选以外，革命制度党连续第二次丢掉了国会众议院多数票，尽管它仍然保有42%的议席，紧随其后的是国家行动党（41%议席）以及略有减少的民主革命党（10%议席），革命制度党还首次丢掉了参议院的多数票，尽管它仍然保有47%的参议院议席，随后是国家行动党（36%议席）以及距离较大的民主革命党（12%议席）。如果这届国会组建成功的话，要想通过任何议案，都需要有比以往行政部门和国会之间的协商要多得多的疏通、协商和调和。福克斯赢得了总统选举，但并没有继承以往的总统特色，以前总统的特色之一是国会从属于行政部门。在各州中，革命制度党仍然控制着大部分权力，它执政的州有19个，国家行动党执政的州有6个，民主革命党在3个州以及联邦区执政。另外，革命制度党在32个州级议会中的22个里拥有多数票。权力交替给墨西哥政制带来了巨大的缓和。自此以后，政治争论几十年来第一次不再集中在究竟需要什么以保证选举的公正、干净和公平这个问题上。相反的，他们将关注政治议程以及如何解决墨西哥的许多问题。

墨西哥的民主转型产生于精英、群众运动和政党之间的一个漫长而复杂的竞争性过程。本文主张，需要关注抗争政治和传统政治之间的交互作用，特别是要关注群众运动在民主转型中的作用。在墨西哥的民主转型过程中，社会运动是政治的替代性方法，当传统的、合法的和制度化的方法不能奏效或被当局封闭的时候，社会运动就成为群众团体唯一可行的方法。本文已经论述过，自20世纪40年代以来，制度化参与渠道的失效或关闭促使群众团体发起了革命，专横的政府不去保护群众的合法活动，这迫使社会运动及其领导人发起超越法律(但不为政府容忍)的激进的、秘密的非法抗议活动。80年代，政治改革开放了竞选领域，但是对选举过程的操纵遭到了社会运动组织和政党结成的联盟的反抗，这些社会运动组织和政党要求用非制度化措施实行制度化政治治理。虽然如此，即使是在21世纪之初，执政党轮替的压力也还没有大到足以促使反对派寻找把革命制度党赶下权力宝座的办法的地步，这告诉我们，在民主化进程中，如同政府精英的分裂一样，反对派之间的分裂也是一个值得关注的重要变量。墨西哥的民主转型，需要建立具有不容置疑的自主权的社会运动组织，需要由这些组织、领导人、愤怒的群众和政党联合成的组织网，需要设计并实施一个合法的、制度化的架构，以保障竞选游戏场的公平，保护公民权利免遭专横政府的侵害，并限制政府的不作为和不负责任。

虽然尚未制定新宪法，而且最高级别公共职位的轮替只是发生在2000年12月，但是墨西哥在保护公民质询权上已经取得了重大收获。相较70年代、80年代和90年代早期而言，体制内人数大为增加，作为其代表的独立政党的数量也大为增加，通过选举、制度化保护措施和公民组织，政体成员对政府官员、政府资源和政府活动的控制程度也大为提高。

执政党的和平更迭已经发生，但是很清楚的是，民主化进程远未完成。尽管设立了“全国人权委员会”，墨西哥国内侵犯人权的记录令人感到十分恐怖，特别是对政治反对派[18]和土著居民[19]的迫害尤为恐怖。依据社会平等原则，下面这些记录是令人毛骨惊惧的：墨西哥的收入分配是全世界最糟糕的国家之一，在 9 500 万人口中有一半生活在贫困线以下。墨西哥在种族主义、社会不公和种族歧视方面还存在着绝对不平等现象，这也是游击队组织（如恰帕斯州的萨帕塔主义者以及格雷罗州、瓦哈卡州和其他州的一些武装组织）大量存在的基本原因，尽管墨西哥在替代性信任网络的建立、独立政党的建立和合法的制度化参与架构这些方面有了一些进展，但是，这些游击队组织还是试图重新发起游击活动，并争取建立一个新的政体以减少绝对不平等现象（种族不平等和阶级不平等）。在消除社会绝对不平等取得重大进展之前，任何人都无法确信墨西哥的民主制度已经完全建立起来。

注　释

1. “契约学派”理论包括精英主导范式和理性选择范式，强调达成精英“契约”（或“自上而下的民主转型”或“精英决定论”）以实施一致同意的民主转型。

2. 1928 年 9 月，出现了一个名为“革命之家”的精英契约，其中排除了其他精英派别：天主教堂精英、商业精英以及新兴的中产阶级（Knight 1992）。

3. 最后一次导致墨西哥立宪政府垮台的成功军事叛乱发生在 1920 年，最后一次不成功的军事叛乱发生在 1929 年。

4. 在 1928 年总统选举中，阿尔瓦罗·奥布里戈恩（Alvaro Obregon）遇刺，导致革命精英的严重分裂，即将离任的普卢塔科·伊莱亚斯·卡勒斯（Plutarco Elías Calles）总统要求建立一个“超越党派的政党”以团结组织名人，这个政党的本质“不是为了占据和维持权力而与其他政党竞争，而是为了建立一个使统治集团内部的各种尖锐分歧、特别是围绕着国家或地方权力交接而产生的尖锐分歧能够和平解决的机制”。

5. 争取民主的社会运动是一个分析范畴，用以描述一个包含来自不同社会群体的各种组织的广泛的社会运动，包括“在一些与各种组织无关甚至是这些组织反对的活动中的各种组织及其成员的活动以及非组织成员的活动”。经验证明，争取民主的社会运动包含几个不同的群众组织网、干部组织网和宗教组织网、领导者组织网和一些忿忿不平者。

6. 史蒂文斯（Stevens）提到“几个口齿伶俐的被调查者，当谈论他们活动的影响时，都反复提到了 1958 年至 1959 年间的铁路工人罢工，他们认为这次罢工是墨西哥革命后的第一次大规模抗议活动。实际上，这些人认为，铁路工人罢工及其

最终结果是对于一个被人经常提及的问题的最终回答:墨西哥革命死亡了吗?”(Stevens 1974, p.16)

7. 这就证实了克兰德曼斯和奥格马(Klandermans and Oegema 1987, p.526)的研究发现,即“并非是那些对政治发展或经济发展很敏感的高级知识分子,而是那些与积极扩充成员的组织网有密切联系的人,建立了各种新的社会动员组织。”

8. 登记在册的大学生总数从1960年的75 300人增加到1966年的129 100人(增加了71.5%),再到1968年的177 400人(比1966年增加了37%),再到1970年的271 200人(比1968年增加了52%),到1980年,登记在册的大学生总数增加到838 000人(十年时间里增加了309%)。伴随着数量的增加,学生的构成发生也发生了巨大变化,女大学生的增长数超过男大学生,非大学生家庭出身的大学生超过了大学生家庭出身的大学生,低收入家庭大学生超过中高收入家庭大学生,兼职工作的大学生超过全日制大学生,这些现象都是非常显著的。

9. 在普韦布拉自治大学(UAP)里,一场由学生和教师发起的运动倡导采取“群众大学”的模式:公立大学紧密联系群众运动,联系农民、街头小贩、城市移民。他们的座右铭是“为了批判性的、科学的和群众性的大学”,其中的“科学”代表“马克思主义”。学生们提供免费法律建议、医疗卫生服务,支持动员性组织。几个公立大学采取了类似措施,接受了人民主义甚至激进主义的立场,却牺牲了学术研究。除了普韦布拉自治大学以外,最出名的还有锡那罗亚大学、索诺拉大学、纳亚里特大学、瓦哈卡大学、格雷罗大学和农业学院。(Guevara Niebla 1988)

10. 没有任何一个公民或官员由于这些罪行而受到法院起诉。州长阿方索·马丁内斯(Alfonso Martínez)和警察厅长罗杰利奥·弗洛里斯(Rogelio Flores)不久之后都得以原职。革命制度党任命弗洛里斯为纳亚里特州州长(1975年至1981年),马丁内斯为新莱昂州州长(1979年至1985年)。

11. 那时候,墨西哥左翼赞同社会主义革命的主张,但是双方在下列问题上尚有分歧:哪个阶级应该领导革命? 农民阶级还是工人阶级? 知识分子应该扮演什么角色? 领导者还是追随者? 政党和群众之间应该是什么关系? 是列宁主义的“民主集中制”还是毛主义的“群众路线”? 谁是敌人? 帝国主义? 政府? 资产阶级? 还是改革者? 谁是最主要的敌人? 是国内资产阶级还是帝国主义?

12. 1970年至1982年,国有企业从272家增加到1 155家(Rogozinski 1993)。

13. 在6年任期里,有1位总统、31名州长、32名参议员和600名众议员按照单一选区代表制选举产生,有200名众议员、62名州参议员(以及数量不等的州众议员)和大约4 800名市长按照比例代表制选举产生。选举日程的紧张繁忙,势必导致选举日之后抗议选举舞弊和操纵选举的抗议活动数量的增加。

14. 根据拉丁美洲经济委员会(ECLA)的报告,墨西哥的外债从1978年的339亿4千6百万美元增加到1981年的720亿零7百万美元。

15. 1985年,反对分期选举的抗议活动包括:封锁阿库尼亚和彼得拉斯内格拉斯之间的国际桥梁、焚烧彼得拉斯内格拉斯市政厅、堵塞公路交通。在同一时间里，在索诺拉州圣路易斯—里奥科罗拉多市的抗议示威者纵火焚烧了一个警察局和几辆警察巡逻车，并阻塞了边界交叉路口。在新莱昂州，州政府镇压了聚集在州政府办公大楼主门口前的抗议者。1986 年，圣路易斯波托西州的市政厅被烧毁，几个月后，州长辞职。与选举有关的暴力活动和镇压活动还有很多。

16. 1988 年还有 379 家国有企业，1982 年为 1 155 家。到萨利纳斯政府结束时，还有 213 家国有企业，其中至少有 40%的企业正在私有化进程中。

17. 1999 年 4 月，经由国家行动党、民主革命党、工党和 PVEM 的多数票，国会众议院通过了一项改革选举法的议案，降低组建竞选联盟的条件要求，监管竞选开支，消除众议院议员的余额，革命制度党控制的参议院否决了该议案。

18. 1988 年至 1992 年，民主革命党有 136 名党员被杀害，1999 年上升到 639 人。

19. 1995 年 6 月，州警察在格雷罗州阿瓜斯布兰卡斯杀害了 17 名农民，1997 年 12 月，政府默许的一个准军事团伙在恰帕斯州阿克提尔杀害了 45 名男女老少。

第二部分

政党与社会运动

5

源于社会运动的政党：后共产主义东欧的政党

约翰·K.格伦

本书中的论文挑战那种把社会运动和制度化政治区分开来的做法，这些论文认为，社会运动与制度政治是紧密交织在一起的。本文将这种讨论扩展到东欧新兴民主国家，分析了共产主义失败之后社会运动为了确保新政府能够掌控国家权力而发生的变化，揭示了社会运动是如何成为国家与公民之间的一种新的政治咨询机构和责任机构的。然而，由于政权更迭的速度太快以及缺乏经久的民主制度模式，一些反政府的社会运动未能平稳地转变为民主政党，更确切地说，国际因素和国内选民影响着它们之间的分裂和冲突，并在不同的情形下产生出不同的结果。

本文列举的事例揭示出，社会运动受到统治当局的影响而发生变化，而且，源于社会运动的政党不一定符合标准的政党概念。起初，社会运动可能根据政治分歧而组建政党，而不是像有些传统研究文献强调的那样根据其社会经济利益而组建政党，此后，国际参与者可能鼓励社会运动采用历史上没有的新的组织形式和政治议题，从而可能影响这种发展过程。这些组织形式和议题并非简单的模仿，而是为了在以后争取国内民众的支持。因此，结果并不必然符合西方的议会制政党模式和政治模式。

为了充分说明这些问题，我比较了两个国家中社会运动转变为政党的情况，这两个国家是捷克共和国和斯洛伐克共和国，它们以前曾联合组成了联邦国家捷克斯洛伐克，尽管分为截然不同的捷克和斯洛伐克两个地区。1989年至1991年间东欧政权垮台时期，捷克地区和斯洛伐克地区出现了相似的革命性社会运动。但是不久之后，在政党发展过程中出现了分歧，1992年，一个主张西方式市场导向的政党在捷克共和国赢得了选举，而一个民粹主义的半权威政党则在斯洛伐克赢得了选举。在这些案例中，新政党的出现，既受到国内反对派团体之间斗争的影响，也受到外国模式和外国援助的影响，从而出现了任何一方都无法预知的结果。

在分析相关研究文献之前，我要探讨一下捷克共和国和斯洛伐克共和国出现的新政党，以突出有关的一些研究难题。

第一节　难　　题

20世纪90年代东欧国家新政党的出现，为探讨本文的论点提供了一个宝贵契机，因为，有人认为，随着东欧政权的崩溃，西方的议会民主制度模式已经在全世界获得了胜利（Fukuyama 1992），还有人走得更远，认为正在出现一种"世界文化"，所有的国家都将采用西方式议会制民主制度模式（Meyer et al. 1997）。一些密切关注东欧的观察者认为，如同更早的法国革命、美国革命和俄国革命一样，1989年的东欧革命也不会产生新的政治权威模式。毋宁说，民主运动寻求"重新阐释我们既有的价值观、古老的真理和试验模型……重新阐释自由民主制度的基本要素，重新阐释唯一真实存在的作为欧洲大家庭的欧共体的基本要素"（Ash 1991, p.122）。

然而，研究后共产主义政治的学者们，常常发现他们自己对20世纪90年代东欧的发展情况也感到十分困惑，他们无法在东欧出现的政治光谱上加上"右翼对左翼"的西方模式（Ekiert 1992）。科利尔和列维茨基（Collier and Levitsky）注意到："尽管拉美、非洲、亚洲和前共产主义世界的新兴政权具有一些相同的民主制度的重要特点，但是，这些国家里有许多国家彼此之间差异极大，与发达工业国家的民主制度也有极大的不同。"（1997, p.430）这些观察结果表明，还需要深入研究一些问题：共产主义东欧政权崩溃后出现的新兴政党是如何利用国际模式的？它们是如何随着时间的变化适时改造自己以争取国内民众的支持的？

1989 年后期捷克斯洛伐克政权的崩溃极具戏剧性，因为共产主义政权直到死亡之前一直采取强硬路线。1989 年 11 月，当局用暴力镇压了一次学生游行示威活动，国家政权受到国际孤立，并激起了大规模抗议活动，在此以前，镇压措施和有关的经济安全措施曾阻止了主张民主化的挑战者的出现。革命性的公民运动宣称，他们并非仅仅代表某些特定的选民和团体，而是代表反抗国家的联合起来的“社会”。然而，一旦掌握了国家权力，这个革命性的联合体在关于新政府应该制定哪些合适的政策方面出现了内部分歧，造成其内部关系紧张。重建这个曾被共产党统治了 40 多年的国家，社会运动组织还面临着许多挑战，这些挑战包括：制定新宪法和新法典、反省国家管理模式、创建自由市场制度、建立独立的司法制度（Elster et al. 1998）。

起初，人们并不清楚这些公民运动组织的继承者将会采用什么样的组织形式。在当时的后共产主义环境里，大多数人往往把政党与共产主义联系起来，在 1990 年举行的第一次公平而自由的选举中，这些社会运动组织保持了自身作为广泛联合体的特色（在这次选举中，这些社会运动组织提出的实行两年经济管制和政治自由化的主张得到了广泛支持），如同捷克总理于 1990 年所说的那样：

> 公共政治舆论的主要特点是不信任、甚至不愿意参加政党。这一点甚至在那些不参与政治的人们中间也是如此。这是一般人对于政党的本能厌恶的反映，也反映了普通公民对于与政党机构、惩罚、领导人特权、趾高气扬等有关的所有现象感到深恶痛绝。（Whipple 1991, p. 173）

在 1990 年举行的后共产主义时代的第一次选举中，反政府的“公民论坛”（在捷克共和国）和“公众反暴力”（在斯洛伐克）推举了候选人，“公民论坛”赢得了多数票，而“公众反暴力”已经分裂，且仅仅赢得了未过半数的多数票。

捷克斯洛伐克随后出现的新政党并非自动产生的。毋宁说，源自社会运动的政党深受一些尚未解决的争议的影响，这些争议涉及后共产主义的经济转轨以及详细规定两个共和国关系的政治制度。实际上，这些政党本身也举棋不定。总统瓦茨拉夫·哈韦尔(Václav Havel)于1991年夏断言，捷克斯洛伐克的政党并没有发展成熟、与他们宣称自己代表的那些人民之间关系脆弱：

> 对于决定政治生涯而言，忠诚于政党领袖甚至政党机构，变得比忠诚于选民意愿更加重要，比自身的政治能力更加重要。政党组织能够随心所欲地创造某些事情。选举乐观主义和选举之前的策略调整变得比社会的实际利益更加重要……因此很容易出现这种现象：选民受到那些并非真正代表选民利益而当选的人的统治。(Wheaton and Kavan 1992, pp.176—177)

1990年至1992年期间，政党数量和政党党员身份的变化令人眼花缭乱，例如，在1990年选举中，有8个政党和政党联盟在捷克斯洛伐克联邦议会赢得了议席，到下次选举时，由于公民运动的分裂，出现了20多个政党和派别以及一些放弃了原来的政党身份而又不参加新党派的核心代表。在"斯洛伐克民族议会"里，这期间原先的7个政党变成了11个政党。1994年，"捷克民族议会"只有1个政党，自1992年选举之后，这个委员会里就只有一个代表团。如同莱夫(Leff)观察到的那样，起初，"选民们并不能确定他们在此次选举中支持的政党在下次选举中还会存在，也不能确定一个政党里那些誓言忠于政党事业的候选人在两次选举中具有相同的党派观点"(1997, pp.103—104)。1992年6月选举之前2个月，有近三分之一的捷克选民声称自己尚未决定支持哪个政党，如果有政党可以支持的话(Wolchik 1995, p.227)。

在这个动荡的时期里，发达民主国家的跨国政党组织试图帮助社会运动建立民主政党和民主制度。"国家民主协会"发表报告称，它寻求为捷克斯洛伐克提供直接帮助：

> 1989年12月，在对当时的捷克斯洛伐克进行的一次调查中，一个"国家民主协会"代表团会晤了刚刚当选的瓦茨拉夫·哈韦尔总统，哈韦尔总统对他们说："我们需要建议，需要及时的建议，我们不需要外国政府的建议，而是需要熟知选举法的专业人士的建议。如果你们能够在星期天带一些人到布拉格，那就太好了。"……"国家民

> 主协会"有能力迅速满足哈韦尔总统的要求,下个星期里,它派出了一个由四名选举法专家组成的国际专家团,为捷克政府和斯洛伐克政府提供咨询服务,这两个政府正在为44年来的第一次自由选举制定法规。(国家民主协会国际事务部,1996年,第12页)

对新兴民主政党的援助常常被视为国际民主援助的基本内容,因为这些民主政党被视为建立稳定的民主制度的必要成分,可以提供一种表达机制,使不同政见和不同利益团体能在政体内表达自己的主张。

例如,作为"国家民主基金会"的卫星组织,"国家民主协会"和"国际共和协会"根据促进政党发展的原则提出自己的目标。"国家民主协会"1996年度委员会报告书中宣称,它的目标是"促进民主制度的发展,尤其关注作为民主制度基本要素的政党和其他机构的角色和功能"("国家民主协会"1996年度报告)。"国家民主协会"特别列举了政党援助的三个重点领域:(1)政党制度化机构的运作援助,这是为了把这些政党改造为有效的组织,以此强化公民的利益;(2)选举援助,即规划、研究、参加、监督选举;(3)治理援助,或帮助训练党员、教育选民、建立竞选联盟、搜寻公共信息。

然而,尽管有这些外国援助,公民运动转变为政党的过程既非一帆风顺也非千篇一律。1991年,公民运动分裂为许多相互竞争的政党,在随后1992年的选举中,那些因政见不合而从原来的革命性社会运动中分离出来的政党获得了成功。由财政部长瓦茨拉夫·克劳斯领导的捷克"公民民主党"、由弗拉基米尔·梅恰尔领导的"争取民主斯洛伐克运动"都在议会选举中获得了胜利,各自赢得了捷克斯洛伐克联邦议会33%左右的席位(Olson 1993, p.310)。尽管民意测验显示,公众并不支持分裂国家,但是,这两个最强大政党的领导人宣称他们无法再在一起工作,并继续加快把这个国家一分为二的步伐。捷克共和国的克劳斯政府加快了融入西方的步伐,加入了北大西洋公约组织,并成为欧盟东扩的第一批候选国,然而,斯洛伐克政府却走向了另一个方向,梅恰尔政府建立了一个半权威政府,压制政治反对派、独立媒体和少数民族,随后,北约拒绝斯洛伐克加入,欧盟也拒绝斯洛伐克作为东扩的第一批候选国。

第二节　政党的出现

关于社会运动转变为政党的经典解释模式是罗伯特·米歇尔斯(Robert Michels 1962)的组织理论,这种理论认为,群众运动不可避免地要导向有利于寡头精英而不是群众的正式组织,这是因为“没有组织的民主制度是无法想象的”,米歇尔斯指出,原先那种催生了社会运动的民主雄心,将不可避免地被拥有组织支配能力的政治阶级摧毁,这种组织支配能力能够保证政治阶级把他们的意愿强加在政党身上(Michels 1962, p.61)。与此类似的是,研究政党和革命的一些文献预言,革命性社会运动将在政治斗争过程中瓦解,由此,原先那个人为构筑的联合体的“蜜月期”将被随后产生的“支配联盟”取代,这个“支配联盟”关心的事情是推动国家走向瓦解(Goldstone 1991, p.422)。这些解释模式的逻辑中,含有雅各宾主义在消灭敌人时的冷酷无情的愤世嫉俗式的诠释成分,也含有实用主义的诠释成分,认为与众不同的能力对于控制一个政府而言是必不可少的(例如获得资金和资源,包括公众的支持、金钱和技术专家)。因为政党必须至少在一个时期内争取社会支持,所以,政治学和社会学的一些研究文献认为,新政党的出现说明了民族国家内部的社会分裂(Bartolini and Mair 1990; Lipset and Rokkan 1967)。学者们业已试图将这种分析范式用于研究后共产主义的东欧,通过探究他们认为这些政党应该具备的社会基础,或者社会基础的联合体、这些政党提出的议题以及政党竞争的稳定程度,以辨识这些政党(Evans and Whitefield 1993)。

学者们将民族国家社会分裂的研究文献应用于分析东欧新兴民主国家,这种做法已招致两种主要的批评意见:(1)他们假设新政党将会走与成熟民主国家里的政党相同的路径;(2)他们忽视了国际参与者对后共产主义政党日益增加的影响。首先,假设新兴民主国家的新政党将会走与西方议会民主国家早期政党同样的发展道路,这个假设是有问题的。学者们已经指出,把议会制模式简单地应用于东欧新兴政党,“既忽视了西方成熟民主国家里政党本质和角色的根本变化,也犯了一种时代错误,认为现今新兴民主国家里的政党将会与它们的先辈一样,经历相同的发展阶段,具有相同的全部功能"(Schmitter 1992, p.426)。其他一些学者已经注意到,在后共产主义的东欧,"一般来说,新兴政党和社会团体之间缺乏明确无误的关系,政治表达过程也相当混乱"(Pridham and Lewis 1996, p.19)。

奥斯特(Ost)反对这个观点:"这里存在着利益——真实的、特定的、独立的社会利益,等待时机表达他们的观点,并利用国家把这些观点付诸实践"(1991:4),奥斯特认为,国家社会主义的历史遗产阻碍了社会利益的表达,由此只能依靠政党进行利益表达。在这些情形下,有些学者强调政治对话过程和政治认同过程的重要性(Ekiert 1991, 1992; Kubik 1992)。与此相似的是,其他一些学者则认为,波兰联合政府只能声称其代表的是"理论的"而非"现实的"将由政府的经济计划带来的经济利益,如同一个工业部长候选人在1989年9月发表的宣言中所说的那样:"我代表的主体从未存在过。"(Staniszkis 1991, p.184)

其次,仅仅关注国内的社会分裂就无法解释国际参与者对国家建构的影响。我要强调指出,国际因素对一般民主化进程所产生的影响并不是本文的研究范围。施密特曾说过:"从定义上看,国际因素几乎无处不在,因为当今世界上几乎没有一个国家能够免受国际因素的影响,然而,其中的因果关系往往是间接的,这种关系只有通过国家机构才能发挥作用。"(Schmitter 1996, p.501)但是,很多学者认为,政党正日益受到国际政治的限制:"英国加入欧共体这件事是最明显的征兆,说明了对英国政府决策权的国际制约。"(Rose 1984, p.151)还有一些学者走得更远,他们认为,威斯特伐利亚民族国家体制已不复存在,民族国家政府"不仅仅只是在全球化经济中失去了自主权,而且,它们正在与经济组织、国际组织以及人们熟知的作为非政府组织的大量公民团体分享权力,包括政治权力、社会权力以及作为国家主权核心的国家安全权力"(Mathews 1997, p.50)。

对国际组织的关注并非没有先例(Huntingdon 1973; Keohane and Nye 1972),尽管如此,有些学者认为,相较以前南欧和拉美国家的民主转型而言,国际因素在东欧国家民主转型中影响更大(Pridham 1995)。其他一些学者注意到,国际因素的影响机制已经有所改变,"民主化面临的国际背景已经发生了变化,不再像原先那样主要依靠公共影响渠道、政府内部影响渠道来影响日益增加的私人政治参与和非政府组织的政治参与"(Schmitter 1996, p.39;另见 Boli and Thomas 1997; Clark, Freidman and Hochstetler 1998; Pridham 1996)。

在东欧,新的政党体制受到国内政治斗争与一些非政府组织倡导的政党组织国际模式之间交互作用的影响,由此,新政党采用的新组织形式及其提出的新议题范围虽无历史先例,但适合于动员公众支持政党。[1]这就促进了新政党和提供资源的国际组织之间的相互配合,也促进了政党的地方机构采用国际模式以吸引国内民众。

这种方法突出显示了国际模式与国内条件之间产生冲突的潜在可能性,而不是像有些研究文献那样强调应该效法"国际文化"(Meyer et al. 1997)以及对于"认知共同体"(Haas 1992)和"国际议题结构"(Sikkink 1993)的"交感认知"。本文认为,国际援助并不必然产生积极结果,也不必然会促进民主政体的发展(Carothers 1996; Robinson 1996),毋宁说,本文分析了国际因素对于民族政治和历史条件的不同影响。文中的案例突出显示了冷战后世界出现的"民主政体"这个概念的模糊性,对于国际组织而言,政党可能是民主制度的一个组成部分(规范的民主制度可以在不同背景下复制各种机构),与此同时,政党为国内选民提供了不同选择的机会(一个基础坚实的政党可以挑战共产主义遗产)。这些不同影响并不必然会相互抵消,实际上,"民主制度"概念的模糊性可能有好处,可以使国内参与者对国际因素和地方因素作出回应,与此同时又可以避免政府政策偏向某一方。

第三节　捷克共和国和斯洛伐克新政党的出现

为了充分阐述本文的论点,我结合非政府组织提供的国际援助,对捷克共和国和斯洛伐克那些源自革命性社会运动的政党的发展过程进行比较。[2]我主要关注的非政府组织是美国的"国家民主基金会"及其两个下属组织,这两个下属组织特别注重政党援助,它们是“国家民主协会”和“国际共和协会”。尽管这些组织并非该时期内的全部国际参与者,但是,在以援助捷克斯洛伐克以及1989年至1994年期间的捷克共和国和斯洛伐克发展民主制度和民主选举为主要目标的所有外国援助中,“国家民主协会”的援助资金约占全部资金的40%。[3]在本文下面部分,我将对这两个国家中新政党的出现过程进行比较。

一、捷克共和国

1989年,捷克斯洛伐克共产主义政权崩溃,此后,建立了一个“民族和解政府”(由所有政党力量组成),由基础广泛的公民运动而不是由新政党来宣布该政府代表的是整个社会。在捷克共和国(拥有联邦总人口的三分之二),这个公民运动自称“公民论坛”,成员中包括前持不同政见者、现任联邦总统的瓦茨拉夫·哈韦尔。“国家民主基金会”提供了9笔捐赠资金以帮助“公民论坛”参加1990年选举,资金总额达842 485美元(尽管有些捐助资金是为了维护联邦统一的)。“国家民主基金会”的援助可以分为:一般选举援助(建议起草一部新选举法、派遣国际观察团);提供设备(如传真机和计算机);政党培训(包括政党研讨会、公民教育和选举参与)。

在1990年6月的选举中,23个政党和社会运动组织参与角逐(只有5个新组织没有参加)。“公民论坛”赢得了53%的选票,令人惊奇的是,共产党得票率排在第二,赢得了13%的选票。关注1990年选举中国际组织对“公民论坛”的援助,可以揭示出这种援助的积极作用,尽管没有任何一个国际参与者宣称是自己“创造了”民主政治。毋宁说,它们至多会说自己支持过“民主主义者”。国际组织帮助制定了一部新选举法,该选举法规定,政党进入议会的最低门槛是必须获得至少5%的公共选票,这个最低门槛可以使捷克斯洛伐克避免出现波兰那样的议会分裂,波兰议会的进入门槛是3%的公共选票。按照政党或社会运动组织进入议会的最低门槛要求,“公民论坛”根据其赢得的公共选票获得了相应比例的议会议席,因此,“公民论坛”能够在议会两院成为稳定的多数党。

我们也不应该低估各种非政府组织对该国基础设施提供援助的重要

性。在新兴公民运动缺乏资源、资金或组织机构的情况下,“东欧民主协会”努力满足其急迫需要:帮助治理国家、帮助组织选举活动。当时,捷克货币仍然不能兑换,这就限制了从国外采购现代设备。因此,“自由之家”(Freedom House)对“公民论坛”的《人民报》提供的印刷援助必须放在当时的历史背景下来理解,这个持不同政见者的地下报刊起初是“公民论坛”公开发表意见的刊物,“自由之家”的援助,使该报成为革命后除了共产党及其附庸政党控制的报刊之外唯一的报纸。如同在革命时期一样,公民运动和《人民报》在其早期也得到了极大的发展,虽然它们掌握的资源远不能满足其完成任务之所需。当时,稳定的国家预算还在制定过程之中,因此不可能量化这种基础设施援助的重要作用,但是,国际非政府组织采取迅速行动的能力以及提供资源以满足其短期需要的能力是令人钦佩的。任何人都不能确定,如果没有这种援助就会出现相反的结果,但显而易见的是,对这种援助的需求的确存在,而且国际非政府组织也提供了前所未有的有效援助。

在这个时期里,“国家民主协会”和“国际共和协会”举办了“基础能力”训练班,特别介绍了美国政党的运作模式,强调应该建设新的政党组织(包括依靠地方媒体、政治组织官员和选区选民),也强调要明确选举期间政党的任务(例如逐户动员或用网络邮件动员),并强调募集资金的重要性。起初,几乎没有一个“公民论坛”成员有组织选举的经验,他们也几乎没有注意到精心组织的必要性。除了对公民运动进行这种援助以外,“国际共和协会”在报告中还指出,有 150 人参加它的训练班,这些人代表了 24 个政党,其中有些政党并不属于这个庇护联盟。

然而,“公民论坛”并非简单地采用西方模式去进行竞选活动,而是用这种模式去重新唤起 1989 年革命的那种精神。尽管哈韦尔宣称“公民论坛”是一个临时组织,但是,在 1990 年选举中,“公民论坛”依旧保持着作为全社会代表的公民运动身份。“公民论坛”的竞选标语直言不讳地表达了反政党的态度:“政党属于党员,公民论坛属于所有人。”德·坎多尔(de Candole)认为,这个标语从根本上反映了从持不同政见者转变为政客的那些人的信念,依靠“拒绝党派偏见来构建七七宪章的思想核心”(de Candole 1991, p.20)。保持这种身份产生的结果是,在 1990 年选举期

间,“公民论坛”拒绝制定成员的加入程序,也拒绝建设等级制组织。它的成员加入条款宣称:

> “公民论坛”是所有同意自从1989年11月26日以来已成为论坛纲领原则,并愿意采取积极行动以实现这些原则的那些公民的社会运动,也是那些没有加入政党也不打算加入政党的那些公民的社会运动……“公民论坛”的联合公民成员资格是非正式的,公民不能凭借个人成员身份、成员证或成员捐款加入“公民论坛”。[4]

“公民论坛”努力展示自己作为共产党的真正反对派的能力,以及作为经济改革支持者的能力。它的政纲通过大幅标语“返回欧洲”得以表现出来,它主张民主制度、市场经济以及与此相应的文化价值观。与此同时,“公民论坛”努力避免吸引选民的传统方式,如同米里亚姆·霍恩(Miriam Horn)观察到的那样:“长期以来,政治已经变成家长式和学究式的,在国家的孩子们面前颐指气使。现在,必须抛弃专横的口气。它将不再是‘为我们投票’,而只能是‘公民论坛,未来的机会’”(Miriam Horn 1990, p.12)。“公民论坛”在共产主义崩溃过程中曾有的“愉快”非常明显地表现在它的竞选方式中,其标志是冷嘲热讽以及蓄意的反政治态度。5月1日是传统的社会主义节日,这天,“竞选活动工作人员穿上绘有巨大头像的衣服,脸上闷闷不乐、气喘吁吁,以表示他们是旧制度下的工人,他们尾随在卡车后面,扮着鬼脸,上蹿下跳,旋风一般刮过街道”(Horn 1990, p.11)。

1990年选举之后,“公民论坛”的一些继承政党采用了西方政党模式,并对这种模式的各个方面进行了改造,在一些关键的社会议题方面采取了不同往常的立场。围绕“公民论坛”的未来命运产生的争议集中体现在争夺“公民论坛”主席职位上,这场争夺是在马丁·帕洛斯(Martin Palous)领导的一些前持不同政见者和瓦茨拉夫·克劳斯领导的一些政治新秀之间展开的,争夺的结果是,克劳斯于1990年10月当选“公民论坛”主席。一方面,马丁·帕洛斯认为,在过渡期间,“公民论坛”应该继续奉行“一致同意的政治策略”,这种政治策略是共产主义政权下持不同政见者反对派的历史遗产,更是作为请愿团体的“七七宪章”的历史遗产。[5]与此相似的是,外交部长、“七七宪章”前发言人基里·迪恩斯比尔认为,克劳斯政府试图把“公民论坛”改造成等级制，这是没有必要的，也是“不人道的”。[6]另一方面，财政部长瓦茨拉夫·克劳斯认为，“公民论坛”的非等级本质已经妨碍了它实施政治改革和经济改革的能力。与“公民论坛”1990年选举纲要相反，克劳斯宣布，有必要设立正式的成员组织结构，以便建立一个有效的政党，并与党的各个地方支部紧密联系以实现有效合作。由于这两派人在社会运动应该采取什么样的适当形式上产生了分歧，1991年2月，“公民论坛”分裂为由财政部长克劳斯领导的“公民民主党”和由外交部长迪恩斯比尔领导的“公民运动”。

在其建党纲要中，“公民民主党”认为，捷克斯洛伐克面临的许多严重问题已经“由于1990年‘公民论坛’在政策制定上的犹豫不决而继续恶化，几乎没有采取什么有效行动以消除残存的集权主义结构。‘公民民主党’发现，许多重要职位仍然由共产党人把持，这是无法容忍的”。[7]1990年12月，身为“公民论坛”主席的克劳斯宣称，他的支持者是年轻人、天主教徒以及企业家，而不是艺术家和知识分子，因为这些艺术家和知识分子“有左翼思想倾向”[8]。特别引人注目的是，这样一批支持者并不反映现存的社会分裂，甚至也不是对社会团体的明确界定。那时，国有公司的私有化尚未进行，很难说企业家是一个具有明确利益的社会团体。毋宁说，“公民民主党”的支持者是根据政治倾向界定的，主要的支持者是试图将创立并领导革命期间“公民论坛”活动的那些前持不同政见者边缘化的一批人。

“公民民主党”宣称，国家面临的最重大的问题是新国家与过去的关系，与此观点相应的是，“公民民主党”支持制定筛选法（或曰“净化法”），以禁止前共产党官员和秘密警察的合作者成为候选人或被任命为国家官员以及成为国家控股的股份公司专业人员（Welsh 1996）。尽管该法被欧盟谴责为违宪，但是“公民民主党”仍将符合这些原则的条款列入党章之中，这些条款申言道：“我不是任何政党的党员，也从未参加民兵、秘密警察，也不是他们的合作者。”1991年10月，“国家民主党”牵头，由其控制的议会公开支持并最终通过了净化法。1992年选举中，克劳斯反复发表反左翼的演说，他把“公民运动”描述为“左翼政党，使用的是美国式的‘自由’概念，而不是欧洲式的‘自由’概念，这让我深为遗憾”。1992年选举中,“公民民主党”反复宣传一项主张,将其市场化改革与支持民主制度和联邦国家联系起来。“公民民主党”并非坚定不移地支持捷克斯洛伐克的完整统一,其党纲宣称,该党“希望保持目前的捷克斯洛伐克联邦,如果这个联邦国家能够被证明是可行的、并且不会阻碍继续进行社会改革的话。但是,全国必须有统一的国防和外交政策、财政和税收政策”[9]。

依据这个党纲,“公民民主党”在全国建立了制度化的政党结构,以建立一个服务于1992年选举的网状结构。依靠这个网状结构,该党募集到的资金(1991年为4千3百万捷克克朗)比“公民运动”募集到的资金(1千8百万捷克克朗)要多得多(Mlynar 1992)。

与此相反,“公民运动”宣称自己遵循“公民论坛”1989年成立宣言中制定的原则,其目的是实现1990年竞选纲要,“该纲要从未实现过”。[10]自成立之日起,“公民运动”努力维护社会团结。“公民民主党”把自己的支持者界定为一些特定的潜在投票者,与其相反,“公民运动”纲要呼吁“民主右翼和民主左翼之间进行对话和合作”,它赞成“激进的但不是残酷无情的”经济改革,认为净化法无论从民族观点还是法律观点来看都是无法接受的。“公民运动”最著名的领导人、外交部长基里·迪恩斯比尔反复批评净化法,而且,造化弄人,“公民运动”与共产党一起在议会中反对净化法。“公民民主党”有条件支持联邦,只要联邦是“可行的”,与之相反,“公民运动”认为,应该赋予民族团体更大的自治权:“我们相信,捷克斯洛伐克联邦应该继续得以维持。但是,新宪法必须尽可能赋予摩拉维亚和西里西亚以自治权;可以成为捷克共和国的自治地区,也可以成为波希米亚—摩拉维亚—斯洛伐克三国联邦的成员。”[11]

1990年选举之后,“公民论坛”继承者获得的国际援助急遽减少。这个时期里,“国家民主基金会”提供了几笔主要用于维持联邦完整的捐资,它捐资74 000美元给“国家民主协会”,用来开办政党建设培训班,以改善政党组织、改善基层组织的运作与交流机制,它还捐资57 000美元给“国际共和协会”,用以在捷克斯洛伐克和匈牙利举办四期培训班,以鼓励妇女和青年参与政治过程。“国家民主基金会”还捐资19 300美元给“独立社会分析协会”,以使这个会址位于布拉格的协会实施一项调查,调查1992年选举之前捷克和斯洛伐克民众对于政党、选举过程的参与、民主选举的政府以及经济和社会改革的态度。另外，在美国国际开发署（U. S. Agency for International Development）的资助下，“国家民主协会”对一项政党长期发展计划提供援助，以在 1991 年和 1992 年在捷克和斯洛伐克各援助 6 个政党的发展。

上文已提及，“公民民主党”在 1992 年选举中获得了大部分选票，而“公民运动”则败选到甚至差一点达不到议会进入门槛的票数。克劳斯胜选之后，哈韦尔总统召集他和弗拉基米尔・梅恰尔一起，作为议会多数党领袖组建政府，但是，这两位政党领袖很快断定，如果在捷克斯洛伐克国家性质问题上达不成协议，组建政府就根本不可能。克劳斯宣称：“今天这个残破的联邦不可能确保继续进行经济改革。”1992 年选举前的民意测验表明，只有不到三分之一的斯洛伐克民众支持分割这个国家，捷克共和国的这个支持率更小，即便如此，两位政党领袖也着手准备分割这个国家（Butora and Butorova 1993, p. 721）。

二、斯洛伐克

斯洛伐克新政党的演进方式与捷克共和国大不相同，而且，事实证明，它对于民主制度产生了消极后果。1989 年之后，当时和以前的共产党人在斯洛伐克的影响力远大于捷克地区。1989 年，捷克共产党领导人镇压布拉格学生游行示威活动，斯洛伐克共产党人未曾参与镇压，也就未受连累，与其捷克同道相比，人们一般认为斯洛伐克共产党人并非镇压成性。组建了“公众反暴力”运动组织的斯洛伐克反对派，比捷克“公民论坛”的规模要小，也没有准备建立新政府。实际上，“公众反暴力”在联邦政府的一些最高级别的代表人物都是当时和以前的共产党人（总理马里安・恰尔法和议会发言人亚历山大・杜布切克），斯洛伐克政府里的一些重量级人物也都是当时以及以前的共产党人（总理米兰・契克）。“公民论坛”直到选举之前一直保持广泛的代表性，与之不同的是，当其任职联邦政府副总理的一个重要成员被解职之后，“公众反暴力”几乎立即陷于分裂，一些成员组建了“基督教民主运动”。1990 年 6 月的选举中，当其在民意测验中支持率甚低的时候，“基督教民主运动”的领导层有意吸收了一些较为出名的前共产党政治家并将其列入候选人名单，随后，“基督教民主运动”的声望有了相应的提高。

再者,尽管有人可能会说,“基督教民主运动”从“国家民主基金会”赞助起草新宪法和监督选举这两件事中获得了好处,但是与捷克共和国相比,斯洛伐克得到的国际援助只是用于维持联邦完整的援助金额中的一部分。这就说明,尽管有人会强调这些选举是一个民族国家的选举,而且这个国家当时的首都是布拉格,但是仍然需要有国际援助以关注联邦国家里的民族纠纷。唯一一笔给予“基督教民主运动”的赞助资金是“东欧民主协会”捐助的180 000美元,以购买有关设备以及运作援助,使“基督教民主运动”能够为四个地区办公室配备设备,这些援助资金中有一部分用来资助“基督教民主运动”主办的报纸,以及用于支持设立从事民意调查和社会研究的“社会问题研究中心”。

如同捷克共和国“公民论坛”一样,在1990年选举中,“基督教民主运动”也没有简单采用西方选举运动模式,而是致力于重新塑造“振奋”的革命精神。“基督教民主运动”不仅只是像一个政党那样运作,其纲领的标题是“斯洛伐克的机会”,并宣称,这是“所有人的机会”,而且,它还努力确保已经发生的民主转变继续进行下去,绝不允许开倒车[12]。“基督教民主运动”布拉迪斯拉发总部准备举办一场讽刺和模仿共产党统治的展览,包括“裹尸布一样的列宁半身像、散落在地板上供参观者践踏的破碎不堪的共产党旗帜”。如同霍恩观察到的一样,“忍受了长期的政治高压、连篇累牍难以忍受的呆板僵硬的花言巧语、冗长复杂的典礼仪式、穿着廉价衣服梳着油亮光滑头发的自以为是的那些人,他们终于认定,唯一的校正方法是把这场革命运动推向盛大的狂欢节”(Horn 1990, p.11)。然而尤其值得注意的是,当“公民论坛”在捷克共和国赢得多数选票的时候,“公众反暴力”运动在斯洛伐克仅获得了大约35%的选票(在两院中的支持率相同),新成立的“天主教民主运动”获得了17%左右的选票,前共产党人获得了13%选票。

1990年选举之后,“公众反暴力”运动组织再次陷于分裂,这次分裂是由于争夺运动领导权而产生的,新政党的成立较之捷克而言带来的民主进展要少一些。1991年2月,斯洛伐克总理弗拉基米尔·梅恰尔(Vladimir Mečiar)没有争得“公众反暴力”主席职位,此后,他的亲密同事、斯洛伐克外交部长发表电视讲话，宣称“公众反暴力”的领导层试图审查梅恰尔的每周电视讲演(后来对方否认了这种指责)。人们普遍认为梅恰尔是共产主义政治的受害者，由此，梅恰尔的声望大为提高。随后，斯洛伐克民族议会主席团(由“公众反暴力”领导层控制)要求梅恰尔辞职，致使梅恰尔组建了“争取民主斯洛伐克运动”，而“公众反暴力”运动的其他一些人则将该运动改组为“公民民主联盟”。1991 年 4 月，梅恰尔被正式解除总理职务，取代者并不是已经削弱的“公民民主联盟”的成员，而是“基督教民主党”领袖简·卡诺古尔斯基(Ján Čarnogursky)。当时的民意测验显示，尽管“公民民主联盟”和“基督教民主运动”继续控制着内阁，但是，“争取民主斯洛伐克运动”得到大约 27%选民的支持。在左翼政党(如前斯洛伐克共产党)的支持下，梅恰尔的政党能够获得超过 50%选民的支持，而“公民民主联盟”和“基督教民主运动”总共只能获得大约 30%的支持率(Wheaton and Kavan 1992:233f)。

如同瓦茨拉夫·克劳斯(Václav Klaus)在捷克努力把联邦问题与认可其经济改革相联系一样，斯洛伐克新政党也把两个共和国之间的关系与其经济改革要有适当速度和方向的主张联系在一起。由于共产党统治时期重工业主要位于斯洛伐克，许多人认为，斯洛伐克的市场化改革应该采取不同于捷克的路径。而且，捷克共和国强调要清除所有曾经是共产党党员的官员，人们认为这种做法对斯洛伐克是一个恶兆，因为在斯洛伐克仍然有许多著名的前共产党人[包括梅恰尔和联邦议会发言人亚历山大·杜布切克(Alexander Dubček)在内]积极参与政治活动。

竞选期间，大多数斯洛伐克政党对于两个共和国之间的适当关系这个问题尚无明确意见，这就致使政党之间对于获胜政党的态度意见不一。梅恰尔的政党对此问题采取模糊立场，只是强调斯洛伐克的“主权”和“自治”，而并不特别说明其对共和国未来的设想。这就使他能够“把主权问题列入议程，而且这种方法使斯洛伐克未来的法律地位极具变通性”(Innes 1997, p.420)。德雷珀(Draper)谈到，梅恰尔主张以“邦联”作为“联系松散但不至于解体的核心词”(1993, p.22)。斯洛伐克总理、“基督教民主运动”成员简·卡诺古尔斯基(Ján Čarnogurský)声明自己支持联邦制，与此同时，梅恰尔表明自己的目标是“使斯洛伐克成为欧盟旗帜上的一颗星”(Carnogursky 1992)。这就是说，在加入欧盟因而成为主权国家之前，斯洛伐克仍将继续作为捷克和斯洛伐克联邦的一部分。只有边缘化的“斯洛伐克国家党”主张建立完全独立的斯洛伐克国家，但是该党的民意支持率甚低，在此同时，“公众反暴力”运动的继承者“公民民主联盟”在其成立宣言中声明：“我们赞成在所有公民和所有民族权利平等的原则基础上维持一个稳定的、民主的捷克和斯洛伐克联邦共和国。”[13]尽管对于联邦制有这种积极态度，但是这个声明没有回答如何将两个共和国之间的关系加以制度化这个宪法问题。

1990 年选举之后，对斯洛伐克新政党的国际援助几乎不复存在。根据奎格利(Quigley 1997)的研究，在 1993 年捷克斯洛伐克分裂之前，本文提到的这些国际参与者在斯洛伐克没有任何一处办事处。上文曾提及，“国家民主基金会”在此时期里曾为了维持该国作为完整的联邦国家而提供了几笔捐助资金，其中包括在 1991 年和 1992 年在捷克和斯洛伐克各援助 6 个政党的长期发展(但是没有确切的资料说明到底分别是哪 6 个政党)。

1992 年选举中，梅恰尔的“争取民主斯洛伐克运动”赢得了大部分选票，随后是前共产党人和斯洛伐克民族主义者(“基督教民主运动”得票数位列第四，而“公民民主联盟”则没有达到进入议会的门槛票数)。梅恰尔迅即宣布，他与瓦茨拉夫·克劳斯之间达成了分割这个国家的协议，包括斯洛伐克独立、制定斯洛伐克宪法、各国承认主权的斯洛伐克国家。虽然不能说正是没有国际援助才致使梅恰尔获得了成功，但是，与捷克共和国民主市场改革者取得胜利恰恰相反这一点是极为引人注目的。“公众反暴力”运动的继承者“公民民主联盟”的败选揭示出，西方的政党组织模式不会自动超越政治背景和历史背景而得到应用，民主政党在起初的选举中所获得的成功也不能保证其继续胜选。这显示了西方政党组织模式容易受到民粹主义挑战者的攻击，突出显示了民主派内部存在的分裂危险。

此外，梅恰尔的胜选不能用斯洛伐克民族主义者所提主张得到大众广泛响应加以解释，也不能用选民的价值取向进行解释。选举之后，民意测验显示，在接受调查的斯洛伐克投票者中，对国家分裂表示遗憾的人所占比例最大(36.6%)，有 26.7%的人表示肯定，21.8%的人表示心情矛盾。

对“争取民主斯洛伐克运动”选民进行的调查研究揭示出，对于联邦的适当作用这个问题，存在着一系列不同意见：有14%的人认为斯洛伐克应该成为统一的捷克斯洛伐克国家的一部分，29%的人赞成联邦制，22%的人赞成邦联制，19%人赞成建立独立的斯洛伐克国家（Frič 1992，p.79）。如同马丁·巴托拉和卓拉·巴托洛娃（Martin Butora and Zora Butorová）所说：“关键的问题不是民意，而是各方都缺乏足够强大的政治团体，以交流各方关于国家形式的基本思想和观念，并能以制度化和有效的方式共同合作以保持和发展这种交流。”（Butora and Butorová 1993，p.721）

第四节 分析及结论

在本文中，我认为，后共产主义东欧的新政党并不必然会仿效以前西方议会民主制度下政党的演进路径，而且，政党结构的相关研究文献忽视了国际参与者的影响。请让我回到这两个论点。首先，与传统研究中关注社会分裂有所不同的是，本文认为，列宁主义制度的遗产阻碍了既得利益集团的发展，而政党只能代表这些既得利益集团；毋宁说，新政党是通过竞选以及通过社会动员以获得选举支持而在革命性社会运动中形成的。捷克斯洛伐克是中东欧国家中唯一可以宣称在共产主义之前就存在民主遗产的国家，尽管如此，新政党的产生并不反映以前的历史分裂，第一捷克斯洛伐克共和国中的那些主要的社会民主政党也并没有作为强大的政治势力重新出现，相反的，由财政部长克劳斯领导的新型西方式市场导向的“公民民主党”出现于捷克共和国，并成功地获得了统治权力。[14]

这并非轻视两个国家之间的经济差距，这种差距产生于共产主义制度下两国经历了不同的工业化进程。确切地说，本文认为，新政党的两极分化并不是古老的民族差异的产物，也不是冷酷无情的经济势力集团的产物，而是新政党的领袖们在动荡的环境里相互竞争的政治结果。如我所述，在后共产主义改革的动态条件下，政治认同和经济利益相较社会稳定时期更加变动不居。在这种条件下，如同斗争政治学研究文献已经揭示的那样,新政党的领袖们更有可能像社会运动企业家那样采取行动,根据不同的政治机遇、不同的资源以及制定政治主张的不同方式,寻求动员潜在的支持者(McAdam,McCarthy, and Zald 1996)。值得注意的是,捷克共和国和斯洛伐克的主要继承政党提出的主张并不能说明大部分公众有分裂国家的意愿,它们在公众并不支持分裂国家的情况下,将其经济改革主张与共和国之间的适当关系联系起来,以此动员选民。"公民民主党"和"争取民主斯洛伐克运动"的胜选揭示出,两党业已成功地将其经济改革观点与净化法、共和国之间的关系这两个问题连接起来,两党有利的组织条件也有助于其胜选。

其次,关注国际因素和国内因素之间的相互作用,就可以将政党形成的不同观点融合起来。这两个国家不同的演进路径揭示出,在不同的历史背景下应用西方的政党组织模式是有限制的,对于民主力量而言除了积极参与竞选以外还应增强自身力量。必须权衡复杂的、动态的社会发展情况并以此制定政策主张,特别是当其资金较少、其活动或努力几乎没有创造出有约束力的制度化机制时尤应如此(这与能够实施经济制裁的国际金融组织、能够实施政治制裁的政府组织形成鲜明对照)。本文强调,在某些案例中,新政党在国际因素和国内因素的交互作用过程中会采用国际性的政党组织模式,并加以改造以争取大众支持。

评估1990年选举中跨国援助对这些政党产生的作用,必须首先考察"公民论坛"和"公众反暴力"这两个社会运动组织,尽管用传统的观念来看,这两个社会运动组织并不是政党,而且仅仅具备民主萌芽。起初,革命性社会运动不可能具有强烈的政党理念,而且,如果它们感觉需要得到帮助的话,就可能到处寻求帮助,而国际压力会导致其他一些政党或社会运动组织拒绝那些似乎可以成为表面上的合作伙伴的帮助。例如,瓦茨拉夫·克劳斯领导的"公民民主党",尽管克劳斯具有撒切尔一样的雄辩口才,但是他还是与德国基督教民主党人建立了联系,而没有与英国保守党人建立联系,因为英国保守党人反对欧洲一体化,这种立场会阻碍捷克加入欧盟(Pridham 1996, p.209)。

通过这些案例研究,我们可以发现,这种国际援助在革命性运动组织初掌政权时发挥的作用比之在随后的新政党竞争时期发挥的作用要大得多。"国家民主基金会"发现,它可以在一周内为哈韦尔(Havel)总统组织一个选举咨询团,这就说明,国际非政府组织提供援助的速度比大多数政府官僚机构要快得多(Quigley 1997)。普里德姆(Pridham)说:"外部支持可能是政党战略的重要道德资源或物质资源,特别是当新的政党体制初建之时更是如此。"(1995, pp.27—28)然而,本文中的这些案例也清楚地说明,尽管有这些外部援助,政党的形成和发展也可能会由于国内斗争而走向难以预料的发展方向。

捷克共和国和斯洛伐克新政党的发展揭示了仅仅为自由选举而进行的民主援助的局限性。1990 年选举之后,国际援助急剧减少,政党资助的性质也有所改变,国家本身成为主要的资金来源,用以偿还政党的选举开支,并为当选官员支付薪水。纳迪亚·迪乌克是当时"国家民主基金会"制订计划的主要官员,据其所言,"国家民主基金会"对政党的援助受到两个主要因素的制约:东欧国家接受财政援助的国内政策,如何评估这种援助对民主制度的促进作用。[15]

首先,1990 年至 1992 年间国际资助的急剧减少,是由于美国改变了对东欧国家的援助政策。"国家民主基金会"被责成主管第一年的东欧国家资助事宜("支持东欧民主"计划),这是因为"国际开发署"缺乏民主援助和地区援助的经验。然而,当国会重新把这种援助权划归"国际开发署"之后,"国家民主基金会"随即失去了相应的援助权。1990 年之后,"国家民主基金会"不得不依靠自己的储备金以及合作伙伴"国家民主协会"和"国际共和协会"定期调拨的资金,尽管这些资金少得可怜。虽然"国家民主协会"和"国际共和协会"直接向"国际开发署"申请资金,但是相比从"国家民主基金会"那里获得资金而言显得比较漫长。这就可以解释 1990 年的援助事业进展较快、而对 1992 年选举则资助甚少的原因。

其次,华盛顿的许多决策者对于援助新兴政党几无经验,仅仅参与过一些发展援助。因此,他们起初认为,一旦援助了竞选而且"民主派"掌权之后,民主援助就算大功告成了。尽管"国家民主基金会"具有地区援助的经历,但是,1990 年至 1992 年这个期间仍然是资助者和决策者需要学习研究的时期,需要理解继续资助的必要性,以防止民主化过程的逆转。1991 年梅恰尔在斯洛伐克的显著崛起,突出显示了新兴民主政党在权威主义反对派面前的脆弱性，也揭示了新兴政党缺乏稳定的支持者。特别引人注目的是，1992 年选举中，两个共和国中各有近四分之一的选民把选票投给了那些没有达到进入议会所需门槛票数的政党。

为了着重说明新政党是如何改造西方式动员选举支持模式的，我业已努力避免把新政党的领袖描述成过分愤世嫉俗或者过分愚弱可欺（体现在把瓦茨拉夫・克劳斯拒绝国际援助描述为“严峻现状中的温和建议”）。二战后，具有相似思想倾向的政党之间的跨国联系已有很长的历史，这种联系起源于德国的基金会。由于未能成功地采用西方政党模式，由持不同政见者领导的革命性社会运动的继承政党遭到的失败是值得注意的。米歇尔认为，现代政党必须采用组织科层制，与此相应的是，瓦茨拉夫・克劳斯宣称，他领导的“公民民主党”在捷克共和国获得胜利：

> 是对鼓吹“非政治化政纲”理念的那些人的最后一击，也是对认为未来世界将会充满公民运动和短暂行动、而不会有政党组织或法定的组织化统治的那些人的最后一击，也是对试图将这个世界建立在伟大而又具有创新性的观念之上、而且由企图凌驾于复杂政治世界之上的开明知识分子直接付诸实施的那些人的最后一击。（Klaus 1997，p.110）

如果捷克共和国和斯洛伐克具有启发意义的话，那就是，持不同政见者和革命性社会运动的“反政治”观点对于当代政治竞争是完全无用的。本文揭示出，社会运动组织一旦掌握了政治权力，甚至是在新兴民主制度的背景下掌握了政治权力，即使它们毫无经验或者甚至根本不愿意从事政党政治，他们也必须面对将其自身转变为政党这个问题。为了继续生存下去，它们需要争取选民的支持。恰如保罗・赫斯特（Paul Hirst）所说：“‘公民社会’作为一个均质的政治力量是不符合现代多元民主制的一个观念，现代多元民主制有赖于公民社会的分裂，在政治竞争中表达各自的意见，这种政治竞争是在政党体制之内进行的，以确保社会秩序和政治秩序。”（Hirst 1991：234）

对东欧共产主义国家崩溃后出现的新政党的性质进行进一步的比较研究，可能会揭示出更多的内容。这种研究应该将捷克斯洛伐克与其他后共产主义国家进行比较，例如波兰（该国支离破碎的政党结构使其历届后共产主义政府步履蹒跚)或匈牙利(该国的政党早于圆桌会议就已成立)。将捷克斯洛伐克新政党与苏联的政党或与南非的新政党进行比较研究,可能会揭示出大不相同的民主化路径。研究对南斯拉夫的国际援助,可能会明确显示出战争条件下这种国际援助的危险性。

总而言之,非常清楚的是,民主运动的胜利并不会导致得意洋洋的民主政党采用任何简单化的政党组织模式,国际援助和国际指导也不会(至少在本文的这些案例中)产生决定性的结果。毋宁说,源自社会运动的政党的发展过程涉及社会运动、寻求选民支持的新政党、新政党试图动员起来的社会公众、提供援助并对政党组织结构提供指导意见的国际机构这几者之间复杂而偶然的相互作用。

注 释

1. 这个观点得益于那些研究国际交易和国内选民的国际关系学研究文献。

2. 这里,我仅仅概括叙述了捷克斯洛伐克政党的发展和分裂。

3. 根据奎格利的著作(1997 年,第 142—145 页、第 150—151 页),全部援助资金为 2 717 000 美元,其中“国家民主协会”的援助资金为 1 088 000 美元。

4. “公民论坛”布拉格协调中心(1990 年,第 72 页)。

5. 帕洛斯采访记录,1994 年 4 月 19 日。

6. 引自 Candole(1991),第 21 页。

7. 引自《东欧报道》(1991 年第 4 卷,第 48 页)。

8. 引自 Candole(1991),第 22 页。

9. 引自《东欧报道》(1991 年第 4 卷,第 49 页)。

10. 同上,第 50 页。

11. 同上,第 51 页。

12.《斯洛伐克的机会》复印件。

13. 引自《东欧报道》(1991 年第 5 卷,第 66 页)。

14. 参见罗思柴尔德关于两次大战之间捷克斯洛伐克政党竞选资料的研究(1974 年)。

15. 采访作者记录,1999 年 3 月 23 日。

6
从社会运动到政党再到政府
——印度喀拉拉邦与西孟加拉邦的社会政策为何如此不同

马那利·德赛

政党与社会运动之间的关系能够用以解释政府社会政策的不同吗?本文将通过评述迄今为止为人们忽视的印度政治中的一个难题来尝试回答这个问题。自印度独立以来就一直支配着喀拉拉邦和西孟加拉邦政治舞台的性质相同的两个左翼政党,为何一个执行广泛的社会政策而另一个则不然?我将努力证明,此种政策差异反映了从社会运动转变为政党过程中的历史差异,这种转变发生在印度民族独立运动后期,大约1920年至1947年期间。这个动态转变过程在两个邦中形成了政党与公民社会之间的不同关系。在喀拉拉邦,左翼分子从事基层组织活动并早于西孟加拉邦左翼分子夺取了政治权力,深入地进行了反贫困改革事业,此事对于竞选至关重要因而不能轻易置之不理。在西孟加拉邦,左翼政党执政要稍晚一些,其领袖们远离群众运动,这些领袖们首先关注的是夺取政治权力,甚少关心社会改革问题。通过对这些结果进行历史透视,我打开了政党决策制定的黑匣子,以揭示政策演变是如何既依赖于政党的意识形态或依赖于结构约束,又是如何依赖于民族独立运动后期喀拉拉邦和西孟加拉邦社会运动转变过程的复杂环境的。

这里,"政党"和"社会运动"这两个概念是什么意思?它们之间是什么关系？政党是为了使政治团体或个人掌握政治权力或保持政治权力而存在的组织。我借用了潘尼比扬科(Panebianco 1988:53)的定义，以强调政党在其形成时期受到领导层意识形态目标和政治目标的极大影响，这些以及更具重要性的领导人从时代环境中提出自己理论的战略战术，对于塑造政党的政治认同和实际行动都是至关重要的。[1]然而，政党最终实现制度化之后，并非每个方面的特征都能追溯到这个“创建时刻”。相反的，我将揭示出政党的早期选择是如何制造出路径依赖的愿景的，这些路径或轨迹依赖于政党目标与特定的政治环境及社会结构之间的相互作用。政党在提出适合于特定历史环境下的战略战术方面具有相对自主权。[2]但是，它们的成败也以它们完全不能控制的时代环境为条件。

社会运动是为了寻求达到特定的目标或一些目标而对普通群众进行的广泛动员。在某些案例中，例如在印度民族独立运动中，政党诞生于社会运动的背景之中，源自于社会运动内部的分裂。印度所有的左翼政党都是诞生于这种背景之中的，民族主义者反对殖民主义的社会运动、左翼政党对这种社会运动分析和理解，这两者极大地决定了左翼政党的行为和选择。因此，民族主义运动、关键是反对殖民主义运动的地方运动，建构了两个左翼政党形成和发展的路径。

因此，对政党演进进行历史透视有两个重要的普遍意义。关于政党的研究文献常常忽视了这些事例，在这些事例中，政党只是社会运动的另一个名称。如果说现代社会中制度化政治和非制度化政治之间的界限是“模糊不清且相互渗透的”，如同戈德斯通在本书引言中所说的那样，那么，在那些刚刚从社会运动中形成政党的社会中，这个主张必定会得到非常有说服力的深化。在这些事例中，如若只关注这些政党的组织化特征，而不研究这些政党的社会运动根源，就将一无所获。单纯关注政党的组织特征，可能反映了对于西方成熟民主制度的一种偏见，在这种更加成熟的民主制度中，政党的确已经摆脱了原初的造反派性质。但是，如同帕内比安科(1988, p. xiii)所说：“权力分配方式、一个组织在其形成阶段进行的多次会谈所形成的结果，这些都会以多种方式继续决定着一个组织的生命期，甚至在几十年之后仍然具有决定作用……组织奠基者作出的关键政治抉择、为了控制组织而进行的第一次斗争、组织的构成方式，这些都将给组织留下挥之不去的印记。”实际上，从对这些组织的研究中可以得出的第二个相关要点是，在一个时期里由政党领导层发起的政治斗争可能在此后的几十年里都会影响他们的政治权力范围。因此，可能存在着重大的（也是难以预料的）“滞后效应”，由此，政治斗争会影响未来的许多代人。就方法论而言，这些观点也表明了这些案例研究的有效性，通过历时分析可能会打开表面上具有相似特点的那些政党的黑匣子。一个代表性的研究方法也可能并没有注意到这个固有的历史过程（Rueschemeyer, Stephens, and Stephens 1992）。

本文分析了喀拉拉邦和西孟加拉邦印度共产党从社会运动演变为政党，然后在执政过程中实现了制度化的历史轨迹[后来，印度共产党在新孟加拉邦分裂了，其中的主流派变成了众所周知的印度共产党马克思主义派，或简称“印共（马）]”。本文揭示了自独立以来为何这两个邦中性质相同的政党却推行不同的社会政策，从而导致了在减轻贫困上的巨大差异。

第一节　社会政策和社会发展：喀拉拉邦和西孟加拉邦的比较

作为福利邦，喀拉拉邦广受赞誉，被人们誉为即使没有很高的经济增长率也可以依靠社会政策极大地减少贫困和不平等的典型（Franke and Chasin 1989; Dreze and Sen 1995）。喀拉拉邦共产党政府（1957 年组建）实行的首批措施之一是执行了在所有印度各邦中最为激进的土地改革法（《土地关系法》）：该法赋予所有耕种者以土地占有权，并规定了土地占有的最高限额。印度共产党还颁布了《教育法》，对所有小学增加一倍预算。此后的继任政府，不管是共产党政府还是非共产党政府，把公共食品分配体制扩展到覆盖 97%的人口，设立了许多平价商店，在学校中广泛提供免费学生餐，通过健康中心为孕妇和哺乳母亲分发食品。共产党领导的政府还为部落儿童和贫民窟儿童制定了特殊的营养和教育计划。1974 年，喀拉拉邦政府颁布了《农业劳工法》，该法的目标是降低失业率、减少就业风险、提高工资水平。自此以后，喀拉拉邦的农业工资水平在印度各邦中是最高的(Jose 1984; Kumar 1982)。独立以来的50年里，据报道，喀拉拉邦年均减少贫困人口2.4%，这个数字是印度最贫穷的邦之一的比哈尔邦同类指标的大约120倍(世界银行1998)。

在西孟加拉邦，自从1977年开始赢得了连任选举之后，共产党采取的最激进的反贫困措施是制定了一个名为“巴甲行动”的计划，登记小佃农的土地使用资格。该计划实施的结果是，赋予在以前的所有土地法中被遗漏的小佃农以土地使用权。将这些改革措施从纸面上(早在1950年，西孟加拉邦印度国民大会党政府就制定了这些改革措施)付诸实现、并积极执行这些改革措施的是共产党人。1969年至1970年的联合阵线政府期间，农民被要求确认自己占有土地的最高限额，有500 000多英亩土地被分配给了无地农民。1977年印共(马)再次执政后，他们保证全面实施该土地法。这提供了直接的证据，证明左翼政党更有可能努力推动再分配性的改革。然而，西孟加拉的事例也提供了另外的证据，证明各个左翼政党在减少贫困方面并不能取得同样的成就。喀拉拉邦妇女识字率为86%，西孟加拉邦是47%；喀拉拉邦男性识字率是94%，西孟加拉邦是68%。西孟加拉邦这些指数仅仅略高于印度平均指数(Dreze and Sen 1995, p.47)。喀拉拉邦人口预期平均寿命比西孟加拉邦多10年。西孟加拉邦的印共(马)并未采取更多的行动以改善居民健康状况、教育水平和住房水平，现在在这些方面，西孟加拉邦政府与印度其他邦政府所起的作用已经相差无几。

在本文的分析中所采用的比较逻辑，把西孟加拉(殖民地时期的孟加拉)作为一个对照案例，以突出显示喀拉拉邦在发展社会福利事业历史轨迹的转折点。喀拉拉邦导向终点的历史顺序，恰恰可以印证西孟加拉邦缺少某些关键变量或转折点，而这些变量或转折点能够产生类似于喀拉拉邦那样的结果。

通过集中探讨决定着喀拉拉邦和西孟加拉邦历史轨迹的社会结构和社会力量之间的相互关系，我将分析喀拉拉邦和西孟加拉邦的这种比较性历史顺序。我将分析两个邦的社会结构差异，特别是由于19世纪殖民地土地占有制度和商业政策而产生的那些社会变化。这里，我感兴趣的是殖民地政策引起——也阻碍——农民和工人中的激进主义的方式以及左翼政党建立群众基础的机遇。然后，我思考了社会力量的不同维度：(1)两个邦中形成的左翼组织有何不同？即，这些政党是如何产生、如何组织起来的？(2)这些政党中谁是主要领导者？他们以前具有哪些政治经验？他们采取了哪些战略和策略？(3)他们对其所在地区特殊情况的分析是什么？他们是如何利用民族主义运动来增强自己的影响力的？然后，我将提出，这些因素中哪些对于决定不同结果更具重要性？

第二节　殖民统治、农村结构及农村激进主义的潜能

在殖民地时代的印度，农业人口占全部人口的绝大部分，左翼政党发展的可能性从根本上依赖于农民的激进主义(或潜在的激进主义)。我将首先分析英印当局的土地占有政策、税收政策、影响农村结构并塑造了潜在的农民激进主义的商业化政策。

在殖民地时代，喀拉拉邦分为三个省份：马拉巴尔、特拉凡哥尔、柯钦。马拉巴尔是该邦最北端的省份，1792 年由英国直接统治；特拉凡哥尔和柯钦原先由王侯统治，19 世纪里英国通过一系列条约最终将这两地置于英国直接统治之下。在喀拉拉邦，不同的殖民统治形式——直接统治和间接统治——对各个省份的农村结构产生了大不相同的影响。在马拉巴尔省，英国人把那些占有大量土地的印度世袭阶级视作“如同家乡那里的地主”，赋予他们以土地私有权，并将其他佃户降低为不受保护的没有签约的佃户。随着人口的增加，工业却没有得到相应的发展，人地比例增大了，地主也就发现他们的地位得到极大地提高。19 世纪后期，地主们为了提高地租而开始大规模驱逐佃户(Panikkar 1989)。由于绝大多数地主都是上层种姓，而佃农以及地位更低的农业劳工都是下层种姓，地主权力的强化使得世袭种姓制度——可能是印度最不公正的制度——未受

丝毫触动。

与在马拉巴尔省执行的政策形成极大反差的是，在特拉凡哥尔和柯钦，英国人推行的政策赋予佃户对公有土地具有所有权，由王侯邦"自上而下"执行该政策，土地改革的目的是促进商业化和增加商品作物的产量。[3]柯钦的土地改革对地主统治地位的挑战要比特拉凡哥尔弱得多，这是因为，这个王侯邦比较弱小而且地主占农业人口很大比例(柯钦的地主占农业人口的40%，特拉凡哥尔不到20%)。

在孟加拉邦，英国人的土地政策体现在1793年颁布的《永久解决法》之中，在该法中，如同在马拉巴尔的做法一样，授予自摩卧尔时期以来的收税员以"地主"头衔并赋予完全的所有权。然而，农业生产的主要单位是农民的家庭农田，主要由家庭劳力耕作。英国人急于尽可能保护农民的土地权利，部分原因在于他们担心农民起义，部分原因在于鼓励商品作物的生产。此后，从法律上来说，有两种权利得以确立:所有权和占有权。

大米和黄麻贸易的增长产生了鼓励广泛的租赁开发和基于占有权基础上的土地再转让的效果。黄麻是流行作物，因为农民可以在得自上季大米收获中的食物储备将要用完之前得到现金，但是，黄麻市场波动激烈，而且农民永远只能挣扎在生存线之下(Chatterjee 1984, pp. 7—9)。在高税收的压迫下，大土地所有者将丛林地和其他可以耕种的湿地的使用权出租给一批"有魄力的人"，然后，这些人清整土地并与佃农共同耕种。19世纪中期，随着可耕地和土地租赁的增加，产生了一个有利于地主的差额，这个差额是产生于英国人规定的固定土地税与出租者从耕种者那里收取的更高地租之间的差额。随之，这种差额催生了一个数量不断增加的食利者利益集团。据估计，1918年至1919年间，西孟加拉邦的土地所有者和土地使用权占有者获得了地租总金额的76.7%，其余部分是土地税。由此导致的利益集团格局是，上层是一些富裕地主，随后是众多的一般地主，再后是"更小的土地所有者、土地使用权占有者和职业农民"。

与此相似的权利分裂和权利划分过程也发生在土地占有领域。19世纪后期和20世纪早期，迅速增加的人口和土地需求导致了这个土地再转让过程，在这个过程中起重要作用的是众多的中介人，这些中介人试图占有更大份额的土地租金。土地压力由于农村工业的缺乏或工业增长率停滞不前而进一步恶化。随着不同权利的法制化——佃户免遭驱逐的法定权利、禁止提高地租等等——而出现的结果是，对既得权益的转租和抵押成为普遍的行为。19 世纪里，孟加拉的土地租佃关系固化为一些不同方式：在北孟加拉，主要是佃农和大多来自半部落团体的农业劳动者之间的关系，富裕佃农支配着农产品市场，决定着农业生产，并抽取很大份额的农产品作为租金和贷款利息，在北孟加拉的许多地方，农业劳动者没有土地，就像农奴一样；在西中部孟加拉，土地租佃关系由一些"有少量自耕地的农户"和控制村庄的在外农场主"先生们"以及许多小佃户构成；在东孟加拉，土地占有的主要形式是小农户，这里的典型农业生产单位是小农。表 6.1 显示了 1931 年喀拉拉和孟加拉两个地区的农业结构。

此表中的数据揭示了喀拉拉和孟加拉之间及其各自内部在土地占有结构方面的几个相当有趣的差异。首先，孟加拉参加耕作劳动的土地占有者明显比喀拉拉要多得多(除了特拉凡哥尔省以外)。实际上，孟加拉的大多数农地直接掌握在参加耕作劳动的土地占有者手中。

但是，这些数据只能反映出农地占有的大概情况，并不能告诉我们土地占有中存在的不同等级的占有状况。英国人在孟加拉实施完全土地权产生的一个反面结果是农民家庭土地的丧失(去农民化)。去农民化由于两个因素的影响而大大加剧：20 世纪 30 年代的经济大萧条、人口的增加。大萧条期间，当谷物价格大幅下降之时，资金信贷停止，无数的小土地农民发现自己已经负债累累。地主和富农购买这些小农的土地，在此过程中，无数农民无产阶级化。这个过程在西部和中部孟加拉尤为明显，那里的土地占有结构"趋向于削弱中农，这种趋势由于地主极度的土地扩张以及一大批只有很少土地的农村人口的极度贫困化而进一步强化"(Bose 1986, p.167)。这里的农民并不会像马拉巴尔农民那样遭到彻底驱逐，他们还可以继续耕种土地，但权利较少、地租较高(Bose 1986)。当农民完全失去土地成为雇工之后，就像南孟加拉和西南孟加拉许多农民那样，佃农制就成为优先选择的耕种模式和土地占有模式，这是因为，随着黄麻和大米市场的扩大，他们有兴趣获得一部分农产品(Dhanagare 1983)。

表 6.1　喀拉拉和孟加拉地区的土地占有模式

地　　区	不耕作的土地占有者	耕作的土地占有者	佃　　户	农业雇工
喀拉拉				
马拉巴尔	2.18	6	23	68
特拉凡哥尔	—	61	6	31
柯钦	—	19	21	56
孟加拉				
南孟加拉和西南孟加拉	9.4	41.5	8.4	40
北孟加拉	7.7	48	14	29.4
东孟加拉	7.9	65	6.1	20

注：喀拉拉的数据来源于坎南（Kannan 1988）和杰弗里（Jeffrey 1978，p.135）；孟加拉的数据来源于查特基（Chatterjee 1984，p.39）。表中数据为该类占农业总人口的百分比。

在马拉巴尔和柯钦，占有权是软弱无力的，在马拉巴尔尤甚，在世纪之交，租佃变得越来越不安全。地主们开始偏爱年租制，而不喜欢长期出租土地，经济大萧条又增强了这种趋势。在马拉巴尔地区，20 世纪 20 年代物价上涨期间那些试图从地主那里获得某种程度独立性的耕种者，在 30 年代价格大跌之后发现他们自己又回到了对地主们的那种依赖。小农们越来越多地成为农业雇工以补充家庭收入。1921—1931 年间，农业总人口中的自耕佃农从 34%下降为 21%，农业雇工占农业总人口的比例从 58%上升至 68%（Kannan 1988，p.46）。表 6.1 表明，从总体上看，喀拉拉邦农业雇工的比例要多于孟加拉邦，尽管孟加拉邦西部和中部地区的农业雇工比例在整个孟加拉邦里最大，但是，马拉巴尔的农业雇工比例要比这个大得多。

让我们讨论第二个问题：英国人的土地占有政策在哪个地区产生了增加农民激进主义潜力的作用？在哪些地区这种激进主义潜力降低了？穆尔（Moore 1966，pp.459，469—470）认为，地主压迫的减轻、地主们未能成功地从事商业活动，这些都增加了农民激进主义的潜力。在农民之中“团结协商……是重要的……因为它们是建立一个反抗统治阶级的农民团体的关键问题”。农民的弱团结，部分原因来源于某些居住模式，例如，相互孤立的农庄比之紧密结合的村庄更会削弱农民造反的可能性。佩奇(Paige 1975, pp.37、60—62)也认为，处在分散体制中的小佃农有强烈的集体行动意愿，因为他们相互依赖并合作劳动，另外，由于小佃农“与土地的联系较弱，与工人阶级具有同质性，依靠团体合作进行工作”，他们就表现出某些更类似于工人阶级的激进主义。在沃尔夫(Wolf 1969)看来，最具革命性的农民是中农，因为他们最难以承受市场的冲击，而且更重要的是，他们具有独立的经济基础、拥有挑战地主的战术资源。斯科特(Scott 1976)和穆尔(1966年)可能是最关注地主和农民关系的实质的人。斯科特集中研究了市场侵蚀地主与农民之间家长式关系的方式，在市场体系中，地主的要求要在地主与农民都能接受的范围内才能实现，也需要摧毁地主与农民间原有的关系模式。在穆尔看来，地主与农民的联系越强，农民起义就越不可能发生，他认为，在地主和农民存在很强竞争关系或者是人口不断增长的那些地方，这种联系是薄弱的。除了这些见解之外，穆尔还探讨了被佩奇和沃尔夫忽视的印度农村关系中的一个重要方面，这就是印度世袭特权制度。在穆尔看来，印度世袭特权制度有着弱化农民激进主义的作用。根据穆尔的研究，世袭特权制度业已鼓励了：(1)反对出现另一种形式的特权阶级的思想倾向；(2)部分农民的顺从行为。

这些理论在用来描述潜在的农民激进主义时是有用的，但是它们不能解释一些特殊的问题。在马拉巴尔省，20世纪30年代以前，该省南部和北部地区具有同样的土地租赁关系，但是，农民对于地主所有制却出现了两种截然不同的态度。19世纪后期和20世纪早期，马拉巴尔南部的穆斯林佃农发动了一系列激烈的反抗印度教地主的起义，这些起义通过宗教透视镜折射出穆斯林农民对于阶级剥削的理解。在北马拉巴尔，印度教农民却没有表现出这种类似的激进主义倾向。除非我们考虑到这两个农民社区之间的差异，否则我们就无法解释这个难题。马拉巴尔那种特别顽固的种姓等级制度阻碍了印度教佃农采取独立的集体行动，在马拉巴尔，受到上层种姓地主压迫的不仅有贱民，还有贫困的污秽者。这种种姓制度精巧地调节着上层种姓的“憎恶概念”，通过象征性暴力[4]以及真实的物质力量[5]，上层种姓维持着这种权力不平衡。农民谦恭温顺的行为习惯得到日复一日的强化，决定这种行为习惯的根本性的物质偏见——即地主与佃农之间的关系也得到日复一日的强化，这些因素都使农民的集体行动不易发生。由于村落往往以地主庄园为中心，一个种姓的内部关系也非常松散。因此，与南马拉巴尔的穆斯林农民不同（在莫普拉起义期间，清真寺是社会动员的主要场所），印度教农民没有相应的可以进行动员活动的场所（Wood 1987）。除了偶尔在市场上举行集会以外，由于分散的居住模式以及种姓制度的碎片化和等级制性质，贫穷佃农和自耕农相互分散、缺乏联系。这里，穆尔概括过的阻碍农民团结的那些因素似乎是正确的。

然而，阻碍农民激进主义的这些结构性因素并非无法克服。同样是这些农民，30 年代中期在国民大会社会主义党的支持下，他们就加入了一场武装运动。为何会发生这种情况？这种情况是如何发生的？这些问题将在本文第二部分里加以探讨。

现在来看看孟加拉，在孟加拉最北部地区，农业劳工中潜在的激进主义思潮极其强大，他们几乎没有土地，构成了一股反对占有土地的富裕自耕农的力量（参见佩奇对此问题的详细分析，1975 年，第 60—62 页）。在孟加拉西部地区和西南部地区，不断扩大的佃耕、日益加剧的去农民化和农民无产阶级化，造成了农民起义的潜在可能性。然而，在经济大萧条的岁月里，地主继续维持着强势地位，土地竞争日益激烈。在孟加拉东部地区，由于绝大多数佃农都是穆斯林，宗教的同质性继续强化着这些佃农的团结。农民具有反对地主阶级的强烈意识，但是，农民的行动基本都采取了公开的宗教表达形式，印度教徒地方自治主义者和穆斯林地方自治主义者进行的政治运动，比阶级斗争运动更加强大。

总而言之，我们无法把农民潜在的激进主义仅仅理解为是土地关系出现了结构性崩溃的结果。具有相似土地关系的不同地区，其激进主义却大不相同；土地占有模式并不相同的地区，却会产生相似的左翼运动。为了解释左翼政党和左翼运动的发展过程，我们需要探究左翼领袖和左翼运动在喀拉拉邦和西孟加拉邦所采取的特定选择和特殊战略。

第三节 政治分裂与左翼分子的社会动员

本文的以下部分，将分析喀拉拉和孟加拉民族独立运动后期这个特殊历史时期里的"政治的相对自治"这个关键问题。我集中研究了一些政治斗争，在这些政治斗争中产生了两个左翼政党：喀拉拉邦的国民大会社会主义党（国社党）（CSP）、西孟加拉邦的印度共产党（CPI），我也特别关注这两个政党所采取的战略和策略对于决定下面两个问题的影响：（1）两个政党社会基础的差异；（2）这两个政党在两个地区政治势力的强大程度。

我集中研究了这两个政党三个方面的问题：政党领袖的社会出身、政党战略和策略、两个政党与社会运动之间的关系。我认为，在喀拉拉邦，国社党的领袖来自于反对种姓制度的社会改革运动之中，这一点非常重要，因为这将推动这些领袖把进行阶级组织活动的那些策略与广泛的社会改革结合起来。因此，尽管国社党名义上的政治目标与印度共产党几乎没有什么不同，但是，当印度共产党采取"联合下层群众"的政治路线时，国社党的实际行动和政治斗争实践却充分利用了在其成为左翼政党之前就已具有的那些经验。这些共同的斗争经验使国社党领导人之间具有一种凝聚力，这种凝聚力却是孟加拉邦共产党所缺乏的，这是因为，自建党以来，孟加拉邦共产党内部就存在着分裂。20 世纪 30 年代，通过参加国大党内部工作，喀拉拉邦国社党进一步强化了党的凝聚力。这些策略也有利于国社党充分利用 30 年代早期民族独立运动期间开始出现的那些政治机遇，当时国大党实力衰落、内部分裂。与国大党进行合作使国社党具有了广泛社会运动的特色，就是说，国社党被人们视为多面体社会运动的代名词，这种多面体社会运动的目标是从英国殖民统治者手中赢得独立、结束特拉凡哥尔和科钦王侯邦的君主统治、为穷苦农民和工人争取成人公民权和更多的经济权利、进行一系列反对地主阶级的激进运动。相比而言，无论是作为政党还是社会运动，孟加拉邦印度共产党的实力都要弱得多，它的主要成就是，在40年代建立了自己的社会基础，在1939年至1940年间使农民激进主义和工人阶级激进主义潜力得到了一定程度的强化。结果，孟加拉邦印度共产党的社会基础受到的限制远大于喀拉拉邦国社党。

第四节　20世纪初期喀拉拉和孟加拉激进主义运动的社会起源之比较

在喀拉拉邦，1934年最终加入国社党的领导人中，大多数人是作为反对种姓制度的积极分子而开始政治生涯的。主要得力于上层种姓中农和富农的支持，这些国社党领袖开始抨击他们认为已经过时的、令人难以忍受的一些社会习惯，诸如共同的家庭遗产制度、与外部世界的隔离、浪费习惯。[6]他们的批评因殖民统治扩展而受到制约，殖民当局进行的土地改革、商业化改革和官僚体制改革使下层种姓产生了一定程度的上进心。更重要的是，几乎在同一时期里，下层种姓也发起了反对种姓制度的激进活动，例如，特拉凡哥尔的伊扎瓦人、马拉巴尔的蒂雅人以及普拉亚人，他们领导了一系列社会运动，旨在结束贱民歧视风俗和种姓不洁风俗、取消对于使用庙宇和公共道路的禁令、改善下层民众的教育状况、扩大公民权利的一般范围。

下层种姓活动在其早期阶段（19世纪末至20世纪前20年）较为温和，目标是保障中产阶级普拉亚人和蒂雅人的教育水平、争取加入政府，但是在其后期阶段开始提出了一些激进性的批评。例如，1933年，伊扎瓦人运动出现了明显的分裂，一些更激进的青年成员寻求取消老的口号“一个种姓，一个宗教，一个神”，而以新口号“没有种姓，没有宗教，没有神”取而代之。1933年，一些激进青年组建了“全特拉凡哥尔青年联盟”，他们认为，伊扎瓦社会不同于印度教徒社会，这些青年中许多人试图皈依佛教。伊扎瓦人领袖K.埃亚潘（K. Aiyyappan）赞成武装斗争，他在一次有2 000名伊扎瓦人参加的集会上说：“俄国人推翻他们的皇帝因而获得了自由，所以，伊扎瓦人也必须战斗到底，直至再也没有扛枪的印度兵、手拿警棍的警察甚或印度王公。”(引自 Jeffry 1978, p.156)

与此同时，种姓制度改革的热情开始在一部分上层种姓中蔓延。E.M.S.南波迪利帕德(E.M.S.Namboodiripad)，原先是国社党领导人之一，后来成为一名共产党领导人，他积极参加 20 年代一个名为“青年南波迪里人协会”的社会改革组织。青年南波迪里人*(Namboodiri)的目标是，反对那些他们认为是种姓社会中封建习惯的活动、反对那些在西方式教育和进取心的新时代里已成为多余的封建迷信和封建习俗。一些觉醒的、常常(并不总是)遭到孤立的青年南波迪里人和纳亚人(印度南部喀拉拉邦一个高级种姓)(Nairs)(他们已经组建了自己的种姓协会，名为“纳亚人服务社团”)试图进一步扩大他们对种姓制度的批判所产生的影响。20 年代后期，婚姻改革法和家庭分割法付诸实施，种姓协会的一些最大目标已经实现。一些青年人开始寻找更加宽广的社会改革议题。

如同喀拉拉邦一样，孟加拉邦也出现了反对殖民统治的大规模政治活动，其斗争理念、斗争模式和斗争方法都超出了甘地主义的民族主义。但是，与喀拉拉邦的情况有所不同，这种激进的反殖民主义运动并非源自始于下层种姓的对本土种姓制度的批判，在孟加拉，代替那种激进的非国大党民族主义主流思想的，是武装斗争和社会密谋。1900 年，一些革命恐怖主义团体开始出现。在欧洲启蒙运动思想的激励下，城市中产阶级青年早在 19 世纪 70 年代就开始了革命政治活动，他们在一些大胆的袭击行动中投掷炸弹、拿起武器。到 1908 年至 1910 年间，在恐怖运动中最引人注目的是两个团体：约甘达(Jugantar)和“自我文化协会”(Anushilan Samiti)。它们通过武装斗争和严格的纪律鼓动革命。这些组织的基层单位是达尔(dal)，由一些完全忠诚于领导人并愿意为此献身的追随者组成。推动整个运动发展的“权威崇拜”，其一个重要影响是，当达尔领导人死后，整个团体即告解体(Gordon 1974, p.241)。约甘达是一个革命团体的松散联盟，缺乏“自我文化协会”那样的集中协调机构。最重要的是，复式恐怖团体(达卡“自我文化协会”拥有“接受其控制的几百个分支机

* 婆罗门种姓的一个亚种姓。——译者注

构”)极度碎片化,运动本身也就非常松散。[7]上述两个团体之间也进行激烈的竞争。在孟加拉民族主义运动的后恐怖主义阶段,这种激烈的竞争也出现于议会领袖之间。

20世纪早期喀拉拉和孟加拉出现的这些类型的激进主义团体、民族主义者团体与社会团体,不能仅仅归因于这两个地区社会构成上的差异。孟加拉现代历史学家们常常宣称,激进团体领导层的上层阶级化,是造成激进分子和那些被动员起来的普通群众之间出现极大距离的主要原因(Chatterjee 1984; Sarkar 1983)。但是,喀拉拉邦和孟加拉邦的鲜明对照揭示出,尽管这两个邦民族独立运动期间的领导层主要是由上层阶级人士构成,但是,这些领导层所代表的阶级类型却有显著差异。在喀拉拉邦,来自上层阶级的社会改革领导人已经开始质疑等级制度,并从事消除种姓特权阶级的事业,此外,喀拉拉邦没有孟加拉那样的城乡分裂,这也意味着国社党以及反对种姓制度的领导人关注那些他们能够进行组织动员活动的所有地区,因此,他们在某种意义上就比孟加拉城市积极分子具有更少的旁观者色彩。一方面,纳亚人和南波迪里人的领导人来自同一种族,他们会受到佃农的抵抗,这是由于佃农认为他们“不与佃农进行交流、强行非法征税、驱逐并将最终毁灭佃农”(Logan 1887/1951, pp. 231—232)。但是另一方面,基于同样的因素,他们可以获得贫苦农民的信任。只有首先打破种姓等级的障碍,才有可能进行组织农民加入农民协会的艰苦工作。高级种姓国社党成员显示了前所未有的诚意,与低级种姓成员亲密接触,并公开反对那些与种姓行为相关的陈旧规范。

在孟加拉,恐怖主义者以及那些任意而为者都来自于一些布扎罗克(bbdralok)——“值得尊敬的”人群,这些布扎罗克人群主要是土地贵族或专业技术人员和牧师。他们都是高级种姓,来自于三个高级种姓:婆罗门、卡亚撒(Kayasthas)和瓦迪亚(Vaidyas),他们虔诚地保持着种姓生活习惯,以体力劳动以外的其他方式谋生。20世纪里,布扎罗克发现他们自己陷入了混乱之中,其原因是:(1)英印政府将他们从行政管理、地方政府、半政府实体、法院和立法委员会中赶走;(2)土地收入下降;(3)孟加拉政治生活中穆斯林的影响上升。曾经有一个短暂的时间里,穆斯林的挑战使得布扎罗克转向印度教复兴运动,这种运动是恐怖主义团体活动的变形。但是当他们发现自己的影响进一步下降时，他们就从印度教复兴运动转向了共产主义（Franda 1971）。似乎很明显的是，与喀拉拉邦的那些积极分子相比，布扎罗克并没有获得组织群众运动的政治经验。

在某种程度上，上层种姓的布扎罗克是组织文盲农民的那些运动的精英主义旁观者，这一点是正确的，这种看法使一些学者产生了另一个特别的观点，这就是，政党成员的精英出身和精英态度可以解释孟加拉共产党的精英政治（Chatterjee 1986, pp. 177—181）。但是，有大量的证据表明，共产党人在组织孟加拉北部和中部地区穷苦农民和部落民方面是成功的，并在 20 世纪 30 年代后期和 40 年代成功地领导了黄麻工人和铁路工人的大规模群众罢工。

有些学者强调激进组织领导人的社会出身，与此不同，我主要关注的是，这两个地区激进组织采取的组织形式与政党与社会运动关系之间存在何种因果关系。孟加拉恐怖主义特殊组织形式的显著特征意味着：(1)运动的分裂，(2)对暴力行动和秘密地下政治工作的政治训练。暴力策略的使用反过来产生了另外一个结果：国家对恐怖团体的大规模镇压，国家持续威胁要消灭他们（Gordon 1974）。[8]躲过镇压的恐怖分子四散开来，有的甚至加入了各种左翼政党。与此相反的是，在喀拉拉邦，一批训练有素的积极分子从事反对贱民歧视与反对种姓制度的社会运动，20 年代最终形成了有凝聚力的领导集团，他们又成为国社党的核心领导层。他们在佃农、自耕农和工人中间实行的政治斗争策略——非常明显地体现在游行示威、游行进军和公共集会中——正是他们早期从事反对种姓歧视制度和剥削制度社会运动所采取的那些策略的扩展。

第五节 1934 年至 1939 年间民族独立运动后期左翼政党的战略

民主制度中政党的形成过程并没有受到那些政党研究学者的更多注

意，相反的是，关于政党羽翼丰满以后的政治活动的相关研究文献却有很多(Michels 1958；Panebianco 1988；Przeworski 1985)。我认为，在一个特定的历史紧要关头，当持有某些政治倾向和思想倾向的领导人和积极分子采取正式介入战略、并以某些特殊的方式联合一些特定的社会团体、但却不仅仅代表这些团体的利益的时候，政党就形成了。为了达到目标而采取的那些战略和策略具有独立的作用，并不依赖于政党赖以形成的社会基础，也不依赖于政党所造成的社会变化。这种理解政党形成的方法使我们能够注意到政党独立于社会结构的相对自主性。在印度民族运动后期的特殊历史背景下，由于受到由另一个政党——印度国民大会党主导的持续不断的民族独立运动这个宽广历史背景的影响，左翼政党的形成过程更加复杂。

国社党建立于 1934 年，是由那些被捕入狱的国大党党员组建的，这些党员对甘地对英国人的妥协以及国大党将大多数贫苦农民和工人排除在反对殖民统治的社会运动之外的精英主义策略大失所望，他们说："对于大多数群众而言，仅有政治自由是毫无用处的。"(Chaudhuri 1980，p. 31)他们决定，他们的任务是"使那些反对帝国主义的国大党党员脱离现在的资产阶级领导层，使他们接受革命社会主义的领导"。1935 年 12 月，在法兹普举行的国社党年度代表大会，同意国社党将"逐渐地、尽可能地改变它[国大党]的领导层的构成以及它的计划……并[推进]对国大党进行自下而上的全面改组"(Rusch 193，p. 251)。他们将在每个地区建立与国大党平行的办事处，扩大国大党党员数量，特别是要注意吸收大量的农民协会会员和工会会员加入国大党，并迫使国大党注意他们的要求。另外，这次国社党代表大会还决定，国社党将建立独立的农民组织和工人组织，并将国社党的计划与国大党结合起来。国社党将作为平行于国大党的政党而存在，在国大党内部独立取得政治力量，同时在功能上也完全独立于国大党。国社党相信，随着时间的推移，这种战略将促使国大党发生全面的改变。

这种战略为国社党提供了许多重要的有利条件。与国大党的联合使国社党参加到民族独立运动之中，而"国大党人"的头衔为其赢得了合法地位。与此同时，他们能够追求自己的群众动员事业和社会公平事业。

事实上，他们的事业并没有改变国大党的民族主义议程，而且，如后面所述，1939 年，国社党的领导成员与印度共产党再次结盟。然而，在整个 30 年代，与国大党共同行动的战略对国社党特别有利。

在马拉巴尔，参加过 1931 年至 1932 年公民不服从运动的政治犯大多数被释放，他们都是国大党喀拉拉邦分部的成员，这些人都加入了国社党。在狱中，由于与旁遮普和马德拉斯革命者的接触，这些人都已经变得更加激进。他们加入国社党的决定是一个自觉的行为，如同南波迪利帕德所解释的那样："毫无疑问，如果像国大党这样的庞大政治组织能够忠实于自己的政治决议，就能极大地增强国大党与各种工人团体和农民团体之间的关系。"(Namboodiripad 1976, p. 158)这些国大党成员决定加入国社党，意味着他们完全拒绝了其他选择，例如加入特拉凡哥尔南部特里凡得琅市的共产主义联盟。尽管他们"比我们对社会主义的基本原则具有更好的理解……但是，即使在他们的根据地，他们至今还没有开始组织工人工会和农民协会。他们也没有制定任何计划以增强国大党的力量、并以此作为巩固工人和农民运动的手段，即使是在他们的活动中心特里凡得琅市附近地区，他们建立基础广泛的共产主义运动的那些方法也是不成功的"(ibid., p. 159；我的推断)。

与此形成对照的是，在孟加拉，当一些政治犯于 1932 年被释放时，他们发现了一些左翼分子的政治领域，这个领域里有一些不同的政党：印度共产党、共产主义联盟、工党。尽管国社党于 1934 年在孟加拉建立了一个支部，但是这些前恐怖主义分子并不热衷于加入国社党，这是由于国社党与甘地主义方法、特别是其非暴力政策紧密合作的缘故。因此，这些人决定把印度共产党作为自己进行政治组织活动的工具。

印度共产党成立于 1920 年，早于国社党十多年。直至 1935 年，印度共产党还把国大党视为"反革命组织、英帝国主义的盟友"，并且认为"国大党左翼分子的鼓动是印度革命取得成功的最有害、最危险的障碍"。1935 年，在共产国际的强烈要求下，印度共产党的立场突然发生了改变，转向联合阵线政策。根据这个新政策，印度共产党将与国社党合作，参加民族独立运动并争取掌握运动领导权。至于加入国大党的理由，印度共产党认为它"必须利用国大党的内部状况，以积极地、持续不断地动员群众参加反对帝国主义侵略的斗争”(《共产主义评论》,1935 年 10 月)。但是,“毫无疑问,工人应该集体加入国大党”,或者“增强国大党的力量”(同上)。值得注意的是,印度共产党认为,孟加拉是一个“特例”,加入国大党将会“促使这个半封建的堡垒加速崩溃……在孟加拉,除了秘密工作以外再也没有其他选择,在国大党外衣下进行党的秘密工作,这是最好的办法”(同上)。

到 1937 年至 1938 年,孟加拉印度共产党已经站到了民族独立运动的立场上,与国社党并没有太大的差别。然而,他们付出了极大的努力以塑造和改变国大党。这个战略标示了喀拉拉邦国社党的成就。与此相反的是,在孟加拉,除了参加国大党以外,印度共产党几乎未做任何努力以促进民族主义运动。那么,这些战略选择与他们建立自身社会基础的能力以及取得政治影响力之间有何因果关系呢?

第六节 决定喀拉拉和孟加拉历史轨迹的结构因素和机构因素

1937 年,马德拉斯殖民当局注意到,在马拉巴尔“社会主义者……已经在各种各样的工人、理发师、船夫、汽车工人、城市清洁工和产业工业中积极组织工会”(《双周报道》,1937 年 9 月)。在国社党的支持下,一场武装农民运动在北马拉巴尔兴起,他们抗议非法征税、地租太高、穷苦佃农的土地使用权得不到保障。在特拉凡哥尔和柯钦,椰子工人、农业劳工和种植园工人中的各个工会迅速成长壮大,国社党也充分利用这个时机,在这些王侯邦确立了自己的独特地位。由于国大党有一个不插足王侯邦的政策,因此,国社党就成为卷入工人阶级社会动员活动的唯一政党,而且成为废除君主政体运动的领导者。1937 年,《政治家》杂志评论员注意到,与喀拉拉邦高强度的大众动员活动相反,在西孟加拉邦,“群众在观望着,没有什么组织,也没有参加政党政治”(引自 Gordon 1974, p.298)。

在喀拉拉邦,通过组织“马拉巴尔农民协会”(MKS)(从属于“全印农民协会”)，国社党于30年代就在小农、贫穷佃户和农业劳工中奠定了自己的选民基础。马拉巴尔农民协会的地方基层单位主要限于马拉巴尔北部地区(鉴于1921年莫普拉起义遭到的残酷镇压，国社党不可能引起马拉巴尔南部地区穆斯林佃农的兴趣)。在人口密集的马拉巴尔北部地区，佃农被迅速组织起来加入农民协会，例如，到1939年，齐拉卡地区有89个农民协会基层单位，拥有9 901个会员；在代利杰里地区和科塔亚姆地区，有68个地方基层组织，拥有5 900个会员；在科泽科德地区，有10 000个会员(《全国阵线》1939年4月14日)。这些年里，几乎所有经济部门里的工会其会员都有所增加。特别值得注意的是，在星罗棋布散布于特拉凡哥尔海岸的那些村庄里，国社党在这些村庄里的椰子纤维劳工之中建立了牢固的基础。[9]在阿勒皮地区椰子纤维工业的30 000名劳工中，据估计，1939年工会会员达7 400名，到1942年6月达17 000名。但是，国社党在此时期所进行的这些活动，其真正的重大意义并不仅仅在于建立了自己对于阶级动员的领导权，它本身也已成为各种社会运动的代名词。

在喀拉拉邦殖民地这三个地区：马拉巴尔、特拉凡哥尔、柯钦，1935年至1939年期间是社会运动快速发展的时期，各个社会阶层中越来越多的人参加到社会运动之中，他们持续不断地参加一系列抗议活动，包括反对地主所有制(例如反对地主强行非法征税、驱逐佃户、种姓主义压迫)、寺庙侵占农民土地、失业、工作条件恶劣、低工资等各种游行示威活动，以及反对特拉凡哥尔和柯钦的王侯邦体制、反对殖民统治的游行示威活动。在这些社会运动的发展过程中，国社党使用了一些独特的动员手段，其中特别引人注目的是列队游行。当时，喀拉拉邦农村居民居住分散，因此列队游行这种方式是非常重要的，因为这样可以吸引住在遥远地区的农村居民。安得拉邦农民领袖N. G.兰加曾评论过马拉巴尔农民协会的“特殊贡献”、周末“进军号”以吸引“来自数弗隆数英里外的成千上万家庭”中的农民的“特殊贡献”。[10]因此，国社党首次推动了各个地方之间的进一步联系，这对于建构一种全新的社会运动而言是至关重要的。

阅览室的使用成为联合工人团体和农民团体的重要手段。建立阅览室这种传统可以追溯到20世纪20年代的种姓协会，起初主要是为了增加这些协会的成员数。使用阅览室作为动员工具和组织工具，这反映了原先与种姓政治打交道的那些方式业已成为1934年之后的国社党领袖们的政治策略。国社党成员在许多村落设立阅览室，并通过农民协会把农民组织起来，例如：马拉巴尔北部坎讷诺尔的比迪烟工人协会，马拉巴尔西北部丛林地区的农民协会。国社党党报是一种激进报刊，也以这种方式发行。

在这个时期里，除了一些较小的政党、诸如共产主义者联盟以外，国社党是从事组织人数日益增多的家庭手工业工人、咖啡工人、橡胶种植园工人和农业劳工的主要政党。他们成功地在各个工业行业中建立了工人工会，然而最重要的是，他们在日渐衰落的椰子纤维工业中建立了工会组织，这是特拉凡哥尔工人最集中的行业。例如，1938年10月21日，国社党在阿勒皮和谢尔特莱这两个椰子纤维工业城市组织了一次总罢工。在工人提出的26项要求中，包括下列要求：赋予成人公民权、建立责任政府、废除《紧急状态法》、终止对媒体的控制、停止削减工资、鼓励用现金支付工资、确定最低工资、医疗救助和产期津贴、实行免费教育。建立责任政府这一要求——就是说要废除君主统治，并以议会民主制度取而代之——早就被特拉凡哥尔市情代表大会提出过，该代表大会由来自伊扎瓦社区、叙利亚基督徒社区和纳亚社区的一些专家和公职人员组成。然而，国社党却是以始终如一的和更富有战斗性的方式提出这个同样的要求。如此，国社党成功地把自己描绘成对正在进行的许多社会运动具有洞见的政党。

孟加拉邦印度共产党为何不具备喀拉拉邦国社党在1937年明白无误地表现出来的社会运动特征？我认为，为了理解这两个政党在两个地区所取得的“霸权”为何大不相同这个问题，我们不仅需要注意政党的宏观战略，也需要注意，在特定历史时期喀拉拉邦和西孟加拉邦特殊的背景里，这些战略是如何付诸实施的。这种特殊背景受到勾画这两个地区轮廓的农业结构和社会（种姓）结构的制约，但是，变革性社会运动不仅受到农业结构和社会结构的制约，而且也受到实施这些战略的历史时代的制约。喀拉拉邦国社党是一个有凝聚力的政党，其成员具有从事群众运动的丰富经验，然而在西孟加拉邦，印度共产党只具有从事秘密的地下恐怖主义活动的经验。由于印度共产党使自己丧失了进一步发展的可能性，就是说，1936—1937 年以前，他们从事的那些活动与民族主义运动毫不相干，因此，他们就错过了关键的历史机遇，而喀拉拉邦国社党则在 1934 年至 1937 年间抓住了这个历史机遇。

印度共产党直到 1939 年至 1940 年间才开始在西孟加拉邦发展农民运动。对于理解印度共产党的制约性因素而言，有三个关键的因素：(1)中农和富农对西孟加拉日渐淡化的阶级冲突所起的作用；(2)除了在北孟加拉邦以外，印度共产党没有能力(尽管有些不幸)利用经济大萧条后的形势在该邦其他地区建立自己的选民基础；(3)东孟加拉印度教徒与穆斯林的冲突。

在其研究殖民地时期后期孟加拉农村地区的重要著作中，博斯(Bose 1986)认为，孟加拉北部乡村地主和小佃农之间存在着尖锐冲突，这种冲突可以用来解释 1939 年至 1940 年间共产党领导的反对中农/富农的强大社会运动。与此相反的是，在西孟加拉，“拥有小块土地的农民和农业劳工之间的依赖关系……表现出一种强烈的倾向，可以削弱由各种独立的社会团体发起的社会抗议活动”(Bose 1986, p. 278)。把西孟加拉和马拉巴尔进行比较研究是非常有益的，我们可以看到，它们之间的差异可以解释各自的不同结果。在西孟加拉，富裕佃农和贫困农民/小佃农之间并没有什么冲突，这一点值得注意。与此相反的是，中农和富裕农民暂时成功地将贫困农民组织到反对殖民统治的运动之中，例如 1920 年 1 月反对实施农村税的抗议活动。1930 年 1 月，国大党开始把公民不服从运动扩大到农村，贫苦农民开始反对这些中农和富农。但是，国大党很快就介入其中，并试图使双方达成和解(Sanyal 1979)。与马拉巴尔相比，西孟加拉有两个重要问题得以显现：首先，中农和富农与贫农属于同一个低级种姓马西雅(Mahisyas)，国大党之所以能够成功地将他们组织起来，在很大程度上靠的是利用了马西雅人为了提高自身地位而发起的社会运动。马拉巴尔却不存在与西孟加拉相同类型的中农和富农：1930 年颁布的《马拉巴尔租赁法》随后被国大党废除，因此那些被组织起来的富裕佃农已经成功地赢得了变革的胜利；其次，与国社党在喀拉拉邦农民运动中居于支配地位有所不同的是，在孟加拉，则是国大党“右翼”支配着农民运动，并且在共产党人开始参与农民运动之前，他们就已经成功地建立了群众基础。博斯认为，孟加拉地主和小农之间的依赖关系会消除阶级冲突，这个观点很难得到认可。在马拉巴尔，这种依赖关系在 1934 年 5 月以前对于安抚农民确实起到了关键作用，但是，国社党在农村的出现却使这种依赖关系受到了挑战。在 30 年代的孟加拉，相对而言，印度共产党（或一个类似的组织）较少出现在农村，这至少可以部分解释地主和农民的这种依赖关系为何还能继续存在。

孟加拉西部地区相对平静，与此不同的是，1939 年至 1940 年间，孟加拉北部地区、主要是在迪纳杰布尔和杰尔拜古里，却是武装小佃农反抗尤提达*（jotedars）的地区。小佃农把全部收成收归己有，而且，还出现了一个广泛的“不交租”运动（Bhattacharyya 1978）。印度共产党代表小佃农与尤提达进行协商，以减少尤提达那些武断而又过分的要求，在这个谈判过程中，印度共产党扮演了关键角色，而且被当事双方以及殖民政府当局视为农村中的重要力量。然而，这似乎只是小佃农对尤提达进行武装斗争的准备阶段，无需任何外界推动力（同上）。

但是，印度共产党并不能维持这些斗争，也不能在农村组织可以从根本上挑战尤提达统治地位的社会运动。1939 年后期，第二次世界大战爆发时，印度共产党采取了新的政策，优先考虑由于战争所产生的革命的可能性，放弃了以前那种团结国大党左翼力量的政策。紧迫的任务是“革命性地利用战争造成的危机，争取获得民族自由”。1939 年 10 月，印度共产党政治局作出一个决议，决议认为：“夺取政权是当前最现实的目标。”这个声明造成的结果是“前所未有的针对印度共产主义运动的严厉镇压”。在北孟加拉，最新发起的农民运动立即遭到镇压，并被迫退却。农民领袖之一的苏尼尔·森回忆说，农民运动“最终被迫转入地下……阿比亚（adbiar）运动瓦解之后，很多人士气消沉”（Sen 1972, p.28）。

似乎自相矛盾的是，1939 年印度共产党控制的“全印农民联盟”遍布印度和孟加拉，在孟加拉，其成员从 1938 年的 34 000 人增加到 1943 年的 83 160 人，到 1944 年又增加了一倍，达到 177 629 人。大多数新增会员是

---

* 孟加拉的一个地主阶层。——译者注

在1942年7月之后加入的，当时，由于采取"人民战争"路线，印度共产党得到当局的认可而合法化，他们用这个路线与殖民当局的社会稳定政策进行交易，以获得合法地位。在此期间，虽然不能从事大规模的农民斗争运动，印度共产党却能够实现组织上的团结(Dhanagare 1983)。1943年4月，"孟加拉农民联盟"中的共产主义积极分子从事饥饿救助工作，设立了救助委员会和粮食合作社，在这个过程中，他们开始在穷苦农民和小佃农之中赢得了更多的支持，这体现在1946年7月小佃农们发起的著名的提拜格("三分之二")运动，小佃农们要求尤提达承认他们有权获得全部收获物的三分之二，因此，这场运动也被称为"三分之二"运动。这是一次强大的社会运动，在这次运动中有许多农民被警察部队杀害。在与殖民当局的斗争中，农民们失败了，到1947年，这次运动已处于衰落之中。

在东孟加拉，印度共产党在组织小佃农方面也取得了一些进展，然而，这个地区中印度教徒与穆斯林的冲突很快就消除了建立群众基础的任何可能性。东孟加拉的很多穆斯林农民都曾参加提拜格运动，他们逐渐被"穆斯林联盟"争取过去。

将孟加拉与喀拉拉作比较，突出显示了另外一个社会结构特征，说也奇怪，这个结构特征在孟加拉成为激进化和组织社会运动的障碍。与喀拉拉邦不同，孟加拉的种姓制度具有较少的等级制色彩。从历史上看，与印度其他地方不同，婆罗门印度教在孟加拉从来就没有扎下根，早在12世纪和13世纪，孟加拉的婆罗门们就与低级种姓一起进餐，并且还吃肉吃鱼。与喀拉拉邦一样的是，孟加拉的低级种姓也抨击婆罗门的风俗习惯，而且，在18世纪和19世纪，他们还进一步成功地削弱了统治阶级思想观念的影响。

与喀拉拉邦相比，孟加拉的种姓制度相对弱化，同时还存在社会分裂，这就意味着，种姓制度并不必然会成为阶级剥削的一种机制。尽管柴明达尔主要是婆罗门或高级种姓卡亚撒，但是尤提达却源自各个种姓，包括高级种姓和低级种姓的自耕农(Kohli 1989)。在孟加拉，柴明达尔和尤提达以地租形式或实物形式从低级种姓自耕农和佃农那里榨取剩余农产品，这并没有造成像喀拉拉低级种姓自耕农和佃农那样的极大的反抗心理以及社会地位的降低。

由于尤提达往往与贫穷佃农和小佃农属于同一种姓，种姓问题并没有像30年代之后的喀拉拉邦那样成为动员贫穷农民的重要因素。相反的是，西孟加拉的尤提达能够增强各类农民的团结合作，并引导他们参加反对殖民统治的集体政治斗争。然而，在北孟加拉，这里的尤提达和农业雇工或阿比亚之间存在着明显的阶级分裂，后者在40年代曾成功地组织了多次反对前者的运动。与此相反，在喀拉拉邦，具有讽刺意味的是，抑制了社会冲突的种姓等级制度，却导致了明显的阶级分裂。在此过程中，国社党扮演了重要角色，因为其高级种姓出身的领袖和积极分子们认为种姓和阶级在政治上是同一个问题，这就赋予这两个问题以双重意义。此外，喀拉拉邦高级种姓纳亚人和南波迪里人也参加了低级种姓争取扩大自身公民权的斗争，并表示反对种姓歧视，与此同时，在孟加拉邦，高级种姓中却没有出现这种摧毁种姓等级制度的动作。换句话说，在围绕种姓社会运动产生的政治和社会变化中，孟加拉并没有出现像喀拉拉那样的激进主义势力。

因此，相比孟加拉而言，喀拉拉邦国社党能够把种姓制度转变为有利条件。这种将垂直种姓制度转化为有利条件的过程，得益于农业无产者和非农业无产者的相对同质化，这种相对同质化很有可能产生明显的阶级对抗，就像马拉巴尔已经发生的那样。

我认为，有两个关键的机构因素使左翼组织有可能成功地利用喀拉拉和孟加拉民族运动后期社会结构产生的变化。第一，两个左翼组织以前的政治活动领域、它们曾从事过的激进运动的种类以及它们所采取的策略。孟加拉左翼组织主要采取精英恐怖主义策略，这就意味着，当喀拉拉邦国社党能够将自己建设成为一个有凝聚力的政党或党派的时候，印度共产党和其他左翼政党却处在高度分裂状态，1934年至1940年间，这些政党几乎接近消亡。第二，对于参加还是反对主流的民族运动、加入还是反对印度国民大会党所作出的政治战略选择，决定着每个政党利用历史机遇的能力，也就是利用1934年民族运动中政治机会的能力。迟至1936年7月，印度共产党才愿意加入国大党，1940年再次遭到当局的镇压，这就使它几乎没有多少时间在孟加拉扩大自己的影响。结果，到 40 年代，国社党和印度共产党在各自地区的霸权程度大相径庭。

第七节　共产党在独立后的喀拉拉和孟加拉新增的选民基础及其势力范围

1940 年之后，国社党和印度共产党又经历了很多变化。在喀拉拉邦，国社党的核心成员已经秘密决定要加入印度共产党，1939 年，经过与喀拉拉邦国民大会委员会中“右派”的一场激烈斗争之后，这些核心成员被喀拉拉邦国民大会党开除。喀拉拉邦大部分国社党成员加入了 1940 年组建的新印度共产党。1964 年，在西孟加拉邦，印度共产党分裂为马克思主义派[印共(马)]和“右派”(印度共产党)。因此，20 世纪 40 年代之后，喀拉拉邦和西孟加拉邦的主要左翼政党都已经改变了原来的正式身份。在喀拉拉邦，主要政党是印度共产党，而西孟加拉邦的主要政党则是印共(马)。

然而，就人员结构和政策而言，喀拉拉邦国社党和西孟加拉邦印度共产党有着直接的继承关系。实际上，1940 年以后，当喀拉拉邦国社党已经转变为印度共产党时，已经没有什么必要去区分他们的政治舞台，因为这两个政党都认为自己是共产主义政党。为了理解这两个政党之间产生的一个差别：为何喀拉拉邦印度共产党比西孟加拉邦印共(马)进行了更加广泛的社会福利立法活动，我们需要逆向上溯他们的发展过程直到 20 世纪 30 年代。尽管自 40 年代起，这两个政党宣布的政策目标非常相似，这两个政党的不同起源对其政策主张有着关键影响。

1948 年，经过一次短暂的暴力起义之后，印度共产党放弃了这些策略，开始走上议会斗争道路。自那以后，赢得选举胜利就成为印度共产党的政策核心。印度共产党实力强大，足以赢得 1957 年喀拉拉邦选举，但是，西孟加拉邦共产党人(当时是尚未分裂的印度共产党)直至 1969 年以后才开始增强自己的选举力量。如同一个观察者所说：“西孟加拉邦共产党人选举活动最突出的特点是，它的选举活动曾经非常有限”（Weiner and Field 1974, p.9）。1971 年，印共（马）最终赢得了选举[在印度共产党分裂之后，1964 年，印度共产党分裂为两派：左翼的印共（马）和右翼的印度共产党]，此时，它正与国大党进行激烈的竞选，为了迅速扩大选民基础，印共（马）进一步改变了政策主张。与此相反的是，赢得了喀拉拉邦 1957 年选举的印度共产党与公民社会的联系更加密切，相比其孟加拉同道而言，喀拉拉邦印度共产党与社会运动的距离更近，而且，其激进政策因其自身大众政党身份的推动而更加明显。几十年参与群众社会运动已经给喀拉拉邦国社党/印度共产党打上了挥之不去的印记，使它比孟加拉同道具有更大的实施广泛社会福利计划的能力。

注　释

1. 本文研究的是成立于 20 世纪 30 年代、40 年代或不久之前的政党，本文主要研究这个时间段。印度共产党成立于 1920 年，国民大会社会主义党成立于 1934 年。我主要关注的是这两个政党早期的建党纲领、政治斗争战略、革命哲学及其采取的斗争策略，最重要的是这两个政党对于国民大会党领导的民族运动、反殖民运动的不同态度。

2. 普莱沃斯基（Przeworski 1985：101）中肯地指出：“政党不仅反映了阶级结构或阶级利益……而且也表现出独立于阶级结构和国家制度的相对自主性。”

3. 参见 Varghese（1970），早在 1829 年，特拉凡哥尔就采取措施禁止地主驱逐佃户，只要佃户按期交付了应付款，地主就不得驱逐。1867 年王室公告正式认可了这一改革措施。1896 年条例赋予农民以优先占有公共土地的全部所有权，私人土地的佃户其租佃权得到完全保护。

4. 低级种姓佃农被迫使用了“令人厌恶的称呼语”以抗议高级种姓地主。

5. 一部分低级种姓就如同奴隶一般，他们的主人被授权“惩罚他们的倔强行为，这种可以用莫须有罪名惩罚低级种姓的权力得到大规模的滥用，即使是那些不是奴隶的人也常常受到威胁”。

6. 这个高级种姓组织（成立于 1908 年）宣称自己有四个主要目标：(1)允许所有南波迪里青年男子与社区内女性结婚；(2)学习英语；(3)废除妇女头着纱丽（面纱）的习俗；(4)允许寡妇再婚（Gopalan 1959）。

7. “目标、目的或方式方法几乎相似，但是各有自己的计划和忠实追随者。因为秘密团体只能在少数人中开展工作，他们不能冒险使用革命联合阵线的名义”（Gordon 1976, p.242）。

8. 1923 年秋和 1924 年早期，英国政府逮捕了一大批革命者，声称他们对法律和秩序造成了直接威胁。1932 年至 1934 年间，英国人成功地镇压了恐怖革命运动(Sarkar 1987)。

9. 椰子纤维是从椰子果壳获得的纤维。

10. N. G. 兰加:“毁灭马拉巴尔的体制”,《国民大会社会主义》,1939 年 1 月 22 日。

7

种族分类中的政党、社会运动与选民——美国诸州“多元种族”立法活动的结果

金·M.威廉斯

本文试图阐明的是，为何许多州议会在20世纪90年代开始考虑在关于学校构成、就业申请、出生证明和死亡证明的州法律文件中增加“多元种族”(Multiracial Category)的法律，并且，在一些案件中也开始适用这些法律。1992年至1997年间，有六个州颁布了多元种族法，类似的立法在其他五个州中也开始制定，有两个州以行政法规的形式认可了多元种族。然而直至1967年，美国还有十六个州积极执行禁止种族通婚的法律，有鉴于此，那么，各州此类立法活动的突然增加就显得特别引人注目。近30年之后，几乎又有相同数量的州已经考虑制定某些形式的多元种族法。

社会基层积极分子点燃了种族区分大辩论的火花，这些积极分子质疑种族分类的逻辑方式，他们认为，对于种族来说唯一纯粹的事情是种族的社会特征。多元种族参与的社会运动可以上溯至1988年，这些社会运动是由那些自认为是多元种族或有种族通婚关系(常常已经有了一个孩子)的人领导的，这些领导人认为，强行把他们和/或他们的孩子归入到任何一个单一种族里，都是错误的，也是对他们的侮辱。种族融合主义者强调，事实上，美国的多元种族人口正在呈幂数增长，而且，在增加的人口中，有数百万的美国人无法归类到官方对种族的强行分类里，种族融合主

义者认为，这个事实业已引起许多民选官员越来越多的关注和回应。

由于他们试图在2000年的人口普查中增加“多元种族”类型，多元种族社会运动积极分子和组织业已众所周知。尽管并未达到目的，这场社会运动却促使美国行政管理和预算局(OMB)作出了一个史无前例并引起广泛争议的决定，允许居民在2000年人口普查中“自行决定种族归属”(MATA)。但是，一个规模较小也没有什么人组织的社会运动怎么会引起社会如此的重视、而且实际上多元种族的社会地位问题竟引起了全国的注意？我认为，要回答这个问题，我们必须考虑多元种族社会运动在州级层面上的发展过程，这个问题多年以来未获探究。

本文是为数不多的研究多元种族社会运动的政治学文献之一，而且可能是唯一一篇研究州议会中多元种族政治问题的研究著作。在探讨多元种族的政治意义的研究文献中，人们极其重视联邦层面上的研究，但是，对于研究美国社会运动的学者来说并不奇怪的是，多元种族社会运动首先是在各州发展起来的，有大量研究文献论述了联邦制度在削弱挑战者或者将这些挑战者去组织化这些方面具有的优点。

研究州层面上的多元种族社会运动会产生出一些令人惊异的结果。我的研究显示出，各州之所以纷纷制定多元种族政策，其动机无法用民主党人和共和党人之间的分裂或者黑人和白人之间的分裂来加以解释，毋宁说，有更多不同寻常的因素在发挥着显著作用，这些因素包括多元种族的郊区化趋势、新一代黑人领袖和老一代黑人领袖之间的意见分歧、全州性多元种族(并不仅限于黑人)人口统计学的作用。

我通过以下几个步骤阐述本文论点：首先，我解释了在关于多元种族的政治策略方面，州议会与联邦政府有何不同；然后，我将这个问题置于更广阔的多元种族社会运动的背景下加以探讨：哪些人参加了这种运动？运动的目的何在？运动自何处发起？接着，我利用几种社会运动理论和当代美国政治学的一些研究文献，以评估那些用来解释这些问题的主流范式之间的不同之处；经过慎重考虑，我摒弃了一些相互冲突的解释范式，然后，我主张，要理解这些问题并对这些问题作最好的解释，就必须注意后公民权时代最新出现的阶级、种族和郊区化趋势。

第一节　主 要 议 题

一、联邦层面的议题

人们一直认为种族分类并不是一个问题，只到最近一些年来，我们才看到，围绕这个问题的广泛而持久的基层斗争在美国不断扩大。换句话说，人们并不是最近才发现种族并非一个生物学上的概念。新发现的问题是，“种族的社会结构”并不只是议会听证会的普通议题。多元种族首先是在各州成为极具争议性的事项的，这要极大地归因于一个事实：美国的种族统计是与一大批公民权法律和选举权法律的实施相联系的。20世纪60年代以后，关于种族和种族划分的资料为联邦机构广泛采用，以此监督公民权在各个领域的执行情况：例如就业、住房、抵押贷款和教育机会。种族统计资料不仅影响着物质资源的分配，而且也影响着政治权力的分配：《1965年选举权法》强制划定了一个允许多元种族集中行使选举权的政治范围，种族统计资料为《选举权法》的实施提供了依据。

从此以后，出现了支持或反对种族融合主义者事业的联盟：强烈反对在全国进行种族划分的组织有“全国有色人种协进会”(NAACP)和“拉美裔种族全国委员会”(NCLA)。它们之所以反对，是由于它们坚信：在人口统计中增加一个多元种族类型，可以减少“少数种族”的人口统计，例如，如果给以选择机会，以前曾被统计到黑人种族里的许多人会选择“多元种族”。这些组织认为，这不仅不会影响《选举权法》的有效实施，而且会逐步减少各州和联邦政府制定的针对多元种族的一些计划。与此相反，一些著名的共和党众议员联名支持多元种族的动议。我认为，这些议员把多元种族问题看作是再次削弱公民权的一种方法，而不是要促进公民权的进步。[1]

至少，在2000年的人口统计中，联邦政府内部就是否需要增加多元种族类型的争论已获解决。前面曾提及，1997年，美国行政管理和预算局曾作出一项具有争议性的决定，允许居民在2000年的人口统计中自行决定种族归属。尽管,准确地说,这并不是种族融合主义者想要的,但是许多多元种族社会运动(SMOs)[2]认为这是朝正确方向迈出的一步。行政管理和预算局要求公民权游说团体保证其行动程序不能危害既有的保护少数族裔的法律,有鉴于此,公民权团体也认为这个决定是一个合理的折衷方案。然而,“自行决定种族归属”只是一个权宜之计,在种族分类方面以及在快速更新美国人口统计资料方面难免存在逻辑缺陷。由此,我们不难得出一个结论,“自行决定种族归属”的行政决定只能被认为是一个开端,而不是终结;紧迫的问题是,需要进一步研究种族分类以及相关的物质和政治资源(Williams 2001)。[3]

二、州层面的议题

大部分关注多元种族社会运动的研究者的注意力都集中在联邦层面上,然而,在 1992 年至 1997 年期间,俄亥俄州、伊利诺伊州、密歇根州、马里兰州和佐治亚州都颁布了多元种族的法律。同一时期里,佛罗里达州和北卡罗来纳州都用行政法规形式增加了一个多元种族范畴,明尼苏达州、得克萨斯州、俄勒冈州和马萨诸塞州都颁布了多元种族法。[4]最后,加利福尼亚州提出了多元种族法律动议(但未获通过)。这些州的立法机构要求在州法律文件中,在关于学校构成、就业申请、出生和死亡证明中增加多元种族条款。但是,鉴于美国行政管理和预算局命令在全国性统计资料收集中正式使用种族分类方法,媒体对上述诸州的这些进展几乎未做报道,研究多元种族社会运动的相关文献也几乎完全忽略了这些进展。[5]这是为何?因为,若要得到联邦新闻机构的报道,那些自认为是多元种族的人必须“重新分解为”美国预算和管理局所规定的那些标准的种族类型。就此意义而言,在各州人口分类中增加多元种族类型,并不会造成实质性的问题或政治问题:联邦的资金和/或议会选举选区的结构不会有任何危险。

这个事实已经促进了对各州混合族范畴议题进行成功的包装,将其包装为仅关系到个人身份认同和意见表达的“没有什么害处”的一种方法。换句话说,在各州中,多元种族议题可能被认为是一个象征性代表权的问题。展望未来,分析各州进行的相关立法活动,使我们产生了一个更大的问题:究竟哪些民选官员最易于赞同这个国家应该毫不动摇地放弃单一类型的种族观念。

第二节　运动的特点

在过去十年里,美国各州中有四分之一(13 个)的州已经提出和/或颁布了多元种族法律,但是根据研究文献来看,学者们极大地忽视了对多元种族社会运动的研究。尽管如此,我在本文中并不打算详尽地阐述这种社会运动的历史和特点,我仅描述关于这种社会运动的组织结构和基本观点的一些最基本的要素。目前的多元种族社会运动,起源于 20 世纪 70 年代后期和 80 年代早期成立于西海岸地区的一些多元种族地方组织。1977 年之后,全国大约建立了 80 个多元种族组织,现在,其中有一些组织已经解散。目前,美国约有 40 个这类多元种族组织还在活动,另外,大学校园里还有约 50 个学生团体。尽管学生组织(集中在加利福尼亚州和东海岸的大部分地区)和一些较大规模的地方组织参与政治活动,但是多数这类多元种族团体更多是进行社会活动,很少提出政治主张。[6]

然而,1988 年,一些地方组织参与了建立"多元种族美国人协会"(AMEA)的活动,建立该协会是为了充当提出政治主张的保护伞,更主要的目的是推动人口统计局在 1990 年的人口统计中增加多元种族这个类别。"多元种族美国人协会"建立之后不久,另外两个全国性保护伞组织也建立起来:"种族计划"("平等地对所有儿童进行再分类")(Project RACE)、"我们的位置"(APFU)。我个人认为,这些多元种族社会运动的所有全国领袖大多数都是地方领导人。本文的研究揭示出,只有与上述三个多元种族保护伞组织中的其中之一有隶属关系的那些组织进行了一些政治活动。换而言之,如果要探讨种族融合主义者进行的政治活动,其答案就在于其隶属的保护伞组织的活动之中。

1997 年至 1999 年期间,我对一些多元种族社会运动的全国领导人进行了系列采访,在这些采访中,有一个反复提及的主题,那就是这些领导人对于与公民权运动有联系但又有所不同的多元种族社会运动(和/或他们在其中的作用)的看法。“多元种族美国人协会”最近一个前任主席拉姆纳·道格拉斯谈到:“我在70年代早期以后曾经是一名公民权运动分子,当三K党活动猖獗之时,我参加了向南方进军运动。如同大家知道的那样,我们[多元种族积极分子]改变了国家的种族结构。”[7]“种族计划”前主席苏珊·格雷厄姆(Susan Graham)说:“我们的目标是公民权和实现人人平等。”[8]另一个社会运动领袖卡洛斯·费尔南德斯(Carlos Fernandez)认为:“种族和种族混合的生物学视角才是种族主义者思维的基本点;这种观点体现在我们这个社会的失败以及社会机构不能正式承认种族混合之中,而种族混合是打破传统的社会分离的潜在基础。”(Fernandez 1992, p.133)请注意,种族融合主义者是如何巧妙地利用公民权运动的象征意义的,但是在这个过程中他们使自己表现得更加进步。

但是,如我们所知,多元种族社会运动真的像其领导人声称的那样确实改变了国家的种族结构?多元种族社会运动积极分子确实严重关注并积极参与反对制度化以及其他形式的种族主义?关于这些问题的证据是模棱两可的。1997年至1999年,在我对全国(40个州,约占全国的3/4州)一些多元种族社会运动团体的领导人的采访中,以及对华盛顿特区湾区、亚特兰大市、芝加哥市的一些团体进行的个案研究中(进行了50次访谈),我偶然发现了一些有趣的事实:

- 具有讽刺意味的是,尽管多元种族社会运动领导人声称多元种族是由那些“多元种族通婚后代的人”构成的[9],但是有很多多元种族的成年人没有参与多元种族社会运动。倒是有许多单一血统的父母为了其孩子而参加了这种社会运动。

- 在美国,亚裔与白人的通婚比黑人与白人的通婚要多得多,尽管如此,多元种族社会运动组织却几乎全是由黑人与白人通婚夫妇们组成的。

- 与人口统计局资料显示的结果相一致,在美国,绝大多数黑人与白人的通婚是黑人男性与白人女性之间的通婚。[10]多元种族社会运动组织反映了这种性别/种族的分布态势。

- 与大多数这类社会组织(例如关注家庭问题的地方组织)相一致,存在着性别差距问题,妇女往往比男人更易于成为这些团体的领导人。

● 就整体来看，大多数地方组织的领导人是居住在郊区的中产阶级。

所以，我们可以得出一个令人信服的事实：大多数多元种族组织事实上是由居住在郊区的白人中产阶级妇女管理的。进一步说，有47.5%的访谈者说他们的家庭年收入超过60 000美元；[11] 20%在45 000美元到60 000美元之间，只有10%的访谈者说他们的家庭年收入低于30 000美元。在受教育水平方面，50%的人至少获得了一个大学学位，其中，有30%的人获得硕士学位，只有6.3%的人说他们的正规教育只有高中文凭。

至于个人的政治态度问题，多数访谈者要么是民主党的坚定支持者(26.3%)、要么是民主党的普通支持者(41.3%)，对于采取积极行动，32.5%的人表示坚决支持，37.5%表示适度支持。然而，仅有30%的组织领导人表示在其社区中反击种族主义者是他们的首要任务，有鉴于此，很难把部分多元种族组织积极分子的这种自由主义观点作为证据，来证明他们支持建设一个更大的进步性平台，和/或证明他们是在地方多元种族社会运动组织之内还是之外来思考种族或阶级问题。进一步而言，53.6%的访谈者说，多元种族社会运动应当欢迎共和党人的支持，只有40%的访谈者说应当“警惕共和党人的支持”。

这些得自访谈的结论，似乎显然有悖于这些组织的全国领导人关于多元种族社会运动的社会政治抱负的言论，然而，所有这些领导人曾反复声称，多元种族社会运动具有消除种族隔阂、缓解种族紧张关系的潜在作用。尽管许多地方领导人对现实感到痛心，地方多元种族社会运动组织并不能吸引形形色色的追随者、甚至是自己组织内部的追随者。请看访谈得到的资料，当问及他们如何看待自己的种族归属这个问题时，56.3%的访谈者说自己是“白人”，22.5%的人说是“黑人”，17.5%的人说自己是“多元种族”，其余3.7%的人包括那些认为自己是亚裔美国人、拉丁美洲人、土著美国人或者是“人类”。

总而言之，当我们探讨地方多元种族社会运动组织的社会政治定位时，就出现了一个相当出人意料的景象。引人注目的是，这些组织的成年参与者并不自认为是多元种族，这些组织也不能吸引广泛的人群成为组织成员从而扩大组织基础(各个种族或者各个社会经济阶层)。这些组织在下列问题上也有分歧:"多元种族"的政治诉求应该是什么?它们应该欢迎哪些人作为盟友?哪些人不能成为盟友?更进一步地说,多元种族人能否或是否应该活跃在缓解种族紧张关系的最前列,这些组织对此问题的认识是模糊不清的。那么,多元种族主义者能够在短暂的时间里取得如此多的政治成功吗?

第三节 既有的理论及其解释模式

为了说明社会运动的发展问题,学者已经提出了一些理论,但是,甚少有学者致力于解释社会运动对于公共政策的影响。把社会运动造成的压力与政策结果联系起来已经不是什么新的想法,然而令人惊奇的是,直到现在,研究社会运动的学者还尽力避开这种方法,之所以如此,其原因在本书的引言里已经有所说明,这里无需再加重复,但是,还有一些同样重要的因素:直到 20 世纪 60 年代的美国社会抗议运动,认为社会运动是难以言状、不合理性的这种观念才有所改变。直到那时,许多分析者还认为,社会运动是根本反对并有别于有组织、有目的的行为的。这种思想定位几乎没有给严肃地思考和解释社会运动影响公共政策的方法留下什么空间。基于这个原因以及其他原因(包括:大多数分析者对社会运动的产生表现出更多的兴趣,对社会运动造成的长期制度化影响兴趣较小),社会运动的研究者常常忽视了社会运动的结果。

不幸的是,在光谱的另一端,对美国各州政治的研究仍然少于对联邦政治的研究。分析者偶尔也会分析社会运动对州立法政策的制定产生的影响,然而研究美国各州政治的文献并未更多地关注这种影响,其原因在于:(1)难于获得各州的比较性资料(有些州的立法机构比其他州更加专业化,在详细分析立法过程时,这些资料在适用性上会产生巨大偏差);(2)在解释州政策制定的影响因素时,研究美国各州政治的分析者明显倾向于强调内因(例如强硬派阻挠立法、政党之间的竞争)比外因(社会运动、利益集团)重要。我特别关心的理论问题是社会运动和州立法结果之间的交互作用，这种作用在既有的任何一种研究著作中都没有得到重视，不过，相关文献为我们提供了有力的理论线索。下面，我将依次探讨一些最有益的理论和方法，并用适当的资料来评估这些理论和方法的有效性。

一、资源动员论

社会运动研究中的资源动员（Resource Mobilization, RM）分析法在20世纪70年代达到鼎盛时期，这种分析法强调社会运动和运动组织所掌握的组织资源和物质资源的重要性，资源动员论认为，占有资源优势（就是说，有大量的金钱和成员以及相对较高的内部专业化水平）的社会运动组织具有最多的成功机会，对于我们的研究来说，这种分析法值得参考，因为在多元种族社会运动提出的主张和州立法结果之间存在着某些联系。多元种族社会运动于80年代后期和90年代早期提出了自己的政治主张，在此以前，在某些州议会里还没有产生正式认可多元种族的任何动力。因此，我们必须认真考虑一种可能性，那就是，作为其组织资源和物质资源的应变量，多元种族者的努力程度可以作为其相应成果的最好解释。

表 7.1　美国的种族融合趋势

年　份	种族通婚数量（百万对）	年　份	选择“其他”作为自己的种族类型的人的数量（百万）
1960	0.2	1960	0.2
1970	0.3	1970	0.7
1980	1	1980	6.8
1990	1	1990	9.8
1993	1.2	—	—
2000	1.4	2000[a]	15.3

[a] 注：在2000年人口统计中，“其他人”已经变成“一些其他种族”。

资料来源：苏珊·麦克马纳斯（Susan MacManus）、劳伦斯·莫尔豪斯（Lawrence Morehouse）：《重新划分二十一世纪的种族》，转引自乔治亚·珀森斯（Georgia Persons）编著：《种族与代议制政体》（新泽西州新布伦维斯克商务出版社1997年版，第122页）；美国人口普查局（1960年、1970年、1980年、1993年、2000年）。

由于资源动员论强调现实资源和潜在资源的重要性，应用这种分析架构去进行案例研究，首先就要特别注意：在过去的40年中，自我认同为多元种族的美国人和美国家庭呈幂指数增加。如表7.1所示，在过去的几十年中，多元种族社会运动最有可能吸引到的美国人的数量急剧增加。尽管美国种族通婚家庭的数量仍然只是一小部分，但是我们在研究中不能忽视这种重大变化。当前，有四分之一到三分之一的日裔美国人的婚姻是涉外婚姻，美国人与外国人的婚姻数量多于美国人之间的婚姻，1970年以来黑人与白人之间的婚姻已经增加了300%（Hollinger 1995, p.42）。美国人口普查局承认，“美国种族和民族的数量正日益增加，对种族和民族的看法也在逐步改变”，这已经致使美国目前的种族分类模式“有过时的危险”（Edmonston and Schultze 1995, p.140）。

另外一组数据也支持资源动员论分析范式：在过去的20年里，多元种族社会运动组织的数量日益增加。1977年，全国仅有一个活动的多元种族组织，该组织名曰“我引以为荣”，位于加利福尼亚州伯克利市；1984年，全国约有12个此类组织；1994年，增加到20个；1999年则达到40个。[12]尽管这些组织中有的已经解散，然而总的趋势是，多元种族组织的数量一直在持续增加，增加最快的时期是1994年至1999年，这个时期恰好是许多州开始考虑增加多元种族法规的时期。同样重要的是，20年来，大多数多元种族组织掌握的资源有所增加（尽管增速较慢），在成员数量、专业化水平和资金储备方面均有所增加。[13]

然而，在州政策制定方面，尚无证据表明多元种族社会运动积极分子能够用其掌握的上述潜在资源改变州种族政策。因为，如果确有这种改变的话，我们应该可以发现相应的证据，以证明至少会出现下面两种趋势中的一种：(1)那些多元种族比例最大的州（多元种族掌握的潜在资源也较多）更有可能成功地改变州种族政策；以及/或(2)存在着最强大的多元种族团体的那些州（多元种族掌握的实际资源也较多）更有可能成功地改变州种族政策。

然而，表7.2表明，州种族政策与多元种族具有的潜在资源或掌握的实际资源之间并没有可以识别的关系模式。简而言之，资源动员论分析范式对于我们解释州种族政策的制定几乎没有什么帮助。之所以这样说，是考虑到以下这些事实：

● 在通过了多元种族立法的八个州中，只有两个州存在着强大的并积极从事政治活动的多元种族组织（伊利诺伊州和佐治亚州）。

● 在这两个州的其中一个州里（伊利诺伊州），主要的积极活动分子并不是某个多元种族组织的成员。

● 在要求增加多元种族立法的各州里，宣传活动规模最大的是佐治亚州，但是，在佐治亚州府大楼台阶上举行的一次集会，仅有大约 20 名支持者，这就是该州种族融合主义者能够集聚的“公众压力”的程度。

● 在提出和/或通过了多元种族立法议案的十三个州里，有五个州的地方多元种族团体在提出立法议案的过程中没有发挥任何作用（印第安纳、北卡罗来纳、佛罗里达、俄勒冈、马萨诸塞）。

表 7.2　多元种族、多元种族州以及多元种族社会运动组织的力量状况

（以州为单位）

州	是否多元种族州	是否有强大的多元种族团体	政策结果
俄亥俄	否	是	成功
伊利诺伊	是	是	成功
佐治亚	否	是	成功
印第安纳	否	否	成功
密歇根	否	否	成功
马里兰	否	半	先失败后成功
北卡罗来纳	否	否	成功
佛罗里达	是	否	成功
明尼苏达	否	否	悬而未决
俄勒冈	否	否	悬而未决
马萨诸塞	否	否	悬而未决
得克萨斯	是	半	悬而未决
加利福尼亚	是	是	失败

注：我对多元种族州下的定义是：该州至少有两个或两个以上的多元种族团体，每一个至少要占总人口的 10%以上。

资料来源：美国人口普查局（2000 年）。

美国的混血人口快速增长，多元种族组织的成员数量也已迅速增加，尽管如此，我们还是不能把州种族政策解释为是由这两个原因造成的。

有充分的证据表明,多元种族组织的资源并不能解释任何一州的多元种族立法问题。那么,我们再分析另外一种可能有用的分析范式:政治过程论。

二、政治过程论

如同资源动员论一样,政治过程论也注意到了多元种族的忿忿不平以及既有的组织资源的重要性,但是,政治过程论强调政治机遇的实用性,认为政治机遇为多元种族社会运动提供了某些成功的愿景。换句话说,资源动员论和政治过程论之间的主要差别在于,政治过程论认为多元种族立法运动所处的制度结构是其时机和命运的关键因素,而资源动员论则更强调组织团体内部资源的重要性。不幸的是,在最近的研究文献中,“政治机遇”这个概念已经被扩展了,以致包括了范围更广的“机遇”,这就使这个概念原有的内涵有失去分析价值的危险。因此,我这里所说的“政治机遇”是指其原初内涵,就是说,政治机遇是由结构变化和权力转移而形成的。这就要求注意到精英的作用,特别是要注意到:(1)竞选同盟是否稳固;(2)是否存在其他精英联盟(McAdam 1996)。

首先来探讨竞选同盟问题,在这个问题里最显著的变化是 1994 年各州议会里发生的权力转移。乍一看来,那年共和党在州议会里的优势地位似乎可以解释立法结果,这是因为,共和党议员似乎比民主党议员更加支持种族立法,因此,我们就会理所当然地认为,我们可以在各州发现相似的党派模式。然而表 7.3 却表明,很难把各州的种族立法活动解释为是由于 1994 年各州议会中党派权力转移的作用。

表 7.3 揭示出两个事实:首先,提出议案的民主党人(9 人)远远多于共和党人(2 人);其次,绝大多数州议会对多元种族立法进行的记名投票,都是一致同意或近乎一致同意。对这两个事实我不想长篇大论,但是现在需要强调的关键问题是:具有决定性意义的是,提出种族立法议案的民主党人比共和党人要多得多,有鉴于此,我们不可能认为各州种族立法是由于共和党人在 1994 年选举中的强大影响而造成的。而且(只有密歇根州众议院和俄亥俄州参议院例外),记名投票结果表明,很难把这个结果归结于各州的党派结构。

表 7.3 多元种族立法:政党发起人和州议会记名投票结果

州	议案发起者及其所属政党	州长所属政党	记名投票结果
俄亥俄 (1992 年通过)	民主党 (撒辛斯基)	共和党	90 比 7(州众议院) 19 比 12(州参议院)
佐治亚 (1994 年通过)	民主党 (艾伯内西)	民主党	175 比 5(州众议院) 52 比 0(州参议院)
印第安纳 (1995 年通过)	共和党 (瑟弗)	民主党	99 比 0(州众议院) 47 比 0(州参议院)
密歇根 (1995 年通过)	共和党 (沃西斯)	共和党	62 比 41(州众议院) 34 比 2(州参议院)
伊利诺伊 (1996 年通过)	民主党 (卡罗尔)	共和党	115 比 0(州众议院) 53 比 0(州参议院)
加利福尼亚 (1996 年提出)	民主党 (坎贝尔)	N/A	N/A (未投票表决)
明尼苏达 (1997 年提出)	民主党 (贝佐尔德)	N/A	N/A(未提出表决)
俄勒冈 (1997 年提出)	民主党 (贝伊尔)	N/A	N/A(未提出表决)
马萨诸塞 (1997 年提出)	民主党 (基廷)	N/A	N/A(未提出表决)
得克萨斯 (1997 年提出)	民主党 (埃里斯)	N/A	N/A(未提出表决)
马里兰 (1998 年通过)	民主党 (希里)	民主党	124 比 10(州众议院) 46 比 0(州参议院)

注:北卡罗来纳州和佛罗里达州是通过行政法规方式实施种族立法的,没有进行议会表决,也没有议案发起者。

再来探讨是否存在其他精英联盟或反对派问题,多元种族社会运动得到两个全国性的著名组织和政治团体的支持:一个是“自由党”,另一个是“日裔美国公民联盟”(JACL)。另外还有一些名气较小的组织也支持多元种族社会运动,包括下列组织:明尼苏达州明尼阿波利斯市的“种族交流国际协会”;密歇根州泰勒市的“结束种族主义全国联盟”;密苏里州圣路易斯市的“结束种族主义”。大多数这类外部精英联盟以及外部精英反对者联盟(包括最著名的“全国有色人种协进会”、“全国城市联盟”、“拉美裔种族全国委员会”、“美国印第安部落全国联盟”)都把精力主要用于联邦范围的势力扩张,基本上忽视了在各州推进种族立法活动。

尽管外部精英联盟和精英反对者联盟都主要关注联邦范围的势力扩张,我们仍然有理由相信,它们的活动会对我们这里考虑的州种族立法的发展有直接或间接的影响。然而,在这些支持的时机选择方面,“自由党”和“日裔美国公民联盟”直到1977年才开始对种族融合主义者表示支持,而这时已经有许多州成功地颁布了种族立法。而且,这两个组织并不赞成种族分类。“自由党”试图在所有的政府机构中消除种族区分,不赞成进行种族分类,“自由党”全国主席史蒂夫·达斯巴什1997年在一篇新闻稿中写道:“如果数百万美国人拒绝接受政府的种族分类,那么,美国种族隔离的政客结构就会土崩瓦解。”[14]简而言之,自由党认为种族融合主义者的事业是朝向结束那种基于种族优越论的“政治体制”[15]迈出的一步。

“日裔美国公民联盟”对于在2000年人口统计中增加一个新的种族类型也不表示明确的支持,但是与自由党的理由有所不同。“日裔美国公民联盟”支持美国行政管理和预算局提出的“自行决定种族归属”的决策,认为这是走向“承认多元种族有真实而准确地进行身份认同的权利,而又不伤害少数族裔为了争取公民权而准确上报种族归属资料”的一个步骤。[16]换句话说,“日裔美国公民联盟”的支持必须看作是对“自行决定种族归属”决策的支持,而不是对人口统计中增加一个种族类型的支持。而且,这些支持是在许多州已经通过了种族分类立法之后才作出的。

三、政党控制论

在这方面,并没有令人信服的证据表明,是多元种族社会运动组织本身的力量还是竞选联盟或外部精英联盟,可以为我们解释州政策结果提供有效的解释模式。我也注意到了政党控制论,这是美国政治学文献中一个主流的分析范式,然而这种分析范式也有缺陷。表7.4表明,在多元种族立法议案提出或表决期间,民主党对各州议会保持着弱控制。然而,只要比较一下1990年至1998年间各州控制议会的政党的一般情况[17],我们就会看出相同的模式:民主党控制了进行多元种族立法活动的那些州议会的多数议席，而且，民主党也控制着所有这些州州议会的多数议席。总的来说，种族分类立法的动力并不能有政党控制论来解释。

表 7.4　政党对州议会的控制情况

议会年代	州	众议院		参议院		州长所属政党
		民主党	共和党	民主党	共和党	
1996 年	加利福尼亚	54%	46%	63%	38%	共和党
1994 年	佐治亚	64%	36%	64%	36%	民主党
1996 年	伊利诺伊	51%	49%	47%	53%	共和党
1995 年	印第安纳	44%	56%	40%	60%	共和党
1997 年	马萨诸塞	84%	16%	85%	15%	共和党
1998 年	马里兰	71%	29%	68%	32%	民主党
1995 年	密歇根	49%	51%	42%	58%	共和党
1997 年	明尼苏达	52%	48%	64%	36%	共和党
1992 年	俄亥俄	54%	46%	39%	61%	共和党
1997 年	俄勒冈	48%	52%	33%	67%	民主党
1997 年	得克萨斯	55%	45%	47%	53%	共和党
1990 年 8 月	美国平均数	55%	45%	55%	45%	

注：本表显示了提出或通过多元种族立法议案期间各州议会的政党控制情况。北卡罗来纳州和佛罗里达州是用行政法规的方式实施的，没有进行议会表决，也就没有议案发起者。

资料来源：《美国统计摘要》(1998 年、2001 年)。

第四节　新联合、新分裂：郊区化与多元种族趋势

以上探讨的各种解释模式中，没有一种可以系统地应用于解释各州提出多元种族立法议案和/或其随后命运的内在动力。为了探索更好的解释模式，我首先注意到以上探讨的各种解释模式都不能使我们想到的这样一个因素：多元种族的郊区化趋势以及随之出现的分裂。我们在各州都能发现的一个常量是，只有当议案发起人代表的是郊区中产阶级选民的时候，多元种族立法议案才会得以提出。

表7.5提出了一些有意思的问题:为何那些代表郊区富裕选民的议员最倾向于支持多元种族立法?为何这种支持会超越种族和政党界限?我们如何才能超越议案发起者以获得对这种立法结果的理解?这些问题的答案应该首先在当代美国的郊区化特征中寻找。

表7.5 多元种族议案提出者所在选区的阶级/种族构成、距离该选区最近城市的阶级/种族构成

州	议案提出者及其种族/党派	议案提出者所在选区中等家庭收入水平和黑人人口比例[a]	距选区最近大城市中等家庭收入水平和黑人人口比例[b]	
佐治亚	艾伯内西	39 221美元	22 275美元	亚特兰大
	黑人/民主党	80%黑人	67.1%黑人	
伊利诺伊	卡罗尔	41 141美元	26 301美元	芝加哥
	白人/民主党	3%黑人	39.1%黑人	
马里兰	希里	45 407美元	24 045美元	巴尔的摩
	黑人/民主党	41%黑人	59.2%黑人	
印第安纳	瑟弗	41 497美元	29 006美元	印第安纳
	白人/共和党	3%黑人	22.6%黑人	波利斯
密歇根	沃西斯	33 453美元	18 742美元	底特律
	白人/共和党	11%黑人	75.7%黑人	
俄亥俄	撒辛斯基	45 790美元	21 006美元	克利夫兰
	白人/民主党	2%黑人	46.5%黑人	
加利福尼亚	坎贝尔	65 914美元	30 925美元	洛杉矶
	白人/民主党	2%黑人	14.0%黑人	
明尼苏达	贝佐尔德	45 627美元	25 324美元	明尼阿波
	白人/民主党	1%黑人	13.02%黑人	利斯
马萨诸塞	基廷	57 779美元	29 180美元	波士顿
	白人/民主党	1%黑人	25.6%黑人	
俄勒冈	贝伊尔	27 093美元	25 369美元	尤金
	白人/民主党	1%黑人	1.25%黑人	
得克萨斯	埃里斯	29 872美元	26 261美元	休斯敦
	黑人/民主党	14%黑人	28.1%黑人	

注:所有选区均为郊区选区。佛罗里达州和北卡罗来纳州未包括在内,因为这两个州是用行政法规方式制定多元种族法规的。

[a]资料来源:巴龙(1998年)。

[b]资料来源:美国人口普查局(1994年)。

尽管人们一般认为美国郊区基本上是白人居民，而且大多数是保守的白人居民，但是人口统计资料却推翻了这些假设。在最近几十年里，中产阶级多元种族和工人阶级多元种族正在越来越快地离开市区，“从1980年到1990年，美国各州郊区黑人人口平均增加了34.4%，郊区拉美裔人口平均增加了69.3%，郊区亚裔人口增加了125.9%（同时期郊区白人人口增加了9.2%）”（McManus and Morehouse 1997，p.119）。到2000年，在人口超过50万的大都市里，超过一半（54.6%）的亚裔美国人、将近一半（49.6%）的拉美裔美国人、近乎40%的黑人都居住在郊区（Frey 2001）。

这种郊区化趋势与州种族政策之间有何关系？上述关于议案发起者所在选区的阶级和种族构成的资料，加上最近城市的比较性数据，可以证明一个非常有说服力的论点：只有代表下列两类州议会选区之一的议员才会提出多元种族立法议案，这两类选区是：

● 选区类型1：有大量或中等数量黑人中产阶级的富裕郊区选区（佐治亚州，马里兰州、密歇根州、得克萨斯州）；

● 选区类型2：黑人居民极少的富裕郊区选区（伊利诺伊州、印第安纳州、加利福尼亚州、明尼苏达州、马萨诸塞州、俄亥俄州、俄勒冈州）。

这就让人想起，各州多元种族立法在很大程度上仅仅是一种象征性姿态，这就解释了在各州中围绕这个问题的党派冲突和政治冲突一般来说很少发生的原因。但是，为何这种象征性姿态在某些情况下根深蒂固？在关于支持或反对议案的更大范围的模式方面我们可以从中学到什么？

一、选区类型1

毫不奇怪的是，这些有大量或中等数量黑人中产阶级的富裕郊区选区（亚特兰大、巴尔的摩、休斯敦）紧邻有着大量或中等数量黑人人口的城市。这些城市中的黑人移居郊区的比率比底特律市黑人要高得多，而且，包括底特律市在内，这些城市中黑人移居郊区的比率远高于美国平均水平。此外，表7.6显示，在属于选区类型1的多元种族中并非只有黑人移居郊区的速度超过全国平均水平。在亚特兰大、巴尔的摩和休斯敦郊区，拉美裔和亚裔人口的增长速度比整个郊区人口的增长速度要快得多。最后，这些事例(不包括底特律)包含了我们已知道的提出多元种族立法议案的黑人议员的所有案例。

表 7.6 多元种族的郊区化趋势

中心城市	郊区拉美裔人口增长率(1990—2000年)美国平均增长率：72%[a]	郊区黑人人口增长率(1990—2000年)美国平均增长率：38%	郊区亚裔人口增长率(1990—2000年)美国平均增长率：84%
亚特兰大	403.8%	97.8%	169.7%
巴尔的摩	78.5%	55.9%	72.1%
波士顿	75.4%	39.2%	91.1%
芝加哥	250.8%	101.8%	105.1%
克利夫兰	247.2%	44.0%	59.5%
底特律	42.6%	46.3%	91.9%
尤金	111.3%	11.5%	11.9%
休斯敦	101.4%	53.9%	94.3%
印第安纳波利斯	263.2%	263.2%	172.7%
洛杉矶	28.7%	2.1%	28.8%
明尼阿波利斯-圣保罗	161.3%	156.0%	113.3%

注：郊区 = 城市主要统计区域(PMSA)(或城市统计区域)减去中心城区，明尼阿波利斯市和圣保罗市并为一个中心城市来考虑。

[a]资料来源：约翰·刘易斯·芒福德城市和地区比较研究中心：《美国城市郊区的新种族》(2001年6月9日)。

多元种族立法议案很有可能是由代表大量或中等数量黑人中产阶级的议员提出的，这是选区类型1的基本释义。但是，有证据表明，除了要有一个关键性的较大数量的黑人中产阶级以外，多元种族立法议案(对选区类型1而言)最有可能产生于由年轻的“新生代”[18]黑人议员主导的选区，这些新生代黑人议员代表的是发展迅速、种族多样的郊区，紧邻高速增长的都市地区。在选区类型1里，黑人议员和/或黑人议员所在选区最易于在州议会中提出多元种族立法议案，这是普遍情况。此外，表7.7从相反的角度为此提供了佐证：在那些反对议案的议员所在的选区，几乎没有代表有着大量贫穷黑人的城市选区(中心城区)的老年黑人议员。

表 7.7　支持者和反对者所在选区的特点

州	支持者及所在选区		反对者及所在选区	
马里兰	希里	45 407 美元	波士顿	29 345 美元
	第 22(众议院)	41%黑人	第 41(众议院)	84%黑人
密歇根	沃西斯	33 453 美元	沃恩	18 602 美元
	第 77(众议院)	11%黑人	第 4(众议院)	88%黑人
俄亥俄	撒辛斯基	45 790 美元	马洛里	20 230 美元
	第 46(众议院)	2%黑人	第 31(众议院)	60%黑人
得克萨斯	埃里斯	29 872 美元	杰弗逊	21 223 美元
	第 13(众议院)	14%黑人	第 143(众议院)	45%黑人

资料来源:巴龙(Barone 1998)。收入水平是指选区内所有居民的平均家庭收入。

由于资料很少,超出这些资料之外去进行概括是不可能的。然而,反对者都是老年黑人议员,一般来说,这些老年黑人议员往往易于受到传统公民权问题的激发。[19]我想,我们能够从表 7.7 中看到初步的证据,这些证据表明在全国各州的选举和地方选举中出现的分裂开始表面化,而且,随着时间的流逝,这种分裂很可能会改变各州的多元种族政策(随着老一辈黑人议员的退休或因其他原因离职)。这种分裂与多元种族内对于有关问题的争议日渐扩大有关,这个问题是:多元种族的利益是什么? 换句话说,我觉得,一般而言新生代黑人议员更倾向于支持多元种族立法,因为他们对于公民权问题的看法与老一辈黑人议员有所不同,而且他们更倾向于采取两种族联合策略。

在本文下面部分也就是最后部分,我将探讨多元种族的利益问题和新的分裂问题。然而,我首先要仔细审视底特律市这个个案,该个案是个例外、在选区类型 1 里特别显眼:底特律黑人人口的郊区化水平低于选区类型 1 中的其他城市,在其他两个多元种族中至少有一个(拉美裔或亚裔)其郊区化水平低于平均水平,而且,议案发起者是白人共和党人。我归纳的选区类型 1 不能解释为何我们还是看到多元种族立法出自底特律郊区选区,尽管如此,毫不奇怪的是,此后底特律市围绕多元种族议案而产生的冲突较之其他城市而言显得特别集中,这在密歇根州议会记名投票中得到明显反映。该州黑人众议员埃德·沃恩(Ed Vaughn)带领部分议员反对多元种族议案，在本文作者进行的一次电话采访中，众议员沃恩对该州多元种族议案发表了如下意见：

> 表面看来，这个议案并无害处，但是，有一些灵魂肮脏的人试图剥夺黑人的权力。我本人坚决反对这个议案，我认为，这个议案就是要摧毁黑人的经济权力。在我来以前一些[密歇根州]黑人议员热烈欢迎这个议案。许多黑人不想成为黑人。阿伯内西[Abernathy，佐治亚州多元种族议案的发起者]为何要支持这种议案？阿伯内西糊涂了。这些黑人都糊涂了。如果我能与阿伯内西谈谈，我将会改变他的想法。这个议案在其他州之所以没有引起争议，是因为其他州没有我这样的人。[20]

尽管底特律市并不符合我所归纳的选区类型1，但是它证实了我所说的在老一辈黑人议员和新生代黑人议员之间产生的潜在分裂。在沃恩看来，新生代黑人议员糊涂了，而在阿伯内西看来，老一代“生活在过去”。[21]

二、选区类型2

第二类选区典型地代表了人们对于郊区的普遍看法：相比中心城区来说特别富裕、居民中白人比例特别大。就郊区与中心城区居民的收入悬殊而言，选区类型2与选区类型1具有类似之处，尽管如此，两者的类似之处也仅此而已。并没有什么主要特征可以归纳选区类型2中的议案发起者，唯一可能的一致之处是，多数议案发起者是来自更加自由/进步的各州的白人民主党议员，加利福尼亚州、俄勒冈州、马萨诸塞州、明尼苏达州符合这个特点；而印第安纳州、俄亥俄州、伊利诺伊州则不符合。[22]我将此讨论暂时搁置一边，因为种族类型模式和这些州的自由主义色彩多寡问题将在本文结论部分详加分析。

第五节　从议案发起到立法结果

尽管提出多元种族立法议案的是代表中产阶级郊区选区的那些议

员，但是这些议案的成败最终要依赖于所有议员的投票表决。在探究从议案发起到立法结果这个过程中，把多元种族立法议案作为议会反映灵敏度的晴雨表、至少是对于多元种族利益的象征性态度的晴雨表，这是有益的。以此为主题进行概念推演，使我们能够把这个问题的研究与范围更广的关于多元种族代表的研究文献联系起来，这种研究从根本上关系到对民选官员是促进还是阻碍多元种族利益的条件的理解。[23]

尽管关于多元种族代表的研究资料为我们指出了正确的研究方向，但是，当我们联系这些研究资料进行这种研究时，有两个问题随即产生。首先，这些研究文献暗含这个观念：多元种族具有自己完整独特的利益，由此就出现了一个有趣的问题：多元种族立法是符合还是违背多元种族的利益？如先前所说，卷入这个问题的黑人议员在此问题上是有分歧的。研究多元种族代表的研究文献并未考虑到各个种族利益的代表有可能产生意见分歧，尽管经验告诉我们，这种意见分歧值得注意。第二个有趣的问题涉及这些研究文献的观点的适用性问题，特别是对本文这些案例的适用问题，这就是，一般来说，这些研究文献中所说的“多元种族的利益”所指的是“黑人族群的利益”。本文对于这种假设也提出了质疑，就是说，我们很难把多元种族立法视为仅仅关系到一个族群的利益（不管如何定义）。尽管需要进行某些修正，关于多元种族代表的研究文献还是有助于推进我们对于州立法结果的解读。

有必要界定“利益”概念，这是我首先关心的问题，实际上，除了密歇根州以外，其他州并未出现到处演说的反对者，这个事实对我产生了影响。如同参议员霍华德·卡罗尔（Howard Carroll）指出的那样，人们大体上认为多元种族问题是一个关系到“多元种族生活质量”[24]的问题，人们认为这是一个不错的而且没有什么代价的措施。同样地，一般来说，多元种族立法在各州几乎没有引起什么争议，许多州议会记名投票大多为一致同意，这也佐证了这种看法。换句话说，相较其他有关议员而言，多元种族议员对于此类立法是否符合多元种族的利益这个问题争议更大。因此，根据议员们看待多元种族立法问题的方式，我们可以恰当地认为，大多数议员似乎是这样看的：多元种族立法是涉及多元种族利益的象征性姿态。

图 7.1 系统地描述了最常见的一些分析模式提出的关系图式，这些分析模式为许多研究多元种族的相关文献所采用，用以解释议会对黑人

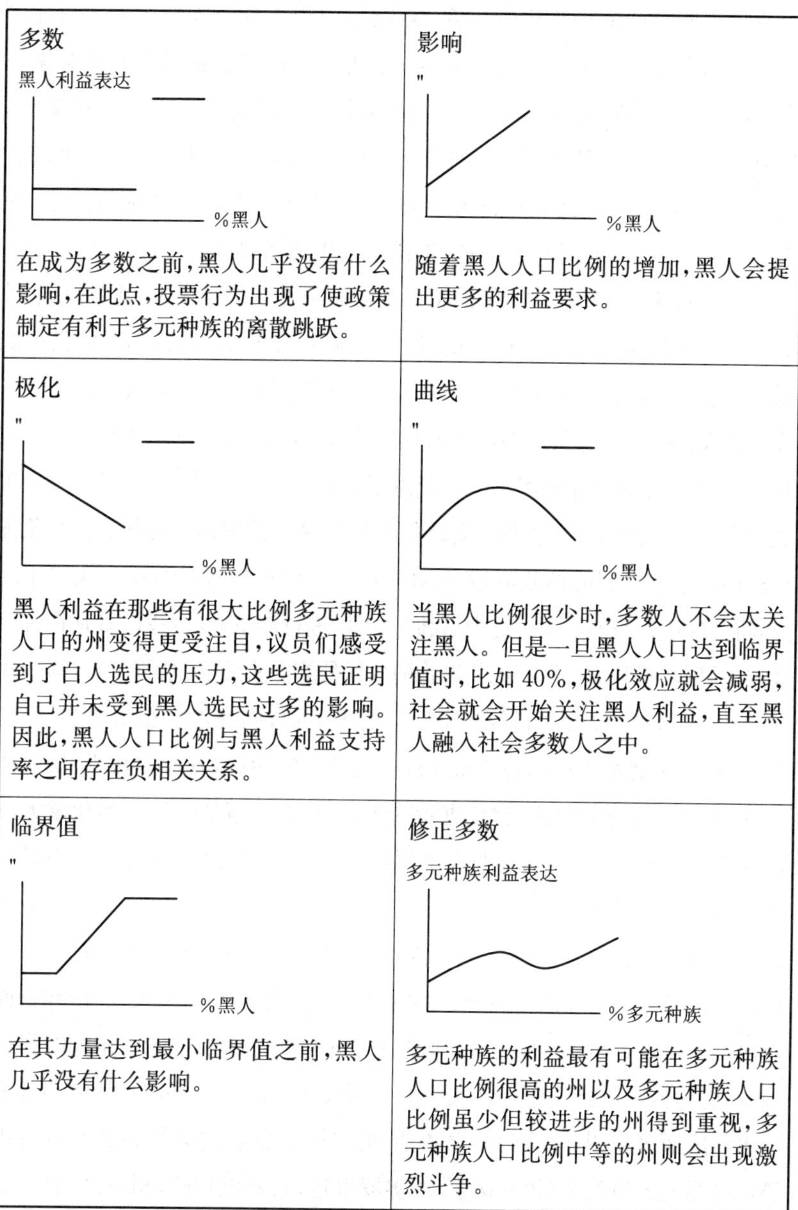

图 7.1　多元种族代表权的分析模式

资料来源：卡梅伦(Cameron etal.，1996)，修正多数分析模式除外。

利益作出的反应。(这就让人想起,这些多元种族的研究文献主要关心的是黑人的利益。)所有这些分析模式都认为,议会对黑人利益的反应在某种程度上与该州的种族构成有关,就是说,与黑人在总人口中的人口比例有关。将各州进行多元种族立法活动的方式与这些分析模式联系起来思考,我们就会发现,经过修正的多数主义分析模式符合大多数分析案例,这种分析模式在其原来的公式中提出的假设是:黑人们对于其代表的投票行为影响甚微,直到他们成为多数为止,在达到多数这个临界点上,投票行为将会在有利于黑人的政策走向上发生离散跳跃。

我们对这个分析模式所做的第一个修正涉及一个事实,这就是,我们关心的是一个数理逻辑问题,同样的,议会回应多元种族问题的临界值很可能低于与资源分配有关的实质性问题。我不清楚有哪些研究文献直接提到了在各州议会提出这些象征性议案的临界值,但我知道,研究议会的学者一致认为,一旦一个选区中的黑人人口超过了大约40%这个临界值,议会对于黑人要求的实质性回应会急剧提高。我用25%这个数值作为各州议会对象征性种族问题作出回应的临界值。[25]对多数主义分析模式进行第一次修正之后,将其应用到我们的研究之中,我们就可以进行如下解释:我们看到在佐治亚州、马里兰州和北卡罗来纳州进行的多元种族立法活动,原因在于,这些州已经达到了议会对黑人利益作出回应的临界值;而在加利福尼亚州、明尼苏达州、马萨诸塞州和俄勒冈州进行的此类立法活动,其原因在于,从总体上看,这些州是比较自由、比较进步的州,相较那些诸如爱达荷州和蒙大拿州这样保守的、黑人人口很少的州而言,这些州的公众更有可能关心黑人的利益。但是,我们为何还能看到,有些州如佐治亚州(有28.7%的黑人人口)和马里兰州(有27.9%的黑人人口)也进行了多元种族立法活动,而同样有着很多黑人人口的一些州,如亚拉巴马州(有26%的黑人人口)和密西西比州(有36.3%的黑人人口)却没有进行此类立法?在这个光谱的另一端,我们为何看不到一些黑人人口虽少、但比较自由而进步的州(例如佛蒙特州和威斯康星州)进行此类立法活动?最后,我们如何解释那些有着中等比例黑人人口的州(伊利诺伊州、佛罗里达州、密歇根州、得克萨斯州、俄亥俄州、印第安纳州)进行的此类立法活动?如果我们对多数主义分析模式进行第二次修正,即,多元种族立法活动与该州所有多元种族人口有关,而不仅仅与黑人人口有关(表 7.8)[26],那么,我们就可以回答这些问题。

表 7.8 进行种族分类的各州中多元种族的人口比例

少数族裔人口超过人口总数 25%的州		少数族裔人口低于人口总数 25%的州	
加利福尼亚	**54.7%少数族裔**	密歇根	**21.2%少数族裔**
	6.7%黑人		14.2%黑人
	10.9%亚裔		1.8%亚裔
	32.4%拉美裔		3.3%拉美裔
	4.7%两种族或多种族血缘		1.9%两种族或多种族血缘
得克萨斯	**48.7%少数族裔**	马萨诸塞	**18.3%少数族裔**
	11.5%黑人		5.4%黑人
	2.7%亚裔		3.8%亚裔
	32.0%拉美裔		6.8%拉美裔
	2.5%两种族或多种族血缘		2.3%两种族或多种族血缘
马里兰	**38.2%少数族裔**	俄亥俄	**16.0%少数族裔**
	27.9%黑人		11.5%黑人
	4.0%亚裔		1.2%亚裔
	4.3%拉美裔		1.9%拉美裔
	2.0%两种族或多种族血缘		1.4%两种族或多种族血缘
佐治亚	**37.5%少数族裔**	俄勒冈	**15.7%少数族裔**
	28.7%黑人		1.6%黑人
	2.1%亚裔		3.0%亚裔
	5.3%拉美裔		8.0%拉美裔
	1.4%两种族或多种族血缘		3.1%两种族或多种族血缘
佛罗里达	**35.5%少数族裔**	印第安纳	**14.1%少数族裔**
	14.6%黑人		8.4%黑人
	1.7%亚裔		1.0%亚裔
	16.8%拉美裔		3.5%拉美裔
	2.4%两种族或多种族血缘		1.2%两种族或多种族血缘
伊利诺伊	**32.7%少数族裔**	明尼苏达	**11.0%少数族裔**
	15.1%黑人		3.5%黑人
	3.4%亚裔		2.9%亚裔
	12.3%拉美裔		2.9%拉美裔
	1.9%两种族或多种族血缘		1.7%两种族或多种族血缘
北卡罗来纳	**29.0%少数族裔**		
	21.6%黑人		
	1.4%亚裔		
	4.7%拉美裔		
	1.3%两种族或多种族血缘		

注:按照人口统计局的程序,我把具有两种族或多种族血缘的人列入多元种族人口。美国各州的土著人口忽略不计。资料来源:美国人口统计局(2000 年)。

全部问题可以解释如下：我们把这些州划分为四个不同的类型（有大量多元种族人口的州；大量多元种族人口中黑人人口占优势的州；中等数量多元种族人口的州；多元种族人口很少的州），我们就可以用一种朴实的推理模式解释上述那些问题。多元种族立法最有可能在下列两类州里获得成功：多元种族人口比例超过全国平均比例（25%或更多）的州；多元种族人口比例较小（10%或更低）但较为自由进步的州。这是因为，如同多数主义分析模式所示，当多元种族人口很少的时候，多元种族的利益诉求就不容易引起更多的注意（较为自由和进步的州除外），在这个光谱的另一端，由于多元种族人口比例得到或超过全国25%的平均比例，多元种族的利益诉求就更有可能得到有利的对待。

在那些黑人占多元种族人口多数的州，前已提出一个合理的问题：例如，为何佐治亚州（有37.5%的多元种族人口，但是黑人人口就占总人口的28.7%）和北卡罗来纳州（有29%的多元种族人口，黑人人口占全部人口的21.6%）不同于那些有着更大比例黑人人口的州、如亚拉巴马州（有26%的黑人人口）或密西西比州（有36.3%）？请注意，我们看到，南方各州中也有一些州进行了有关立法活动，这些州是佐治亚州、佛罗里达州、北卡罗来纳州和得克萨斯州。这些州并非典型的传统南方州，毋宁说，这些州的经济与国际贸易和国际服务业有极强的关系，它们都有着发展迅速的服务业城市中心以及增长迅速的郊区中产阶级，特别值得注意的是，研究者已经发现，在过去的10到15年里，“新南方”各州就民选官员的投票习惯而言已经与传统南方州分道扬镳。[27]事实上，“1980年以后，‘新南方’各州的民主党人已经开始表现得更像北方的民主党人”（Rhode 1991, p.56）。我们看到的进行了多元种族立法活动的位于南方的这些州，实际上是新南方州。

还有那些有着中等比例（大概是10%—25%）多元种族人口的州：密歇根州、俄亥俄州、马萨诸塞州、俄勒冈州、印第安纳州和明尼苏达州。这些州的情况是相似的，就是在这些州里，我们会发现围绕着多元种族立法而产生的最激烈的争论。实际上，表7.3所示署名投票结果就反映了密歇根州和俄亥俄州产生的激烈争论。尽管马萨诸塞州、俄勒冈州和明尼苏达州没有就多元种族立法进行议会投票——因此，我的理论模式中唯一未包含在内的州就是印第安纳州——但是对这些州进行分析也是很有意思的。看来，我们难以断定的是，在这些非常自由而进步的州里进行投票是有可能导致争议（由于多元种族人口的快速增长）还是会出现一致同意（由于这些州特别显著的自由和进步特征）。然而一般来说，如果我们把这种推理模式扩展到其他一些州，我们可以预料，诸如纽约州（有39.6%的多元种族人口）和新泽西州（有35.1%的多元种族人口）这样的一些州很有可能会采用多元种族立法，佛蒙特州和威斯康星州也会如此，这两个州多元种族人口很少，但具有很强的自由主义和进步特征。

第六节　结　　论

各州所有的多元种族立法活动在1997年戛然而止，这并非偶然：如前所述，在许多因素的压力下，美国行政管理和预算局于1997年对于种族数据的收集改变了指导方针，因此，由于实行了“自行决定种族归属”政策，就不可能有更多的州采用多元种族立法。这是这段历史的终结吗？

有意思的是，作为实施“自行决定种族归属”政策的结果，各州一些新的动议获得了动力，这些动议或者要求彻底禁止种族统计数据的收集，或者要求州政府机构不要再考虑种族归属问题。“种族隐私”和/或“公民权利”动议已经在加利福尼亚州（2001年）、佛罗里达州（1999年）和华盛顿州（1998年）提出。我相信，提出种族隐私动议的目的和动机不同于多元种族范畴议案，虽然如此，这两个动议就其概念而言与多种问题有关，并会带来许多问题，将来，我们会看到，这些动议带来的问题将会更多，而不是更少。

因此，即使各州多元种族范畴问题是一个悬念不大且是象征性的事情，而且其造成的争议微乎其微，然而，有许多理由可以证明，这个问题是值得探究的。在分析各州围绕此事进行的立法活动中，我们也想问，究竟是代表哪种选民的哪类官员，最易于接受这个观点：这个国家应该远离单一类型的种族定义。在提出多元种族范畴议案的背景下，各州那些接受了一个更加灵活的种族理念的参与者，主要是新生代黑人民选官员以及进步的白人民主党人，他们代表的是富裕的郊区选区。此外，多元种族的统计资料有助于我们解释各州的立法结果。

除了这些即时政治(the politics of the moment)以外，本文也论述了选民、社会运动和政党之间常常被人们忽视的明显的关系。美国政治学传统的多元论模式促使我们关注社会运动试图影响政党以获得预期成果的方式，但是在本文研究的事例中，缺乏支持多元论分析模式的一些因子：多元种族社会运动的力量和活动很难保证运动的成功，多元种族范畴议题在各州议会里引起的反对微乎其微。因此，引人注目的运动成果并不能视为某个政党或其他政党所取得的胜利。

显而易见的是，社会运动和政党之间的关系是不完备的，重要的是社会运动、政党和选民之间的交互作用。州议会议员提出或支持多元种族范畴议案，并非因为他们受到强大社会运动的压力才这么做的，他们也不是把支持这种立法作为战胜其他政党的方式。更确切地说，这些立法之所以获得成功，是因为议员们估计到，他们支持这种立法动议会受到广大选民的认可。

换句话说，社会运动设计议题的工作对于议员赢得选民的支持具有潜在的价值，即使多数选民并不参加社会运动。因此，甚至一些规模有限的社会运动也会在大量选民和政党政治家之间发挥调节作用。传统的社会运动观念认为，社会运动只有动员起很多支持者或者能够在立法机构发挥作用才会有实际效果，这种观念对于解释多元种族范畴立法的成功是不够的。更确切地说，多元种族社会运动提出了一个问题，然后，一些议员抓住了这个问题，并以此激发选民认可他们在处理诸如种族和公民权的一些重大问题上与传统方式的不同。具有含蓄意义的是，社会运动对立法活动的影响可能远远超出研究社会运动和议会政治的相关文献已经揭示的内容。

注　释

1. 更全面的研究可以参看 Williams(2001)。

2. 美国大约有 40 个多元种族的社会运动组织(此数据是从我在 1997 年至

1999 年间对这些组织的识别、研究和调查中推断出来的）。

3. 例如，可以参见《国家统计全国研究委员会》（1996 年）的有关资料。

4. 然而，由于 1997 年美国行政管理和预算局作出的行政法规，此后各州的行动就有所不同。

5. 但是，斯潘塞（Spenser）曾对各州的这些进展做过粗略的评述（1999 年）。

6. 参见 Williams（2001）。

7. 拉姆纳·道格拉斯（Ramona Douglas）私人访谈，1998 年 6 月 14 日。

8. 苏珊·格雷厄姆（Susan Graham）私人访谈，1998 年 4 月 6 日。

9. 例如，可以参见 Loot（1996）。

10. 1960 年至 1997 年间，美国黑人和白人通婚的性别构成如下（数据适用于 1960 年、1970 年、1980 年、1990 年、1991 年、1992 年、1993 年、1994 年、1995 年、1996 年、1997 年）：黑人男性和白人女性的通婚占所有通婚总数的 67%，白人男性和黑人女性的通婚占 33%。资料来源：美国人口统计局（1998 年资料）。

11. 我对所有由成年人参加的组织的领导人进行了一次调查（涵盖 40 个州），另外还进行了 4 个个案研究，结果就有了 50 次访谈。在领导人访谈和个案研究中提出的问题有些是相同的，因此，我所说的“所有访谈者”指的是从领导人访谈和个案研究中得到的资料（共 80 份）。

12. 这些数字是从我在 1997 年至 1999 年间对这类组织所做的识别、研究和调查中得出的。

13. 这些数字是从我在 1997 年至 1999 年间对这类组织所做的识别、研究和调查中得出的。

14. 自由党新闻稿，1997 年 7 月 10 日（未发表）。

15. 同上。

16. “日裔美国公民联盟”，《多元种族的政策定位》，1997 年 7 月 9 日（未发表）。

17. 我使用的是 1990 年至 1998 年期间政党控制的资料，因为这个期间正是各州进行多元种族立法的时间。资料来源：《州际政府委员会》（两年一期）。

18. “新生代”是一个术语，用于区分《公民权利法案》实施后产生的第一代黑人议员和那些最近才当选的黑人议员（例如在过去 10 到 15 年间），有证据表明，后者很少受到公民权问题的驱动，而更多的倾向于采用两种族的、务实的方式采取行动。

19. 可以参见 Cohen（1999）、Walton（1995）。

20. 密歇根州众议员埃德·沃恩（Ed Vaughn）电话采访记录，1998 年 12 月 3 日。

21. 佐治亚州参议员拉尔夫·阿伯内西三世（Ralph Abernathy Ⅲ）电话采访记录，1998 年 12 月 15 日。

22. 埃里克松、赖特和麦基弗（Erickson，Wright，and McIver 1993）对各州进行了分类，从最保守的州到最自由的州。另见 Hero（1998）。

23. 参见 Swain(1993)和 Lubin(1997)。

24. 伊利诺伊州参议员霍华德·卡罗尔(Howard Carrol)电话采访记录,1998年11月17日。

25. 很多分析者不同意这个观点:国会议员对于黑人的实际利益意见纷呈。我使用25%这个数值,因为多元种族的人口已达美国人口的25%,而且也因为这是一个数理逻辑问题。

26. 注意到多元种族的总人口、而不是仅仅注意黑人人口,这在某些案例中会产生一个极其不同的图景,而在另一些案例中则可以忽略不计。毫不奇怪的是,在美国南方各州,黑人占多元种族人口的大多数。

27. 参见 Whitby and Gilliam(1991)以及 Nye and Bullock(1992)。

8

抗议周期与政党政治——1930年至1990年间美国精英盟友及其对手对美国学生抗议活动的影响

尼拉·范戴克

社会运动研究学者业已阐明,政治机遇影响社会运动的产生和动力(例如:Costain 1992; Kriesi et al. 1995; McAdam 1982; Meyer 1990; Tarrow 1989)。当制度化政治体制向其敞开大门的时候,社会团体才更有可能被组织起来。道格·麦克亚当和悉尼·塔罗描述了可能会影响社会动员活动的一些因素,包括精英联盟是否稳定以及是否会出现精英联盟。虽然精英是政治机遇理论的核心要素,但我们并不知道哪类精英会影响社会动员活动。

在本文中,笔者研究了从1930年至1990年间政府各部门以及各级政府里的精英对学生抗议活动的影响。我把民主党人政府官员视为左翼联盟的代表,研究了联邦政府及州政府的行政部门与立法部门中民主党(和共和党)对学生动员活动的影响。笔者将通过对历史上2 496次抗议事件进行分析,探讨不同政府机构、政党与抗议活动三者之间的关系。正如政治机遇理论所揭示的那样,我认为,在某些情形下精英联盟会促使抗议活动增加,但是有时候,强大的精英却会成为社会动员的反对者,威胁到社会运动目标的实现,这反而会激起社会动员活动。

第一节　政治机遇理论

通过对大量社会运动的研究，许多学者认为，政治机遇结构会影响社会动员活动。比如，道格·麦克亚当（1982 年）揭示出，20 世纪 50 年代美国黑人动员起来以争取公民权，部分原因在于当时美国制度化政治体制发生了许多变化。20 世纪上半叶，在政府的抑制下私刑逐步减少，最高法院案件判决越来越有利于非裔美国人，并且，北方的民主党人开始寻求黑人选民的支持。随着政治机遇扩大，美国黑人更加确信有可能改变自己的境遇，并开始动员起来。另外一些学者也揭示出，其他社会运动也具有类似的效果，包括 20 世纪 60 年代的妇女运动（Costain 1992）、美欧核武器冻结运动（Kitschelt 1986；Meyer 1990；Rucht 1990）、20 世纪 60 年代意大利抗议周期（Tarrow 1989）、西欧“新”社会运动（Kriesi 1995）以及苏联解体（Oberschall 1996）。

悉尼·塔罗和道格·麦克亚当对近期政治机遇的研究文献进行了综合分析，并归结出可能会影响社会动员活动的政治机遇结构的四个方面的因素：

（1）制度化政治体制的相对开放程度或封闭程度；

（2）精英联盟稳定与否；

（3）是否存在精英盟友；

（4）国家的镇压能力与镇压倾向。

学者们一般认为，当政治体制对一个社会团体开放的时候，或者当这个团体开始有体制内盟友时，他们将更有可能进行抗议活动，因为他们觉得也许有可能改变自身的地位。该群体动员起来表达他们的利益，同时影响这些盟友。

许多学者都证明了精英同盟对于社会动员以及社会运动获得成功的重要性。克雷格·詹金斯和查尔斯·培罗（Craig Jenkins and Charles

Perrow 1977)比较了 20 世纪 40 年代末与 60 年代的美国农业工人运动。他们的研究表明,自由主义团体组织和劳工组织的支持,这两个方面可以解释何以 60 年代社会运动较之以前更有可能发生而且更有可能实现自己的目标。阿尔梅达和斯特恩(Almeida and Stearn 1998)分析了精英盟友对于日本地方环保运动最终结果的影响,他们发现,在 20 世纪 70 年代早期的环保运动中,当地支援团体、全国环保社会运动组织、学生、共产党以及大众媒体这些外部盟友不断增加的支持都有助于运动取得成功。精英盟友也可能是社会运动衰落的一个因素。道格·麦克亚当(1982 年)认为,20 世纪 60 年代后期在北方城市蔓延的骚乱导致了民权运动支持者的减少,随着 1968 年理查德·尼克松当选总统,北方自由主义者对民权运动的支持日渐减弱,失去精英盟友的支持是导致民权运动转入低谷的一个因素。

然而,精英不仅有可能成为社会运动的盟友,也有可能威胁到社会运动目标的实现。查尔斯·蒂利(1978 年)认为,如果出现了政治机遇或威胁,抗议者就将动员起来,而当政治机遇或威胁十分渺小时,抗议活动就不太可能发生。正如目前的政治机遇理论所示,查尔斯·蒂利认为,当有证据表明精英可能会接受他们的主张时,社会团体就有可能因应精英盟友而动员起来,然而,他也指出,当当权者的威胁使他们无法实现自己的利益时,他们同样会动员起来。当几乎没有可能改变现状(好的或坏的)时,社会团体便几乎没有进行动员的动力。有一种观点认为,当其政治机遇扩大时社会团体就将动员起来,在过去的十年里,越来越多的学者在其研究中应用了这一观点,但是,总体而言,研究政治机遇的学者们普遍没有认识到,当社会团体觉察到有威胁时也可能会进行社会动员。

也有例外的情形,社会运动研究学者愈来愈认识到,威胁也是社会动员的潜在动力。比如,杰克·戈德斯通和查尔斯·蒂利(2001 年)认为,威胁不仅仅只是政治机遇的对立面,而且也可能是影响社会动员的一个独立的因素。他们认为,社会动员的水平因抗议团体面临的威胁程度和机遇程度而变化。威胁可能包括针对该团体的暴力活动、剥夺权利或财产、对抗议活动实施镇压等等。汉斯彼得·克里斯(Hanspeter Kriesi)及其同道(1995 年)认为,政治机遇结构不但通过改变抗议活动的成本收益比、而且还通过改变运动目标实现的可能性来影响抗议活动。当制度化政治的行动者有改革意向时，就可能不大需要集体行动，因为即使没有它，社会运动的目标也能实现。而在其他时候，政治行动者可能会威胁到运动目标的实现，此时，为了防止核心利益受损，集体行动可能就难以避免。

下列几个方面的研究可以表明社会动员有时是为了应对威胁才发生的：对种族冲突和右翼分子动员活动的研究、对镇压的研究、对“突如其来的民怨”的研究。有关右翼极端主义和种族暴力的大量最新研究揭示出，由于经济问题和少数民族人口变化所产生的威胁会导致社会动员的发生（Barret 1987；Beck 2000；Blee 1996；Kimmel and Ferber 2000；Kitschelt 1995；Koopmans 1996；McVeigh 1999；Van Dyke and Soule 2000）。有关抗议活动与国家之间相互关系的研究认为，在某些情况下，政府镇压所产生的威胁会激起社会抗议活动。有几位学者揭示出，拘捕也许有对抗议的曲线效应：有些逮捕行径可能会激怒激进分子，并促使他们动员起来进行更多的抗议活动（DeNardo 1985；Muller and Weede 1990），但是非常严厉的镇压有可能会抑制社会动员活动。其他的研究表明，有时人们会动员起来以应因灾难性事件或突如其来的民怨，在三哩岛核泄漏事故（Walsh 1981）以及圣巴巴拉石油泄漏事件（Molotch 1970）中，人们迅速动员起来以应对威胁。

除了上述情形之外，我认为，反对者或者反对运动目标的政治参与者的存在所带来的威胁也会激发抗议活动。戴维·迈耶（David Meyer 1990，1993）对美国冻结核武器运动的研究支持了这一论断，20 世纪 80 年代里根政府的行动和政策对核武器冻结运动产生了深刻的影响，里根的“有限核战争”演说及其“星球大战计划”最初是为了动员处在沉寂状态的积极分子，但是却导致了一些大规模抗议活动，其中包括美国历史上最大规模之一的抗议活动。这个案例研究证明，政治对手造成的威胁可能会影响社会抗议活动，尽管如此，政治机遇理论却仍然没有得到进一步修正以吸纳这些研究成果，支持社会运动的精英盟友业已被归结为社会动员的影响因素，但是这些社会运动的精英反对者则还没有。

在本文中，我研究了政府中的某些特定政治盟友对于大学校园里全面抗议动员活动的影响，研究了 1930 年至 1990 年间这些政治盟友对大学校园里部分左翼运动的发展水平的影响。我把对于部分特定群体中发生的左翼社会运动的研究加以概念化。当然,我们也可以将其视为一种个别的社会运动、一种学生运动。我认为文章后面的模型还有一些问题,因为在历史上学生曾活跃于一些社会争议之中,比如美国军事行动、妇女问题以及公民权利问题等等。因此,如果脱离这些特定议题的社会运动,将整个学生抗议活动作为一个单独社会运动加以概念化,似乎会出现概念上的前后矛盾。但对学生抗议活动的研究是十分有价值的,因为它注意到了包括几乎全部代表性左翼运动在内的一些群体的活动。就方法论而言,学生抗议活动也是可供研究的理想的社会运动类型,这将在后面的“资料与方法”一节里加以探讨。

第二节 政治精英:政党

精英联盟或反精英联盟可以包括司法系统、立法系统的成员、总统、商业团体、政党、劳工组织、科学家、教会以及知识分子。相关研究业已揭示了精英联盟对于特定社会运动的重要性,但是却没有人研究过特定类型的精英联盟对于大规模社会动员的影响及其效果。许多社会运动研究学者断言,社会运动并不是非连续体(McAdam 1995; Meyer and Whittier 1994; Taylor 2000; Van Dyke 1998)。悉尼·塔罗的抗议周期概念是建立在一种观察结果之上的,这种观察结果是:社会运动往往发生于群体之中,有些时期社会抗议活动会显著扩大。尽管有人主张应该研究抗议周期或者社会运动的整个过程(Garmer and Zald 1987),但是,几乎没有任何一位社会运动研究学者对此进行过研究(除了一些值得注意的例外,如 Della Porta and Rucht 1995; Kriesi 1995)。

在本文中,我研究了一组特定的精英盟友——政府立法部门和行政部门里的政党对学生抗议活动水平的影响。我认为民主党人是左派的盟友,大量的研究文献也证明了这个事实。V. O. 基(V. O. Key)揭示出,民主党人一直比共和党人具有更多的自由主义思想倾向(Key 1964),基认为，1896 年以来，民主党往往代表了低收入阶层和工会成员的利益，而共和党人一直就代表高收入群体以及金融团体和法人团体的利益。社会科学家业已证实，民主党人更加支持公民权政策（Browning, Marshall, and Tabb 1984; Button 1989; Santoro 1995）以及某些妇女运动的倡议（Sorensen 1994）。欧洲环保组织常常认为左倾政党是其盟友，而不管它们是否参与实际的环保活动（Dalton 1995）。与此相似的是，尽管美国妇女运动常常试图同时影响民主党和共和党，却往往与民主党结成联盟（Costain and Costain 1987; Young 1996）。政党将会继续影响社会运动，对此，我们有非常充分的理由。

加纳和扎尔德（Garner and Zald 1987）认为：

> 政党结构很可能是理解社会运动模式的唯一最重要的变量。[1]社会运动可能被人们认为是包括政党在内的一系列选项中的一项。政党会有意发起社会运动，或在党派分裂的过程中发起运动。社会运动产生于政党内部。二者都是追求政治目标的组织形式，因此，政党与社会运动之间紧密交织在一起也就不足为奇了。

政党可能成为社会运动的争取对象，这是因为政党可能被社会运动视为有能力帮助其实现自身目标的盟友。为了寻求选民的支持，政党也可能会与社会运动结合并支持社会运动。

德布拉·明科夫（Debra Minkoff 1997）揭示出，联邦立法机构中民主党议员的存在影响着美国公民权运动和妇女运动的水平。她发现，民主党在联邦立法机构中控制力的增加与公民权利运动中抗议活动水平的升级密切相关，伴随着公民权抗议活动，女权主义者的抗议活动也会升级。因此，我们确信民主党控制立法机构可能会激发抗议活动的升级，但是，还有一些问题有待于进一步研究。

第三节　盟友与社会动员之间的关系

研究表明，政治盟友可能会影响社会运动，但是对这种关系的确切性质的研究依然不充分。精英盟友可能有助于社会动员,这似乎很明显,但是,我们尚不清楚:这种关系是否是固定不变的、在哪些地方更多精英盟友的存在就意味着更多的抗议活动或者使抗议活动受挫、哪些阶段的社会动员会随着支持者数量的变动而上升或下降。常识告诉我们:盟友越多越好。然而,如同早期政治机遇理论家所说,精英盟友与社会运动之间的关系可能呈曲线形。

彼得·艾辛格(Peter Eisinger 1973)认为,抗议活动最有可能发生在"开放结构"与"封闭结构"并存的那些城市里。他提出,抗议活动不可能发生在极度封闭或极度压制的系统中,也不可能发生在极度开放的系统中。在社会运动初期,镇压可能会阻碍动员活动,而一个完全开放和有利的政治结构会让抗议活动显得毫无必要。艾辛格这个关于政治机遇和动员水平之间的关系的假设可以用图8.1来表示。

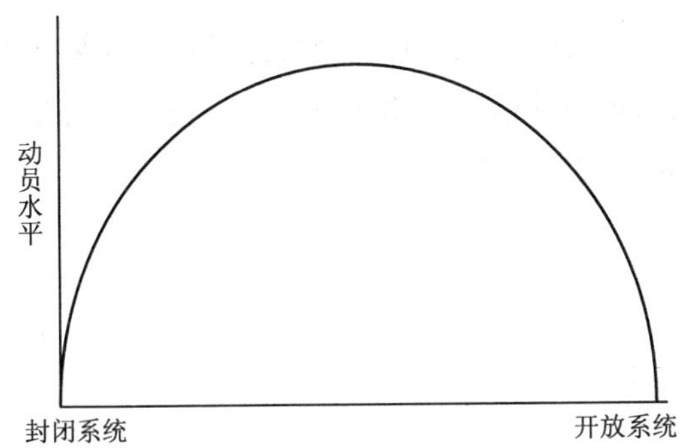

图8.1 艾辛格动员模型

精英的分裂就是部分开放、部分封闭的政治机遇系统的一个实例。一些精英可能会赞成一个社会运动的主张,而另外一些精英则可能会反对,这就出现了既不同于一个由完全友好的精英所构成的系统、也不同于由完全敌对的精英所构成的系统的一个混合系统。政治机遇研究学者业已证实,分裂的精英是向忿忿不平的公众发出的一个信号,表明他们拥有了某些政治机遇,因此能够促进抗议活动的发生。道格·麦克亚当(1982年)发现,政治联盟的变化影响了20世纪60年代初公民权运动的动员活动。南北民主党联盟破裂,北方民主党独自寻求选民的支持,它们开始争取赋予公民权运动更大动力的黑人选民。与此相似的是，保罗·阿尔梅达和琳达·斯特恩斯(Paul Almeida and Linda Stearns 1998)发现，政府机构里的意见分歧以及日本环保人士的当选为地方草根运动达成某些目标创造了机会。当精英分裂、社会运动又有一些政治盟友的时候，这些精英可能易于接受社会运动的主张。这种假说符合彼得·艾辛格(1973年)的动员概念。这种假说认为，当政治体制和斗争者的联系不是很紧密的时候，或者当一个完全有利的政治格局也不能确保成功的时候，社会动员的水平将会比较高。当成功的几率并不确定但仍有某些成功可能性的时候，这些团体就会进行社会动员。

查尔斯·蒂利提出了政治机遇与社会动员之间的曲线模型，该模型与艾辛格的模型截然不同。蒂利认为，当出现了威胁或机遇时，抗议者就会动员起来，但是如果威胁或机遇都很少，他们进行抗议活动的可能性也就最小。当执政者威胁到他们自身利益的实现、或者当有证据表明精英可能会接受他们的要求时，该团体就会实施动员。如果几乎没有改变现状(变好或变坏)的可能性，社会团体也就几乎没有进行动员的动力。蒂利的这一假说可以用图 8.2 来表示。

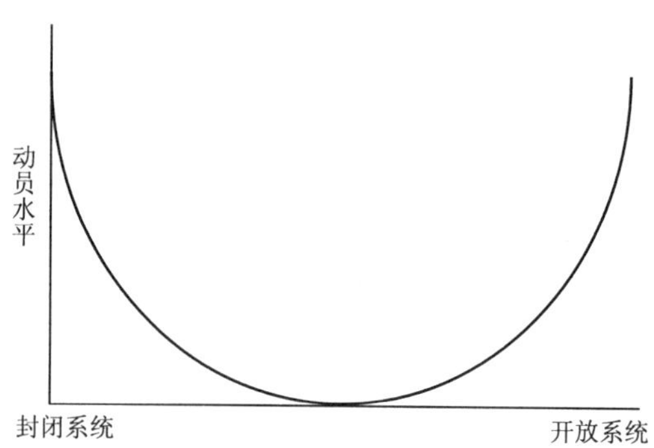

图 8.2　蒂利动员模型

基于这些理论观点，精英们影响抗议活动的内在动力有几种可能的轨线，对这些轨线的研究可以帮助我们对政治机遇理论进行微调。首先，精英盟友的存在是否是社会动员的必要条件、盟友增多时抗议活动的水平是否会提高，这些都是未知的问题。此外，几乎没有人研究过那些制造威胁的精英反对者影响社会动员水平的可能性。可能的情况是,不管是应因分裂的精英还是应对威胁和机遇,社会动员的水平可能都呈曲线形。在一个具有分权政府结构的国家中,如美国,这些问题可能会更加复杂。在各级政府中都会发生精英的结盟或分裂,因此,联邦政府可能处于分裂状态,出现一个民主党总统和一个共和党立法机构,而州政府也可能同样分裂开来,目前尚不清楚的是哪些精英更重要。

几乎没有任何一位社会运动研究学者认识到这个事实,那就是,不同级别政府里的精英以及不同政府部门里的精英对社会抗议活动的影响大不相同。例如,德布拉·明科夫(1997 年)虽然研究了议员精英盟友的影响,却并未研究行政部门精英盟友的影响,也没有研究各州政治行动者的影响。不同级别政府里的政党以及不同政府部门里的政党都是社会运动的潜在盟友,某些盟友比其他盟友显得更加重要。因此,我研究了 1930 至 1990 年之间联邦政府和州政府行政与立法部门里的精英对学生抗议活动的影响。由于我研究的是学生抗议活动,我也就研究了教师和大学管理人员这些地方精英的影响。不同层次的精英可能会对抗议活动水平有着截然不同的影响。

第四节 研究资料与研究方法

为了研究精英对抗议活动的影响,我使用了 2 496 个抗议事件的有关资料,这些事件都发生于 1930 至 1990 年之间的九所美国大学里面。这些资料之所以适用于研究精英对抗议活动的影响,原因有以下几点:首先,这九所学校位于九个不同的州,因此,我能够评估州精英和联邦精英对抗议活动的不同影响,如果仅有全国性的资料,这种研究就不可能行得通。其次,我有这九个不同地方抗议活动的完整记录,时间跨度为六十年,这让我能够精确衡量不同时间里精英盟友与抗议活动之间的联系。而从一个全国报刊中心收集的资料不可能包括每个地点上如此完整的抗议活动记录,因此研究成果会受到报道偏见的影响。

为了选择供研究的大学,我随机抽取了200所学校并写信给它们的图书馆,询问它们的学生报纸是否有缩微胶片版。结果只有25%的学校有。然后我选取了一些具有多样性特征的大学,以前的研究表明这些特征对学生抗议活动具有重要影响,这些特征包括:学校规模;学校如何招生;公立还是私立;如果是私立学校,是否有宗教背景。表8.1描述了这些大学及其特点。

表8.1　样本学校及其选择标准

	私立	公立	选择性			小	大
			N	M	H		
格林奈尔学院	X					X	
哈佛大学	X						X
渥太华大学	X		X			X	
米德兰·路瑟兰学院	R		X			X	
穆棱堡学院	R				X	X	
圣玛丽学院	R			X		X	
伊利诺伊州立大学		X	X				X
亚利桑那大学		X		X			X
南密西西比大学		X	X				X

R:宗教学校;N:非选择性;M:适度选择性;H:高度选择性。

1930—1990年间这些学校的每一期学生报纸中有关学生抗议活动的文章都被复制并解读。根据查尔斯·蒂利(1978年)和道格·麦克亚当及同事(1997年)的研究著作,我将抗议活动定义为:集体表达不满情绪、并以推动或抵制社会变化为目标的行动。因此,抗议活动必须是集体的、公开的并表达一种不满情绪的。抗议活动包括从请愿和游行示威到诉讼和法院判决这一过程中的许多活动。图8.3显示的是这段时间内抗议事件的总数量。

历史上,学生们曾积极参与涉及面很广的重大社会问题,比如内战和废奴运动,但是,始终最吸引他们注意力的是那些关涉他们自身境况的问题:大学管理。在本研究所涵盖的几十年里,校园问题吸引了学生的大部分注意力,尽管在特定的年代,其他问题曾引发了更深层次的抗议活动。导致很多抗议事件的两个社会问题是越南战争和美国对南非种族隔离制

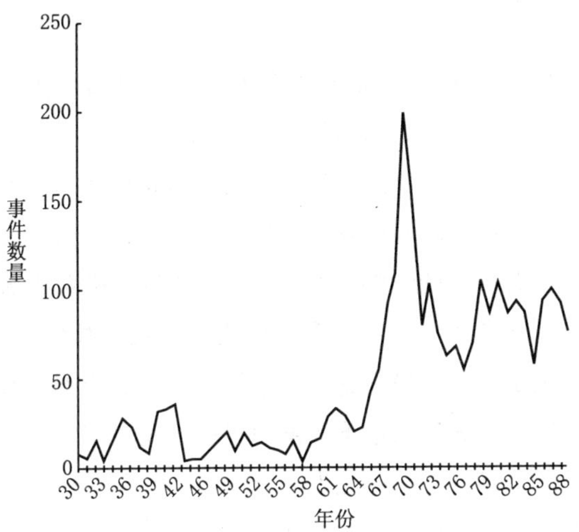

图 8.3　所有大学抗议事件总数

度的干涉。实际上，和平问题和美国军事行动一直是学生关注的主要问题。不止是在 20 世纪 50 年代，这些问题在每个时代都引起了高水平的抗议活动。有趣的是，如表 8.4 所示，随着时间的流逝，能够引发大规模学生抗议活动的社会问题越来越多。

30 年代	40 年代	50 年代	60 年代	70 年代	80 年代
校园问题 反战	校园问题 反战 公民权	校园问题 麦卡锡 行动	校园问题 裁军 反战 公民权	校园问题 妇女运动 反核 反种族隔离	校园问题 妇女问题 反核 反种族隔离 美国干预 中美洲问题 堕胎

图 8.4　校园抗议活动主题年表

这些分析使用了所有抗议活动的资料，包括左翼刊物在内。一些社会运动研究学者指出，社会运动并非单独存在的，而是社会运动大家族的一部分（McAdam 1995；Meyer and Whittier 1994；Van Dyke 1998）。然而，由于难以收集与大量社会问题有关的资料，绝大多数社会运动研究学者只能研究单个社会运动。鉴于本文数据库的独特性，我就能够研究我所选择的这些大学校园里发生的全部左翼运动。

一、变量

在本文的分析中，因变量是发生在大学校园里的历次抗议事件之间的间隔时间，或者说是抗议事件的频率。我认为，在某些特定的情况下，抗议事件更有可能发生，因此，抗议事件之间的间隔时间会更短。

为了研究不同级别政府以及不同政府部门中精英盟友的存在对抗议事件的频率是否有一定的影响，我调查了行政部门和立法部门里的党员数量。我还特别注意一个民主党派总统或民主党州长的影响，也特别注意国会和州立法机构中的民主党人对于抗议活动的影响。我把州议会和联邦议会里的民主党人视为精英盟友的代表。我意识到并非所有的民主党人都支持左翼运动；然而，研究表明，1896 年之后(Key 1964)，民主党人一直比共和党人更加左倾，因此，我认为，国会中的民主党议员越多，左翼运动的盟友也就越多。这些档案资料来源于《美国统计摘要》(美国人口普查局，1959 年、1963 年、1974 年、1980 年、1986 年、1991 年)、《各州志》(州际政府委员会，1937 年、1939 年、1941 年、1943 年、1948 年、1950 年、1952 年、1954 年、1956 年、1958 年)和《国会季刊》(1998 年)。[2]

在最初的分析中，我简单地研究了盟友和抗议活动频率之间的关系。我用民主党官员的比例表示立法机构(联邦和州)中的盟友，并用虚拟变量表示民主党总统和州长。为了佐证精英盟友假说，我们将认为行政部门和立法部门中民主党人的比例越高，抗议活动发生的可能性越大。为了研究地方政治盟友的影响，我考查了教学或管理人员对先前抗议事件的反应。具体来说，我分析了教学或管理人员是否赞成先前的抗议事件。

政治机遇理论认为，当精英产生分裂的时候，社会团体更有可能进行抗议活动。此外，精英分裂的概念也与一个研究有关，这就是，当政府内部出现意见分歧时，公众是否更有可能进行社会动员，或者，当公众面临威胁或重大机遇时，他们是否更有可能进行社会动员。因此，我研究了联邦议会和州议会中精英的分裂对学生抗议活动可能性的影响。我将精英分裂看作是行政机构与立法机构由不同政党控制。比如，如果共和党控制了联邦议会参众两院，而总统却是民主党人，我们就可以认为联邦政府发生了分裂。如果说精英盟友与抗议活动水平之间有着稳定关系的话，那么，民主党人控制立法部门和行政部门将会导致大规模的抗议活动，而共和党如果控制着这两个部门将会导致抗议活动水平下降。根据查尔斯·蒂利的假说，当由共和党或者民主党其中一党控制了参众两院时，社会动员更可能发生。根据彼得·艾辛格的假说，两党分别控制立法部门和行政部门，相比由一党同时控制这两个部门而言，将会导致更高水平的抗议活动。

本文使用的这些资料还包括了大量有可能对上述分析产生潜在影响的其他变量，并且对本文未曾探讨的其他一些问题至关重要。然而，为了将分析简单化，我使用的是固定效应统计模型，该模型包含了随着时间推移能够影响学院抗议活动发生的一些因素。由于越南战争期间抗议活动达到了一个非同寻常的高水平，我将该事件视为虚拟变量，用编码 1 表示。很明显，除了大学的内在特征以及政治机遇结构以外，还有一些影响这个期间抗议活动的其他因素，这些其他因素应该包含在编码 1 这个虚拟变量中。

二、统计方法

为了评估精英联盟对抗议事件时间的影响，我利用事件史分析模型预测事件发生的频率或者发生的可能性。我所用的具体研究方法被称为“固定效应偏概率”模型，它是比例风险回归模型的变异（Allison 1995）。比例风险回归模型用来计算事件发生的概率。因此，系数可以解释变量对事件发生的影响。如果系数为正，表示在特定时间内该变量提高了抗议事件发生的可能性；如果为负，则反之会减少可能性。该模型可以表示为：

$$\log h_{ij}(t) = \alpha_i(t) + \beta x i_j(t)$$

比例风险模型的几个特征使它适用于该问题的研究。对事件时间的研究，事件史分析模型通常也是适合的。因此，研究不同时间变量是比较容易的，比如国会的组成对于抗议活动发生率的影响。相比于其他事件史方法，比例风险模型优点在于不需要对事件与时间之间任何特定关系进行说明。六十年间某些变量以特别方式影响抗议活动的发生，对此我无法作出理论解释，所以用这种方法进行研究更加准确。

我之所以使用固定效应模型，也是基于本文数据的特性：我收集了每个地区发生的大量抗议事件。因此,极有可能出现的情况是,这些地方许多不可测量的属性也能影响抗议事件的发生频率。固定效应模型考虑并控制了地区影响或者不可测量的地方属性。因此,虽然本文中的模型并没有包括学院特征的所有控制变量,比如学校是否有独特文化,但是这些因素都被隐含控制了。由于这些学校位于不同的州,固定效应模型也可以对影响抗议活动水平的不可测量的州属性进行控制。

第五节　研 究 结 果

我提出了一系列事件史模型,以研究不同级别政府和不同政府部门里精英盟友对于抗议事件发生率的影响(参见表 8.2)。最显著且最可靠的研究结论是,如果州议会控制在支持社会运动的议员盟友手中,抗议活动就更有可能发生,这个结论符合目前的政治机遇理论所揭示的内容。然而,与政治机遇理论相反的是,如果州政府或联邦政府行政部门控制在支持社会运动的精英盟友手中,抗议活动发生的可能性极小。换句话说,如果行政部门控制在反对社会运动的精英手中,抗议活动发生的可能性就会增加。这个结论符合这个假说:抗议者将会为了应因威胁而动员起来。在我分析这些研究结论的意义之前,让我先详细分析一下各个统计模型。

第一个模型(模型 1)只包含了一个局部变量:教师的支持和大学管理人员的支持。地方性的大学精英盟友似乎对学生抗议活动的发生没有什么影响,教师和管理人员都没有什么支持变量,这一点值得注意。

第二个模型(模型 2)包含了州立法部门和行政部门这两个方面的变量。州行政部门中民主党精英联盟的存在会使抗议活动发生的可能性变得很小。换句话说,如果是共和党人出任州长,抗议活动发生的可能性就很大。无论何时何地,共和党人出任州长将会使抗议活动发生的可能性增加 14%,这与绝大多数政治机遇理论版本所作出的预测恰好相反。这种效应在完全模型(模型 4)中也同样存在。另一方面,州议会中精英联盟

表 8.2　1930—1990 年间精英联盟对于学生抗议活动发生可能性的影响(总样本)

	模型 1	模型 2	模型 3	模型 4
地方层面				
教员的支持	-0.007	—	—	-0.005
	0.993			0.995
行政部门的支持	0.031	—	—	0.014
	0.969			1.014
州层面				
民主党州长	—	-0.132*	—	-0.130*
		0.858		0.861
州议会民主党议员比例	—	1.426***	—	1.181***
		4.163		3.258
联邦层面				
民主党总统	—	—	-0.346***	-0.248***
			0.587	0.718
联邦议会民主党议员比例	—	—	0.514	0.031
			1.673	1.032
对越战年限的控制效应	0.400***	0.307***	0.387***	0.299***
	1.492	1.360	1.473	1.349
-2 log 近似值	28 283.102	28 213.649	28 222.077	28 181.289

n = 2 496 个事件。　* $p < 0.05$　** $p < 0.01$　*** $p < 0.001$。

注:第一个数据是系数值,第二个数据是让步值。

的存在,将会使抗议活动更有可能发生。这种民主党人精英盟友在州议会中每增加一个百分点,抗议活动发生的可能性就会增加 3%以上。这种效应在完全模型中保持不变,尽管其数值略有减少。

第三个模型(模型 3)包含了联邦行政部门和立法部门这两个方面的变量。其效应与州层面的效应相似。联邦行政部门中精英联盟的存在会减少抗议活动发生的可能性,而立法部门中精英联盟的存在则会增加抗议活动发生的可能性,尽管后面这种效应从统计资料上看并不显著。又则,第一个结论与政治机遇理论并不一致。在既定的时间里,民主党人担任总统将会使抗议活动发生的可能性减少 41%以上，而共和党人担任总统则会使抗议活动发生的可能性增加 41%以上。此外，联邦议会中精英联盟的效应并不明显，尽管能够按照我们预期的方向发挥作用。这些效应在完全模型(模型 4)中保持不变，尽管行政部门的效应值有所减少。在完全模型中，共和党人担任总统会使抗议活动发生的可能性增加 28%。

完全模型(模型 4)是以上三个模型的综合。如上所述，前面三个模型中已经说明的那些效应几乎原封不动地存在于完全模型中。州议会中支持社会运动的精英联盟会增加抗议活动发生的可能性，而联邦行政部门和州行政部门中反对社会运动的精英也会增加抗议活动发生的可能性。我将在下文探讨这些研究结果。

为了进一步研究精英盟友和抗议活动水平之间的关系，我提出了另外一些模型，以研究民主党人控制行政部门和立法部门会有何效应、民主党人只控制其中一个部门时会有何效应、共和党人控制这两个部门时会有何效应。这些研究结果体现在表 8.3 中。

表 8.3　1930—1990 年间，政党控制以及精英分裂对于学生抗议活动发生可能性的影响(总样本)

	模型 1	模型 2	模型 3	模型 4
地方层面				
分裂的教员和管理人员	−0.016	—	—	—
	0.984			
州层面				
分裂的州政府	—	−0.248***	—	−0.199***
		0.780		0.820
共和党控制州政府		−0.375***	—	−0.322***
		0.687		0.724
联邦层面				
分裂的联邦政府	—	—	0.234***	0.216***
			1.246	1.241
共和党控制联邦政府			0.405***	0.362***
			1.500	1.436
越战年限	0.402***	0.519***	0.443***	0.535***
	1.495	1.681	1.557	1.707
−2 log 近似值	28 283.121	28 249.448	28 229.049	28 206.434

n = 2 496 个事件。　* $p < 0.05$ ** $p < 0.01$ *** $p < 0.001$。

注：第一个数据是系数值，第二个数据是让步值。

我提出的这些独立的模型,包含了一个变量,代表各个层面的精英分裂:地方层面、州层面和联邦层面。模型 1 只包含了地方层面的精英分裂(教师和学校管理人员)这个变量,以及越战年限这个控制变量。当教师或学校管理人员表示支持抗议者、而其他社会团体则没有表示支持时,分裂的地方精英这个变量就是一个虚拟变量,用代码 1 表示。如同这个模型所示,分裂的教师和管理人员对于抗议活动发生的可能性没有任何效应。

模型 2 包含了分裂的州政府这个变量以及共和党人控制州立法部门和行政部门这个变量。民主党人控制立法部门和行政部门这种问题是一个省略变量。当州行政部门被支持社会运动的精英盟友控制、而立法部门则被反对者控制的时候,或者出现相反情况的时候,这种只控制其中一个部门这个问题是个虚拟变量,用代码 1 表示。关于州政府权力配置的效应这个问题,当民主党人同时控制着州行政部门和立法部门时,抗议活动发生的可能性最大;当这两个部门被民主党和共和党分别控制时,抗议活动发生的可能性次大,当共和党人同时控制州行政部门和立法部门时,抗议活动发生的可能性最小。当共和党人控制这两个部门时,相比民主党人控制这两个部门而言,抗议活动发生的可能性降低 31%;当这两个部门由两党分别控制时,相比共和党控制两个部门而言,抗议活动发生的可能性增加 14%。但是,两党分别控制这两个部门比之民主党人控制两个部门而言,抗议活动发生的可能性下降 22%。[3]这些研究结果符合这个观点:精英盟友会增加抗议活动发生的可能性,盟友越多,抗议活动发生的可能性就越大。

然而,关于联邦政府构成的研究结果则大不相同。第三个模型(模型 3)研究了分裂的联邦精英对于学生抗议活动可能性的影响。非常有趣的是,研究结果与州层面模型恰好相反。就是说,当共和党人控制联邦行政部门和立法部门的时候,抗议活动发生的可能性最大;当联邦政府行政部门和立法部门分别由两党控制时,抗议活动发生的可能性次大。共和党人控制这两个部门比之民主党人控制这两个部门,抗议活动发生的可能性增加 50%。这个研究结果意味着,为应因威胁,反对者可能进行动员活动。由两党分别控制联邦政府行政部门和立法部门,这种分裂的联邦政府比之由民主党人同时控制这两个联邦政府部门，会使抗议活动发生的可能性增加26%。当精英分裂时，抗议者可以觉察到，由于精英要寻求支持，抗议者就有了施加更多影响的机会。

第四个模型综合了州模型和联邦模型。在这个模型里，上述研究结果中大部分都没有变化，尽管效应值略有减少。共和党人控制联邦政府会导致抗议活动极有可能发生，而民主党人控制州政府也会大大增加抗议活动发生的可能性。

第六节　结　　论

这些研究结果揭示出，精英联盟与精英反对者可能会影响社会动员。如同查尔斯·蒂利所揭示的那样(1978年)，抗议者可能会因应威胁和机遇而动员起来。因此，州政府和联邦政府行政部门中的共和党人可能激发社会动员。然而，这些研究结果也揭示出，在探究其影响之前，我们必须关注精英所在的位置。不同级别政府和不同政府部门里的精英对于抗议活动的规模有着不同的影响。因此，立法部门里的共和党人并不会激发社会动员，但是，立法部门里的精英却会激发社会动员。另外，不同级别政府里的精英其影响也不相同。当共和党人控制联邦政府立法部门和行政部门时，抗议活动最有可能发生，但是，当他们控制州政府的立法部门和行政部门时，抗议活动却几无可能发生。我假定不同的精英可能在抗议动员中扮演了大不相同的角色，这是基于两个理由：参与渠道和怨愤。

一、参与渠道

处在政治体制不同层级中的政治人物或多或少会接近选民。比之总统或州长，议员对选民更加负责：议员经常造访选民家庭，你也能够选定时间与一位议员会晤，甚至，州议员比联邦议员更容易接近。因此，我们可以认为，州议会及地方议会里精英的联合或分裂对于抗议者具有很大影响,这是因为抗议者更易于接近这些政治人物。抗议者也许会以为他们对较低层次政治人物的影响可能更大,因此当他们看到一个能够影响这些政治人物的机会时,就很有可能动员起来。

二、怨愤/威胁

处在政治体制高层的政治人物拥有制定能够影响很多公众的那些政策的权力。他们也更引人瞩目,而且他们的行动影响到的人比之单个议员要更多。因此,如果政治体制高层出现了反对社会运动的政治人物,例如州长或总统,就可能激发抗议活动的水平进一步升级。这些分析结论揭示出:抗议者会对威胁作出反应,反对社会运动的精英与支持社会运动的精英可能具有同样的重要性。

支持抗议活动的精英对于社会运动的影响是呈直线形还是呈曲线形,这个问题目前尚无定论,由于美国政治体制多级性的影响,该问题变得更加复杂。根据彼得·艾辛格的公式,当精英分裂时,我们就可以预期社会动员将达到最高水平,但是研究结果并不支持这个假说。根据查尔斯·蒂利的观点,当支持社会运动的精英盟友控制了政府立法部门和行政部门,以及当反对社会运动的精英控制了这两个政府部门的时候,我们就可以预期社会动员的水平将会很高,然而这个假说也没有得到完全证实。就联邦范围来看,威胁会促使社会动员扩大,而就各州范围来看,精英盟友动员了斗争者。应该注意到,这些分析并不是对上述两个假说的系统检验,因为威胁和机遇理论涉及的内容远远多于州和联邦的立法机构与行政机构。然而,本文的分析证实了,当把这些假说应用于分析政治盟友和社会动员之间的关系时,这些假说得不到支持。

社会运动研究学者已经认识到政府的镇压行动对于抗议活动可能产生的复杂影响,他们也认识到,制度化政治体制内的一些人可能会成为社会运动目标的反对者,例如里根总统和核武器冻结运动。然而,许多政治机遇理论家尚未认识到这些人的影响。我们讨论的是支持社会运动的精英联盟是否存在的问题,而不是反对社会运动的精英是否有可能存在的问题。这些研究结果揭示出,我们需要这样做,在我们完全理解了威胁对于抗议活动可能产生的动态影响之前,我们还必须做更多的研究工作。

注　释

1. 加纳(Garner)和扎尔德(Zald 1987)明确提到对于解释跨国社会运动而言政党的重要性。他们的观点与本文的研究有关系。

2. 如后文所示,我使用的统计方法,契合一个事实:密西西比民主党人不同于北方民主党人。

3. 表 8.3 没有反映出分裂的精英与共和党控制政府之间的关系,该表中民主党人是一个省略变量。

后记：社会运动研究者的议程

查尔斯·蒂利

自始至终热切地阅读《国家、政党与社会运动》的读者可能已经注意到这样一个令人欣慰的事实：我的同事麦克亚当、戈德斯通、勒德斯、坎宁安、斯沃茨、卡迪那—罗阿、格伦、德塞、威廉斯和范戴克等，不仅研究社会运动，而且也研究了与社会运动类似的话题。他们挑战了权威和传统观念，这些观念往往压制了人们的思想或使人误入歧途。在社会运动研究者的面前，这些学者共同地为下一步研究设定了一个富有活力的议程。正如他们对本书的杰出贡献所表明，他们为该议程的研究指明了方向。

当然，还有其他不同的议程。本书的每一位作者均选取了社会运动政治的不同方面进行了探索，他们在某些问题上的立场有所不同，例如，外部机会和威胁对社会运动如何产生影响？社会运动面临的挑战如何形成新的政党？

在本书的开篇，杰克·戈德斯通提出了富有深邃思想的观点，并对各篇论文进行了精彩的综述。我试图抵御这种深刻思想的诱惑，对未来的研究议程提出自己的一些判断和评价。然而，如此一来，就需要对社会运动进行初步的观察。我们的作者通常认为这些观察是理所当然的，但是那些没有先前卷入对这一问题讨论的读者无疑将在对社会运动的观察中获益。

在民主国家中，处于政治生活之外的人们借助于有效的社会运动手段来宣告自己的存在和提出集体诉求，大约历经了两个多世纪。社会运动政治与民主政体的政治具有许多不同的特征：借助群体的价值、团结、规模以及承诺等持续的、公开的展示；以有权者所控制的整个群体的名义向有权者不断地提出挑战。这一定义排斥了政变、内战、叛乱(起义)、夙仇(宿仇)以及抗争政治的其他形式。它与工业冲突、选举运动以及利益集团政治有某些共同点，并且也不限于这些领域。例如，许多选举活动，既没有对有权者构成持续的挑战，也没有价值、团结、规模、承诺等的公开展示。在这样的选举活动中没有社会运动的影子。

就最低程度而言，社会运动涉及挑战者和有权者之间持续不断的互动。的确，在本书中，首先从戈德斯通开始，然后是其他作者多次否定：(1)挑战者构成了一个独特的、不受约束的政治行为者阶层；(2)运动政治独立于或完全偏离了常规政治。然而，本书作者的贡献，与其说是消除这两种政治之间的差异，倒不如说是阐明了它们之间互动的性质，以及显示了社会运动与其他形式政治之间从紧密互动到完全分离的谱系。

投身于社会运动的参与者提出两个重叠的诉求：存在诉求和纲领诉求。存在诉求争取政治认同，它声称：一个紧密团结的群体迈入政治生活，拥有集体行动的能力，作为政治行为者而受到关注。纲领诉求宣称：某些重要群体支持或反对某些人、组织、计划或公众行动。有时，社会运动的参加者来自不同的领域，他们代表了工人、妇女、邻居、退伍老兵，等等。然而，在其他场合，社会运动的积极参加者代表了奴隶、减肥者、战争受害者、动物、森林或者其他无选举权者。社会运动诉求的形成通常与第三种力量有关，例如其他有权者、受压迫者、联盟者、竞争者、所有公民等。除了一些标准形式外，社会运动还具有许多其他的行为者和纲领。

这样，社会运动本身应当这样理解：由挑战者、他们的诉求目标、相关公众、以及诸如竞争性挑战者、反游行示威者、旁观者、无故受害者以及警察等第三种力量之间反复的互动所构成。社会运动的组织者通常依赖或创建社会运动的组织。然而，社会运动本身不是由组织构成，而是由持久地互动、政治斗争所构成。本书的作者清楚地区分了运动和运动的组织之间的差异。

这一定义介于社会运动的狭义和广义的解释之间。狭义的理解指出了社会运动参加者在18世纪末的西欧、北美开始形成的许多特定的结构和活动，例如协会、公共集会、签名运动、游行示威、小册子的传播等。作为集体挑战的一种模式，这些结构和活动具有它自己的历史和文化。在我的历史研究工作中，我常常关注着这些结构和活动。广义的理解将任何对现存权力结构的集体挑战视为社会运动。按照广义的解释，新宗教的形成、颠覆性政治教义的传播、整个世界民族主义的兴起都应当被视为社会运动的不同种类。

对于这些学术上的正本清源的而言，在社会运动的广义、狭义以及中间的定义之间进行区分实际上非常重要。三种定义的每一种都具有因果关联——所有大众的、集体的挑战均具有共同的特性，欧美政治模式的运作不同于其他类别的政治，或者我在此所界定的中间层次上的社会运动，在不同的地方、不同的时代具有类似的现象。我在界定社会运动时选择中间定义是因为本书的作者们在中间层次上展开了富有成果的理论对话。在本书最后，我将揭示他们以及我们是如何将其他两种理解结合到一起的。

尽管社会运动本身从未像选举、公民投票、政党以及请愿等政治参与形式一样获得法律上认可，但是社会运动推动了许多人们所熟悉的形式如公共集会、示威游行、集会、特殊利益协会、罢工、占据公共建筑、公共空间以及工作场所等的合法性——或者至少提升了法律上的宽容。这样，社会运动既是一种原因，又是一种结果，始终伴随着言论自由、集会自由、结社自由、申诉自由等。

选举和社会运动具有重要的相似性并相互依赖。两者均可以对潜在的或现实的权威行动作出支持或反对的判断。两者均可以发现具有志趣相投的人，如果环境不断地激起他们的反对，这些人会采取更为激进的行动。社会运动常常从重要的选举活动中获得影响力，因为选举运动标志着互相联系的、受迫害群体的存在，这些人不是一起投票，就是破坏日常政治。成功的社会运动积极分子通常以个人或作为新政党的成员参加选举政治，他们关注的话题出现在政党的纲领中，他们的支持者在未来的选举中逐渐壮大为重要力量。结果，建立在对政治生活日益重要的公民投票基础上的选举活动中，社会运动在频率、范围、影响方面逐渐扩大。

在若干重要的方面，社会运动不同于选举。一般来说，相比选举，社会运动需要投入更多的精力。尽管候选人和政党组织者可能把选举变成自己的职业，尽管一些人为社会运动投入的不只是金钱，然而在大多数时候，对社会运动最低程度的参与，比起普通公民的投票，也需要投入更大的努力及与其他人之间更为频繁的互动。选举首先将人们的注意力聚焦于为职位而竞争的候选人身上；其次，选举使人们关注政党或政党的纲领。社会运动通常首要关注的是纲领或者甚至是特殊要求。选举的成功取决于人数，最终的胜利必须依赖于足够的支持者，而不管他们的动机和承诺如何。社会运动的挑战者总是寻求更复杂的目标，包括特定的诉求和一般的认可。结果，单单数量不能保证社会运动活动的成功。

选举与社会运动之间更多的差异如下。一次选举活动与上一次选举活动不仅在过程方面，而且在结果方面相似：在大多数时候，选举的过程和投票变化不大。因此，选举参与者将注意力集中于投票率的微小变化或选民偏好的细微变化上。相比之下，社会运动的参加者投入巨大的努力，使本次活动与上一次活动或下一次活动之间显示出差异，更不用说区别于竞争对手或敌人的活动。选举活动的参与者有时公开自己的党派身份或者表示对特定候选人的支持，仅此而已。对社会运动中，认同、支持和成员身份的公开是非常重要的。

选举和社会运动的差异源于它们各自与现存权力结构之间的不同关系。那些拥有权力者制定选举的规则并从中受益。在任者往往能够再次当选，体制内政党继续占据重要地位，尽管它们之间的相对力量发生变化，后来者即使要获得更多的选票也是困难重重，新纲领的倡导者将他们的议题挤进选举议程也将遇到巨大麻烦。社会运动专门为那些后来者、被边缘化的人群、被忽视的纲领，以及未受倾听的抱怨创造政治空间。在那些选举通常没有为公众表达的群体认同、没有为某种要求的强烈支持提供机会的地方，社会运动将人们共同的认同与明确的要求紧密地结合在一起。的确，选举和社会运动有时能够结合起来，诸如当为了获取公职的竞选组织集会、游行以及斗争，或者社会运动的积极分子支持新候选人时。总之，不管如何，选举以内部政治为轴心，社会运动以外部政治为轴心。

记住以下那些将社会运动与其他政治形式区别开来的因素：持续的

挑战;针对有权者的挑战的方向;以特殊群体名义开展的活动;不断地公开显示某个特殊群体或其倡导者是有价值的、团结的、规模巨大的、信念坚定的。每个因素均有其在历史上形成的政治基础。让我们逐一予以分析。

持续性的挑战

在社会运动中,参与者提出的集体诉求不是一次地而是反复多次地,并且是公开地而不是以掩饰的方式。他们反映诉求以积极的要求、抱怨或者建议的形式,而不是以谦卑的哀求或微妙的偏好的形式。在悠久的政治历史中,当诉求产生时,大多数政权对它们施以压制,当诉求一旦变成可能则迫害诉求的倡议者,而当诉求无法变成现实时则装聋作哑,并且摧毁有利于持续的、直接的大众集体诉求表达的社会条件。社会运动诉求的普遍形成依赖于相对的结社自由、集会自由和言论自由——所有这些有着异乎寻常的历史意义,所有这些均属于经过艰苦斗争才赢得的民主权利。

权力的拥有者

通常,社会运动的积极分子直接将他们的诉求指向政府官员。有时,他们将矛头指向特权的社会阶层的成员、企业的所有者、重要公共设施的经营者以及具有某种影响力的人员。在历史上,如此直接地针对有权者总是有风险的;除非有庇护者的保护、匿名的掩护或者处于内战的混乱,否则就会招致直接的报复、取消庇护以及对那些提出诉求者的歧视。社会运动尽可能地利用合法规则、对持不同意见者的制度保护、有权者的弱点(如对他们自己的对手)、社会运动支持者的保护或反击的能力。这些条件在历史上与持续不断的挑战相重叠——这意味着它们更频繁地出现在民主政体中——当统治阶级内部出现明显的裂痕时,它们就变得更加明显。

特定人群

非常有权势的人们极少参与社会运动;他们具有成本低且更为有效

的实现自己利益的方式。完全无权势的群体也很少组织或参加社会运动;他们既缺乏社会联系,也缺乏资源。在两个极端之间,社会运动参加者表达了一种错误的集体意识,要么代表他们自身,要么代表某些重要的选民。社会运动在积极分子与那些声称代表某些群体说话的人之间的重叠程度是巨大的,从保护森林的运动到反对堕胎的运动,再到其他诸如与邻居联合起来反对市长签署命令的运动。社会运动的斗士实际声称动员所有人参加的情况的确很少——一个社会运动的斗士们无法代表他们宣传所代表的人们的真实意愿或真正利益的事实,这是他们在向竞争对手宣称自己是合法领导者,或者在同一群体中组织相反的社会运动时展现出来的弱点。然而,总体上,社会运动的领导者关注他们的成员所遭受的不公或危险:权利的剥夺、福利减少的威胁、已经获得的承认的否定或者其他事情。

WUNC 的展示

社会运动包含 WUNC 的公开展示——价值(W)、团结(U)、规模(N)以及承诺(C)——在积极分子的身上、在社会运动的成员身上,一种潜在的运动能量的体现。价值、团结、规模以及承诺,每一项指标从 0(无)到 1(最大可能性)。能量等于 W×U×N×C,这意味着如果任何一个数值接近 0,那么能量就接近 0。某个部分(比如说承诺)的高数值会弥补另一个部分(比如说规模)的低数值。因而,一些信誓旦旦的饥饿的罢工者具有同仅仅签署情愿书的几千人一样的冲击力。有关的规则运行大致如下:

(1) 价值:节制、服饰的适宜、牧师与其他尊贵者的结合、道德权威的认可、未曾受过先前苦难的证据。

(2) 团结:一致、在齐奏中行进或跳舞、呼喊口号、唱歌、跳跃、互相挽着手、统一的穿着与佩带、共同的纲领或身份的直接认同。

(3) 规模:公共空间的占有、请愿、各种组成单位的代表(邻居组织等)、通过民意测验手段获得直接的数据来支持诉求、全体成员的签名以及财政的捐助。

(4) 承诺:执着于高成本或者高风险活动,准备不屈不挠的声明,对攻击的抵抗。

伴随用于展示这些特征的手段的变化(例如,在19世纪晚期通过在棍子上做标记表示旗帜来展示),在社会运动历史的早期就已经突出WUNC的作用并延续下来。对这一规则的主要偏离发生于追求这些特征的显现和刻意地体现差异,如当持不同意见的成员抵抗游行的命令,或者同性恋成员穿着异性服装而侵犯了传统的价值标准时,社会运动的团结就遭到了破坏。

由于社会运动有时成功地实现了要求,由于社会运动有时获得了自己成员的政治承认,由于社会运动有时造成早先被压制的诉求被接受,以及由于挑战者和当局之间的斗争本身导致了当局在宽容和压制方面的改变,社会运动推动了常规政治的重新定义。结果,某一代人的未得到权威认可的行动到下一代就变成了被权威认可的行动。社会运动革新的场所相应地发生了变化。

例如,在18世纪中期的美洲,普通公民无权就他们自己的创议进行公开集会,或者形成政治上的活跃联盟;在美国革命期间这些活动的蔓延具有社会运动的色彩。然而,半个世纪以后,在新的美国,集会与结社的权利是如此坚实地建立起来,以致集会和结社本身已经不再被认为属于社会运动的活动。其后,罢工、静坐以及一系列其他社会运动的创新,经历了类似的合法化转型过程,或者至少得到官方的容忍。

社会运动持续不断地对有权者的挑战必然与公共领域之外的社会生活发生联系,或依赖于它们。一些联系值得特别的关注:

· 几乎所有的社会运动在很大程度上依赖非运动的网络(比如,朋友、同学、邻居以及同事)作为招募会员、获得资源以及道德支持的来源。

· 社会运动积极分子之间形成团结和相互帮助。

· 在幕后进行大规模的招募、组织、劝说、联盟的形成、游说以及制定战略,所有这些构成了复杂公共事件的基础。

社会运动在这些活动的手段方面具有明显的差异,以及在它们对公共活动与私人活动的相对侧重方面不同,我们大致能区分出三种模式:职业性的运动(由富有经验的组织者所领导的持续不断的、特定的和松散的社会运动,其资金来自于支持者的资助);特殊的运动(来自一个紧密团体的成员进行暂时的、特定的、相对广泛的动员,以反对特定的威胁);社群主义的运动(产生一个新的社群的持续不断的、非特定化的运动,这一社群的维系成为运动支持者主要关注的对象)。这三种模式有退出社会运动舞台的趋向——持久的公共挑战的舞台——从不同的方向,随着职业活动家进入利益集团以及选举政治,特殊的活动家重返他们受到威胁之前的生活,社群主义的活动家将他们的全部时间贡献给社群建设。然而,高度参与这三种模式中的任何一种,共同地重构了人们的政治生活,赋予了他们新的纽带、新的优先安排以及对政治现实的新理解。

细心的读者可以很容易地发现,本文集的观点与我在此陈述的观点有一些差异——例如,约瑟夫·勒德斯的国家当局与反社会运动分子之间相互勾结的分析,海迪·斯沃茨对公众对抗的细致的描述,或者罗格·卡迪那—罗阿对社会运动的积极分子与体制内政党之间联系的考察。没有一个普遍的规律适用于所有的社会运动。的确,从策略性的活动到广泛诉求的提出者、问题以及地方上的活动,社会运动政治真正地获得了巨大的能量。各种社会运动彼此之间也具有家族似的共同点(如本书中的文章所表明的)。因此,对社会运动分析者的挑战是对社会运动的相似点和差异同时进行分析。

我们将走上什么样的路径呢?我认为有四个研究议程,一个是否定的,三个是肯定的:(1)抛弃普遍的社会运动模式;(2)认真地对待特定的社会运动的历史,并进行比较政治分析;(3)比较、联系社会运动政治与其他政治类型;(4)在(2)和(3)基础上,探索出充满活力的因果性机制及过程。让我简短地描述这些议程的每一个方面。

抛弃普遍的社会运动模式

在关于普遍的社会运动模式的问题上,本书的作者表现出了模棱两可的态度。一方面,他们发现很容易地利用自己的观点和结论批驳关于"所有社会运动——"的普遍论述。另一方面,他们在宣称已经发现新的普遍规律与断言不存在普遍规律之间犹豫不决。因此,金·威廉斯将她对于作为一个美国独特的政治问题的多种族类型的叙述性分析,转向为对普遍的资源动员的分析和对社会运动的政治过程的描述,她的最终结论认为,两者均无法提供充分的解释。她是正确的。资源动员、政治过程以及对社会运动的一般性描述,提供给一代学者的只是一些问卷调查,而不是对这些问卷调查的回答。拙劣的修修补补也无助于将它们变成对社会运动的相似性、差异和变化的系统解释。

社会运动的历史及其比较政治分析

正如对选举制度、立法程序、法律规则以及官僚组织的历史的、比较的研究,证明其对于解释当代政治的变化和转型是十分必要的,社会运动的分析者值得将他们的精力贡献于将示威、街头游行、集合、特殊利益组织、公共集会、请愿活动以及相关的集体行动,归结为对公共政治的特定的文化、历史发展的一般贡献。也许,被社会运动分析者(如杰克·戈德斯通及其合作者)所忽视的关于这些主题的历史的、比较的研究,源于他们坚持对社会运动与制度化政治之间基本差异的假设。我不禁认为,它也部分地来源于社会运动分析的优点之一:它不断地吸引那些深切关注当代社会运动问题、同情当前社会运动的学者。了解当今的社会运动不断地丰富有关社会运动的讨论,但是它也同时阻碍了人们对社会运动的历史的、比较的分析。

与其他政治类型的比较和联系

正如戈德斯通以及他的诸多合作者所言,本书的独特贡献在于在社会运动和其他种类政治过程之间进行了比较和联系。这一工作值得进一步地努力,如果社会运动和选举政治联姻(如我早就提出的那样),这样他们的共同的变化值得进行更为系统的分析。勒德斯、斯沃茨、卡迪那—罗阿、格伦、德塞、威廉斯以及范戴克的结论均表明,一些这样的互相依赖仅仅是对整个社会运动和不同层次的政府进行简单的概括。在早期的研究中,戈德斯通已经注意到了革命与社会运动之间的相似性、差异以及转换。既然研究者已经抛弃了这一公式,即社会运动 = 非理性的 = 自发的 = 反政治的,那么该到了进行系统地比较分析的时候了。

充满活力的机制与过程

对于哪种社会过程的解释作为一般法则,能够发现行为者的取向,在更大的体系内部定位社会运动，或者能够指出广泛发生的、但规模较小的机制和过程，分析家们莫衷一是(机制或过程为基础的解释选择社会运动的显著片段，或者在这些片段之间的差异，通过在这些片段中寻找相对普遍的、充满活力的机制来进行解释。类似地，它们将重复出现的机制转变为更为复杂的过程)。不管这些解释的结果多么具有争议，社会运动的研究者在重构动员化、去动员化以及运动转换的特定的机制和过程方面的认真探索中获益颇多。例如，中介活动、我们—他们之间边界的激活、极化现象以及跨阶级联盟的形成，在广泛的社会运动中，均扮演着重要的角色。的确，社会运动的分析者对那些机制和过程的时代、地点、问题及背景进行系统的比较，从中能够学习到许多的东西。

在探索这四个步骤的议程中，新一代社会运动分析者——本书各篇论文的作者作为代表——为他们自己所精心挑选的主题，提供了一个严谨的、系统的研究领域。

参考文献

Acosta, Miguel and Jorge A. Castañeda. 1994. *La observación internacional de las elecciones*. México: Porrúa.

All India Kisan Sabha [All India Peasants Union]. 1944—1945. Organizational Reportage No. 4 of 1944—1945.

Allison, Paul. 1995. *Survival Analysis Using the SAS System*. Cary, NC: SAS Inc.

Almeida, Paul and Linda Brewster Stearns. 1998. "Political Opportunities and Local Grassroots Environmental Movements: The Case of Minamata." *Social Problems* 45:37—60.

Alonso, Antonio. 1972. *El movimiento ferrocarrilero en México*, 1958—1959. México: Era.

Amenta, Edwin. 1998. *Bold Relief: Institutional Politics and the Origins of Modern American Social Policy*. Princeton, NJ: Princeton University Press.

Aminzade, Ronald. 1995. "Between Movement and Party: The Transformation of Mid-Nineteenth Century French Republicanism." In Jenkins and Klandermans, pp. 39—62.

Anderson, Bo and James D. Cockroft. 1972. "Control and Co-optation in Mexican Politics," pp. 219—244 in *Dependence and Underdevelopment: Latin America's Political Economy*, edited by J. D. Cockroft, A. G. Frank, and D. L. Johnson. New York: Anchor Books.

Andrews, Kenneth. 2001. "Social Movements and Policy Implementation: The Mississippi Civil Rights Movement and the War on Poverty, 1965 to 1971," *American Sociological Review* 66:71—95.

Antalova, Ingrid, ed. 1998. *Verenost' Proti Nasiliu 1989—1991: Svedectva a dokumenty* [Public against Violence 1989—1991: Testimony and documents]. Bratislava: Milan Simecka Foundation.

Appleman, Jeannie. 1996. *Evaluation Study of Institution-Based Organizing*. Prepared for the Discount Foundation, Rockville, MD.

Ash, Timothy Garton. 1991. "Tell Me Your Europe and I Will Tell You Where You Stand," pp. 122—125 in *Europe From Below*, edited by Mary Kaldor. London: Verso.

Ashmore, Herbert. 1957. *An Epitaph for Dixie*. New York: W. W. Norton.

Bachrach, Peter and Morton Baratz. 1962. "Two Faces of Power." *American Political Science Review* 56:947—952.

Banaszak, Lee Ann. 1998. "Use of the Initiative Process by Woman Suffrage Movements." In Costain and McFarland, pp. 99—114.

Barberán, José, Cuauhtémoc Cárdenas, Adriana López, and Jorge Zavala. 1988. *Radiografia del Fraude*. Mexico City: Neustro Tiempo.

Barkan, Steven. 1984. "Legal Control of the Southern Civil Rights Movement." *American Sociological Review* 49:552—565.

Barone, Michael. 1998. *State Legislative Elections: Voting Patterns and Demographics*. Washington, DC: Congressional Quarterly.

Barret, Stanley R. 1987. *Is God Racist? The Right Wingin Canada*. Toronto: University of Toronto Press.

Bartley, Numan V. 1969. *The Rise of Massive Resistance: Race and Politics in the South During the 1950's*. Baton Rouge: Louisiana State University Press.

Bartolini, Stefano and Peter Mair. 1990. *Identity, Competition, and*

Electoral Availability: The Stabilisation of European Electorates 1885—1985. New York: Cambridge University Press.

Baumgartner, Frank R. and Bryan D. Jones. 1993. *Agendas and Instability in American Politics*. Chicago: University of Chicago Press.

Beck, E. M. 2000. "Guess Who's Coming to Town: White Supremacy, Ethnic Competition and Social Change." *Sociological Focus* 33: 153—174.

Belknap, Michael. 1987. *Federal Law and Southern Order: Racial Violence and Constitutional Conflict in the Post-Brown South*. Athens: University of Georgia Press.

Bennett, Vivienne. 1992. "The Evolution of Urban Popular Movements in Mexico Between 1968 and 1988," pp. 240—259 in *The Making of Social Movements in Latin America*, edited by A. Escobar and S. E. Alvarez. Boulder, CO: Westview Press.

Berrueto, Federico. 2000. "Geografia Electoral." *Voz y Voto* 83:27—30.

Berry, Jeffrey M., Kent E. Portney, and Ken Thomson. 1993. *The Rebirth of Urban Democracy*. Washington, DC: The Brookings Institution.

Bhattacharyya, Janabrata. 1978. "An Examination of Leadership Entry in Bengal Peasant Revolts, 1937—1947." *Journal of Asian Studies* 37:611—35.

Black, Earl. 1976. *Southern Governors and Civil Rights: Racial Segregation as a Campaign Issue in the Second Reconstruction*. Cambridge, MA: Harvard University Press.

Blahoz, Josef. 1994. "Political Parties in the Czech and Slovak Federal Republics: First Steps toward the Rebirth of Democracy," pp. 229—247 in *How Political Parties Work: Perspectives from Within*, edited by Kay Lawson. Westport, CT: Praeger.

Blee, Kathleen M. 1996. "Becoming a Racist: Women in Contemporary Ku Klux Klan and Neo-Nazi Groups." *Gender and Society* 10:680—

702.

Bloom, Jack S. 1987. *Class, Race, and the Civil Rights Movement*. Bloomington: Indiana University Press.

Boli, John and George M. Thomas. 1997. "World Culture in the World Polity: A Century of International Non-Governmental Organization." *American Sociological Review* 67:171—90.

Bose, Sugata. 1986. *Agrarian Bengal: Economy, Social Structure and Politics, 1919—1949*. Cambridge: Cambridge University Press.

Bositis, David A. 2001. *Diverging Generations: The Transformation of African American Policy Views*. Washington, DC: Joint Center for Political and Economic Studies.

Bouchier, Josiane. 1988. "La Coordinadora Nacional del Movimiento Urbano Popular(CONAMUP): Una historia de odios y amores, encuentros y desencuentros entre organizaciones políticas." Licenciatura thesis, FCPyS-UNAM, México.

Brovkin, Vladimir. 1990. "Revolution from Below: Informal Political Associations in Russia 1988—1989." *Soviet Studies* 42:233—258.

Browning, Rufus P., Dale Rogers Marshall, and David H. Tabb. 1984. *Protest Is Not Enough*. Berkeley: University of California Press.

Brustein, William. 1996. *The Logic of Evil: The Social Origins of the Nazi Party, 1925—1933*. New Haven, CT: Yale University Press.

Burstein, Paul. 1985. *Discrimination, Jobs, and Politics: The Struggle for Equal Employment Opportunity in the United States since the New Deal*. Chicago: University of Chicago Press.

1998a. "Bringing the Public Back In: Should Sociologists Consider the Impact of Public Opinion on Public Policy?" *Social Forces* 77: 27—62.

1998b. "Interest Organizations, Political Parties, and the Study of Democratic Politics." In Costain and McFarland, pp. 39—56.

1999. "Social Movements and Public Policy," pp. 3—21 in *How Social*

Movements Matter, edited by Marco Giugni, Doug McAdam, and Charles Tilly. Minneapolis: University of Minnesota Press.

Burstein, Paul, Rachel L. Einwohner, and Jocelyn A. Hollander. 1995. "The Success of Political Movements: A Bargaining Perspective." In Jenkins and Klandermans, pp. 275—295.

Burt, Ronald. 1992. *Structural Holes: The Social Structure of Competition*. Cambridge, MA: Harvard University Press.

Burton, Michael and John Higley. 1987. "Elite Settlements." *American Sociological Review* 52:295—307.

Butora, Martin and Zora Butorova. 1993. "Slovakia: The Identity Challenges of the Newly Born State." *Social Research* 60:705—736.

Butorova, Zora. 1993. "A Deliberate 'Yes' to the Dissolution of the CSFR?" *Czech Sociological Review* 1:58—72.

Button, James W. 1989. *Blacks and Social Change*. Princeton, NJ: Princeton University Press.

Cadena-Roa, Jorge. 1988. "Las demandas de la sociedad civil, los partidos políticos y las respuestas del sistema," pp. 285—327 in *Primer informe sobre la democracia: México 1988*, edited by P. González Casanova and J. Cadena-Roa. México: Siglo Veintiuno-CIIH, UNAM.

1995. "New Social Movements of the Early Nineteenth Century," pp. 173—215 in *Repertoires and Cycles of Collective Action*, edited by Mark Traugott. Durham, NC: Duke University Press.

Camp, Roderic Ai. 1992. *Generals in the Palacio: The Military in Modern Mexico*. New York: Oxford University Press.

1995. *Mexican Political Biographies 1935—1975*. Tucson, AZ: The University of Arizona Press.

Campbell, David. 1986. "Organizing Grassroots Power: Transcending Alinsky-Style Leadership." Paper presented at the annual meeting of the American Political Science Association in Washington, DC,

August 28—31, 1986.

Canon, David. 1999a. *Race, Redistricting, and Representation: The Unintended Consequences of Black Majority Districts*. Chicago: University of Chicago Press.

1999b. "Electoral Systems and the Representation of Minority Interests in Legislatures." *Legislative Studies Quarterly* 24:331—383.

Carnogursky, Jan. 1992. "Politics Does Not Always Have to Be Ethical: An Interview." *Uncaptive Minds*(Winter), pp.91—92, 61—68.

Carothers, Thomas. 1996. *Assessing Democracy Assistance*. Washington, DC: Carnegie Endowment for Peace.

Carpizo, Jorge. 1978. *Elpresidencialismo mexicano*. México: Siglo Veintiuno Editores. Carr, Barry. 1992. *Marxism and Communism in Twentieth Century Mexico*. Lincoln: University of Nebraska Press.

Casillas, Miguel. 1987. "Notas sobre el proceso de transición de la universidad tradicional a la moderna: Los casos de expansión institucional y la masificación." *Sociológica* 2:121—144.

Castillo, Ed. PACT leader. 1998. Interview, San Jose, CA.

Castillo, Heberto. 1986. *Desde la trinchera*. México: Océano.

Census of Travancore, 1931. Travancore: Superintendent Government Press.

Chalmers, David M. 1965. *Hooded Americanism: The History of the Ku Klux Klan*. Garden City, NY: Doubleday.

Chatterjee, Partha. 1984. *Bengal: 1920—1947*. Calcutta: K.P. Bagchi and Company. 1986. "The Colonial State and Peasant Resistance in Bengal, 1920—1947." *Past and Present* 110:169—203.

Chaudhuri, Aseem Kumar. 1980. *Socialist Movement in India: The Congress Socialist Party from 1934 to 1947*. Calcutta: Progressive Publishers.

Churchill, Ward and Jim VanderWall. 1988. *Agents of Repression: The*

FBI's Secret Wars Against the Black Panther Party and the American Indian Movement. Boston: South End Press.

1990. *The COINTELPRO Papers: Documents from the FBI's Secret War Against Dissent in the United States*. Boston: South End Press.

Cigar, Norman. 1995. *Genocide in Bosnia: The Politics of Ethnic Cleansing*. College Station: Texas A & M University Press.

Clark, Ann Marie, Elizabeth J. Frieidman, and Kathryn Hochstetler. 1998. "The Sovereign Limits of Global Civil Society: A Comparison of NGO Participation in UN World Conferences on the Environment, Human Rights, and Women." *World Politics* 51:1—35.

Clemens, Elisabeth S. 1997. *The People's Lobby: Organizational Innovation and the Rise of Interest Group Politics in the United States, 1890—1925*. Chicago: University of Chicago Press.

Cloward, Richard A. and Frances Fox Piven. 1999. "Disruptive Dissensus: People and Power in the Industrial Age," pp. 165—193 in *Reflections on Community Organization*, edited by Jack Rothman. Itasca, IL: F.E. Peacock.

Cobb, James C. 1982. *The Selling of the South: The Southern Crusade for Industrial Development 1936—1980*. Baton Rouge: Louisiana State University Press.

Cobb, Roger W. and Charles D. Elder. 1972. *Participation in American Politics: The Dynamics of Agenda-Building*. Baltimore: Johns Hopkins University Press.

Cohen, Cathy. 1999. *The Boundaries of Blackness: AIDS and the Breakdown of Black Politics*. Chicago: University of Chicago Press.

Collier, David and Steven Levitsky. 1997. "Democracy with Adjectives: Conceptual Innovation in Comparative Research." *World Politics* 49:430—451.

Collier, Ruth Bernis. 1992. *The Contradictory Alliance: State-Labor Relations and Regime Change in Mexico*. Berkeley: University of California Press.

Concha, Miguel. 1988. "Las violaciones a los derechos humanos individuales en México, periodo 1971—1976," pp. 115—187 in *Primer informe sobre la democracia: México 1988*, edited by P. González-Casanova and J. Cadena-Roa. México: Siglo Veintiuno Editores.

Concha, Miguel, Oscar González Gary, and Lino F. Salas. 1986. *La participatión de los cristianos en el proceso popular de liberación en México*. México: Siglo Veintiuno Editores.

Congressional Quarterly. 1998. *Gubernatorial Elections, 1787—1997* Washington, DC.

Corley, Robert: 1982. "In Search of Racial Harmony: Birmingham Business Leaders and Desegregation, 1950—1963," pp. 170—190 in *Southern Businessmen and Desegregation*, edited by Elizabeth Jacoway and David Colburn. Baton Rouge: Louisiana State University Press.

Cornelius, Wayne and Ann L. Craig. 1991. *The Mexican Political System in Transition*. San Diego: University of California, San Diego, Press.

Costain, Anne N. 1992. *Inviting Women's Rebellion*. Baltimore: The Johns Hopkins University Press.

1998. "Women Lobby Congress." In Costain and McFarland, pp. 171—184.

Costain, Anne N. and W. Douglas Costain. 1987. "Strategy and Tactics of the Women's Movement in the United States: The Role of Political Parties," pp. 196—214 in *The Women's Movements of the United States and Western Europe*, edited by Mary Fainsod Katzenstein and Carol McClurg Mueller. Philadelphia: Temple University Press.

Costain, Anne N. and Andrew S. McFarland, eds. 1998. *Social Movements and American Political Institutions*. Lanham, MD: Rowman & Littlefield.

Costain, W. Douglas and James P. Lester. 1998. "The Environmental Movement and Congress." In Costain and McFarland, pp. 185—198.

Council of State Governments. 1937—1959. *The Book of the States*, Vols. 3—12. Chicago.

Craig, Ann L. and Wayne Cornelius. 1995. "Houses Divided: Parties and Political Reform in Mexico," pp. 249—297 in *Building Democratic Institutions: Party Systems in Latin America*, edited by S. Mainwaring and T. R. Scully. Stanford, CA: Stanford University Press.

Cress, Daniel M. and David A. Snow. 2000. "The Outcomes of Homeless Mobilization: The Influence of Organization, Disruption, Political Mediation, and Framing." *American Journal of Sociology* 105: 1063—1104.

Cunningham, David. 2000. "Organized Repression and Movement Collapse in a Modern Democratic State." Ph. D. dissertation, University of North Carolina at Chapel Hill.

Dalton, Russell J. 1995. "Strategies of Partisan Influence: West European Environmental Groups." In Jenkins and Klandermans, pp. 296—323.

Dalton, Russell and Manfred Kuechler, eds. 1990. *Challenging the Political Order*. New York: Oxford University Press.

Dasgupta, Biplab. 1984. "Sharecropping in West Bengal: From Independence to Operation Barga." *Economic and Political Weekly* 19: A85—A96.

Davenport, Christian. 2000. *Paths to State Repression: Human Rights Violations and Contentious Politics*. Lanham, MD: Rowman & Littlefield.

Davis, James Kirkpatrick. 1997. *Assault on the Left: The FBI and the Sixties Antiwar Movement*. Westport, CT: Praeger.

de Candole, James. 1991. "Czechoslovakia: Too Velvet a Revolution?" *European Security Study # 11*, Institute for European Defense and

Strategic Studies.

de la Rosa, Martín. 1985. "Iglesia y sociedad en el México de hoy," pp. 268—92 in *Religión y politica en México*, edited by M. d. l. Rosa and C. A. Reilly. México: Siglo Veintiuno Editores.

della Porta, Donatella and Herbert Reiter, eds. 1998. *Policing Protest: The Control of Mass Demonstrations in Western Democracies*. Minneapolis: University of Minnesota Press.

della Porta, Donatella and Dieter Rucht. 1995. "Left Libertarian Movements in Context: A Comparison of Italy and West Germany 1965—1990." In Jenkins and Klandermans, pp. 229—272.

Dellinger, Dave. 1975. *More Power Than We Know: The People's Movement Toward Democracy*. New York: Anchor Press/Doubleday.

Democratic Research Service. 1957. Indian Communist Party Documents, 1930—1956. Bombay: Democratic Research Service.

DeNardo, James. 1985. *Power in Numbers: The Political Strategy of Protest and Rebellion*. Princeton, NJ: Princeton University Press.

Dhanagare, D. N. 1983. *Peasant Movements in India, 1920—1950*. Oxford: Oxford University Press.

Diamond, Larry and Juan J. Linz. 1989. "Introduction: Politics, Society, and Democracy in Latin America," pp. 1—58 in *Democracy in Developing Countries: Latin America*, vol. 4, edited by L. Diamond, J. J. Linz, and S. M. Lipset. Boulder, CO: Lynne Rienner.

Draper, Theodore. 1993. "The End of Czechoslovakia." *The New York Review of Books*, January, 28, pp. 20—26.

Dreze, Jean and Amartya Sen. 1995. *India: Economic Development and Social Opportunity*. Oxford: Oxford University Press.

Edles, Laura Desfor. 1995. "Rethinking Democratic Transition: A Culturalist Critique and the Spanish Case." *Theory and Society* 24: 355—384.

Edmonston, Barry and Charles Schultze, eds. 1995. *Modernizing the U.*

S. Census. Washington, DC: National Academy Press.

Eichhorn, Robert L. 1954. "Patterns of Segregation, Discrimination and Interracial Conflict: Analysis of a Nation wide Surrey of Intergroup Practices." Ph. D. dissertation, Cornell University.

Eisinger, Peter K. 1973. "The Conditions of Protest Behavior in American Cities." *American Political Science Review* 67:11—28.

Ekiert, Grzegorz. 1991. "Democratization Processes in East Central Europe: A Theoretical Reconsideration." *British Journal of Political Science* 21:285—313.

1992. "Peculiarities of Postcommunist Politics: The Case of Poland." *Studies in Comparative Communism* 25:341—362.

Elazar, Daniel J. 1984. *American Federalism: A View from the States*, 3d ed. New York: Harper & Row.

Elster, Jon, Claus Offe, Ulrich K. Preuss. 1998. *Institutional Design in Post-Communist Societies: Rebuilding the Ship at Sea*. Cambridge: Cambridge University Press.

Erikson, Robert S., Gerald C. Wright, and John P. McIver. 1993. *Statehouse Democracy: Public Opinion and Policy in the American States*. Cambridge: Cambridge University Press.

Estrada, Alba Teresa. 1986. "El Movimiento anticaballerista: Guerrero 1960. Crónica de un conflicto." Licenciatura thesis, FCPyS (Sociología), UNAM, México.

1994. *Guerrero: Sociedad, economía, políticay cultura*. México: CIIH-UNAM.

Evans, Geoffrey and Stephen Whitefield. 1993. "Identifying the Bases of Party Competition in Eastern Europe." *British Journal of Political Science* 23:521—548.

Fairclough, Adam. 1995. *Race and Democracy: The Civil Rights Struggle in Louisiana, 1915—1972*. Athens: University of Georgia Press.

Fernandez, Carlos. 1992. "La Raza and the Melting Pot: A Comparative Look at Multiethnicity." In *Racially Mixed People in America*, edited by Maria Root. Newbury Park, CA: Sage.

Fitzpatrick, Jody L. and Rodney E. Hero. 1988. "Political Culture and Political Characteristics of the American States: A Consideration of Some Old and New Questions." *Western Political Quarterly* 41: 145—153.

Francisco, Ronald A. 1995. "The Relationship between Coercion and Protest: An Empirical Evaluation in Three Coercive States." *Journal of Conflict Resolution* 39:263—282.

Franda, Marcus. 1971. "Radical Politics in West Bengal," pp. 183—222 in *Radical Politics in South Asia*, edited by Paul R. Brass and Franda Marcus. Cambridge, MA: MIT Press.

Franke, Richard and Barbara Chasin. 1989. *Kerala: Radical Reform as Development in an Indian State*. San Francisco: Institute for Food and Development Policy.

Frey, William. 2001. *Melting Pot Suburbs: A Census 2000 Study of Suburban Diversity*. The Brookings Institution, Census 2000 Series, June.

Frey, William and William O'Hare. 1992. "Becoming Suburban, and Black." *American Demographics* 30—38.

1993. "Vivan Los Suburbios!" *American Demographics* 30—37.

Fric, Pavol. 1992. "Who Loves Ya Meciar?" *East European Reporter* July-August: 79.

Fukuyama, Francis. 1992. *The End of History and the Last Man*. New York: Free Press.

Gamson, William A. 1990. *The Strategy of Social Protest*, 2nd ed. Belmont, CA: Wadsworth.

Gamson, William, Bruce Fireman, and Steve Rytina. 1982. *Encounters with Unjust Authority*. Homewood, IL: Dorsey.

Gamson, William and David Meyer. 1996. "The Framing of Political

Opportunity." In McAdam, McCarthy, and Zald, pp. 275—290.

Garland, James H. 1993. "Congregation-Based Organizations: A Church Model for the 90's." *America* November 13.

Garner, Roberta Ash and Mayer N. Zald. 1987. "The Political Economy of Social Movement Sectors," pp. 293—317 in *Social Movements in an Organizational Society*, edited by Mayer N. Zald and John D. McCarthy. New Brunswick, NJ: Transaction Publishers.

Gibson, James L. 1989. "The Policy Consequences of Political Intolerance: Political Repression During the Vietnam War Era." *Journal of Politics* 1:13—35.

Glassberg, Andrew D. 1991. "St. Louis: Racial Transition and Economic Development, pp. 86—96 in *Big City Politics in Transition*, edited by H. V. Savitch and John Clayton Thomas. *Urban Affairs Annual Reviews*, vol. 38. Newbury Park: Sage."

Goffman, Erving. 1974. *Frame Analysis: An Essay on the Organization of Experience*. New York: Harper Colophon.

Goldstone, Jack A. 1980. "The Weakness of Organization." *American Journal of Sociology* 85:1917—1942.

1991. *Revolution and Rebellion in the Early Modern World*. Berkeley: University of California Press.

Goldstone, Jack A. and Charles Tilly. 2001. "Threat (and Opportunity): Popular Action and State Response in the Dynamics of Contentious Action," pp. 179—94 in *Silence and Voice in Contentious Politics*, by Ronald Aminzade, Jack Goldstone, Doug McAdam, Elizabeth N. Perry, William Sewell, Jr., Sidney Tarrow, and Charles Tilly. Cambridge: Cambridge University Press.

González Casanova, Pablo 1970. *Democracy in Mexico*. New York: Oxford University Press.

ed. 1990. *Segundo informe sobre la democracia: México, el 6 de Julio de 1988*. México: Siglo Veintiuno Editores.

Goodwin, Jeff. 2001. *No Way Out: States and Revolutionary Movements, 1945—1991*. Cambridge: Cambridge University Press.

Gopalan, A. K. 1959. *Kerala: Past and Present*. London: Lawrence and Wishart. 1974. *In the Cause of the People: Reminiscences*. Madras: Orient Longman.

Gordon, Leonard. 1974. *Bengal: The Nationalist Movement 1876—1940*. New York: Columbia University Press.

Granovetter, Mark. 1973. "The Strength of Weak Ties." *American Journal of Sociology* 78:1360—1380.

1978. "Threshold Models of Collective Behavior." *American Journal of Sociology* 83:1420—1443.

Gray, Virginia and Herbert Jacob. 1996. *Politics in the American States: A Comparative Analysis*. Washington, DC: Congressional Quarterly Press.

Green, John C., James L. Guth, and Clyde Wilcox. 1998. "Less Than Conquerors: The Christian Right in State Republican Parties." In Costain and McFarland, pp. 117—135.

Grofman, Bernard, Robert Griffin, and Amihai Glazer. 1988. *La democracia en la calle: Crónica del movimiento estudiantil mexicano*. México: Siglo Veintiuno Editores.

1992. "The Effect of Black Population on Electing Democrats and Liberals to the House of Representatives." *Legislative Studies Quarterly* 17:365—379.

Gupta, Dipak K., Harinder Singh, and Tom Sprague. 1993. "Government Coercion of Dissidents: Deterrence or Provocation?" *Journal of Conflict Resolution* 73:301—339.

Gurr, Ted Robert. 1970. *Why Men Rebel*. Princeton, NJ: Princeton University Press. 1986. "The Political Origins of State Violence and Terror: A Theoretical Analysis," pp. 45—71 in *Government Violence and Repression: An Agenda for Research*, edited by Michael

Stohl and George A. Lopez. Westport, CT: Greenwood Press.

1989. "Political Terrorism: Historical Antecedents and Contemporary Trends." pp. 201—230 in *Violence in America: Volume II, Protest, Rebellion, Reform*, edited by Ted Robert Gurr. Newbury Park, CA: Sage.

Haas, Peter M. 1992. "Introduction: Epistemic Communities and International Policy Coordination." *International Organization* 46:1—35.

Harding, Susan. 1987. "Reconstructing Order through Action: Jim Crow and the Southern Civil Rights Movement," pp. 378—402 in *Statemaking and Social Movements: Essays in History and Theory*, edited by Charles Bright and Susan Harding. Ann Arbor: University of Michigan Press.

2001. *Cultural Dilemmas of Progressive Politics: Styles of Engagement among Grassroots Activists*. Chicago: University of Chicago Press.

Harvey, Neil. 1990. *The New Agrarian Movement in Mexico, 1976—1990*. London: University of London Press.

Hayden, Tom. 1988. *Reunion: A Memoir*. New York: Random House.

Heberle, Rudolph. 1951. *Social Movements*. New York: Appleton-Century-Crofts.

Heidenheimer, Arnold, Hugh Heclo, and Carolyn Teich Adams. 1990. *Comparative Public Policy: The Politics of Social Choice in America, Europe, and Japan*, 3rd ed. New York: St. Martin's Press.

Hero, Rodney. 1998. *Faces of Inequality: Social Diversity in American Politics*. Oxford: Oxford University Press.

Hibbs, Douglas. 1973. *Mass Political Violence*. New York: Wiley.

Higley, John and Richard Gunther, eds. 1992. *Elites and Democratic Consolidation in Latin America and Southern Europe*. Cambridge: Cambridge University Press.

Hirales, Gustavo. 1982. "La guerra secreta, 1970—1978." *Nexos* 54: 34—42.

Hirst, Paul. 1991. "The State, Civil Society and the Collapse of Soviet Communism." *Economy and Society* 20:217—242.

Hollinger, David. 1995. *Postethnic America*. New York: Basic Books.

Horn, Miriam. 1990. "Campaign Carnival: A Velvet Election?" *The New Republic* 203:11—13.

Huntington, Samuel. 1973. "Transnational Organizations in World Politics." *World Politics* 25:333—368.

Imig, Douglas R. 1998. "American Social Movements and Presidential Administrations." In Costain and McFarland, pp. 159—170.

Innes, Abby. 1997. "The Breakup of Czechoslovakia: The Impact of Party Development on the Separation of the State." *East European Politics and Societies* 11:393—435.

Jacoway, Elizabeth and David Colburn, eds. 1982. *Southern Businessmen and Desegregation*. Baton Rouge: Louisiana State University Press.

Jaramillo, Rubén and Froylán C. Manjarréz. 1967. *Autobiografía y asesinato*. México: Nuestro Tiempo.

Jeffrey, Robin, ed. 1978. *People, Princes and Paramount Power*. Oxford: Oxford University Press.

1984. "'Destroy Capitalism!' Growing Solidarity of Alleppey's Coir Workers, 1930—1940." *Economic and Political Weekly* 19:1159—1165.

1985. *The Politics of Insurgency*. New York: Columbia University Press.

Jenkins, J. Craig and Bert Klandermans, eds. 1995. *The Politics of Social Protest*. Minneapolis: University of Minnesota Press.

Jenkins, J. Craig and Charles Perrow. 1997. "Insurgency of the Powerless: Farm Worker Movements 1946—1972." *American Sociological Review* 42:249—268.

Johnson, Paul B. Family Papers. n. d., University of Southern

Mississippi(Hattiesburg), Series Ⅱ, Sub-Series 9, Sovereignty Commission.

Joes, A. V. 1984. "Poverty and Inequality-The Case of Kerala," pp. 107—136, in *Poverty in South Asia*, edited by Azizur Rahman Khan and Eddy Lee. Bangkok: International Labour Organization.

Kannan, K. P. 1988. *Of Rural Proletarian Struggles: Mobilization and Organization of Rural Workers in South-West India*. Delhi: Oxford University Press.

Karapin, Roger. 1994. "Community Organizations and Low-Income Citizen Participation in the U. S.: Strategies, Organization, and Power since the 1960s." Paper Presented at the annual meeting of the American Political Science Association, September 1—4.

Katzenstein, Mary Fainsod. 1998. "Stepsisters: Feminist Movement Activism in Different Institutional Spaces." In Meyer and Tarrow (1998b), pp. 195—216.

Keck, Margaret and Kathryn Sikkink. 1998. *Activists Beyond Borders: Advocacy Networks in International Politics*. Ithaca, NY: Cornell University Press.

Keesing's Research Reports. 1970. *Race Relations in the USA, 1954—1968*. New York: Charles Scribner's Sons.

Keller, William W. 1989. *The Liberals and J. Edgar Hoover: Rise and Fall of a Domestic Intelligence State*. Princeton, NJ: Princeton University Press.

Keohane, Robert O. and Joseph S. Nye. 1972. *Transnational Relations and World Politics*. Cambridge, MA: Harvard University Press.

Key, V. O. 1964. *Politics, Parties, and Pressure Groups*, 5th ed. New York: Thomas Y. Crowell.

Kim, Hyo Joung and Peter S. Bearman. 1997. "The Structure and Dynamics of Movement Participation." *American Sociological Review* 62:70—93.

Kimmel, Michael and Abby Ferber. 2000. "'White Men Are This Nation': Right Wing Militias and the Restoration of Rural American Masculinity." *Rural Sociology* 654:582—604.

Kingdon, John W. 1984. *Agendas, Alternatives, and Public Policies*. Boston: Little, Brown.

Kitschelt, Herbert P. 1986. "Political Opportunity Structures and Political Protest: Anti-Nuclear Movements in Four Democracies." *British Journal of Political Science* 16:57—95.

1995. *The Radical Right in Western Europe: A Comparative Analysis*. Ann Arbor: University of Michigan Press.

1996. "Formation of Party Cleavages in Post-Communist Democracies." *Party Politics* 1:447—472.

Klandermans, Bert and Dirk Oegema. 1987. "Potentials, Networks, Motivations and Barriers: Steps Toward Participation In Social Movements." *American Sociological Review* 52:519—531.

Klandermans, Bert, Marlene Roefs, and Johan Olivier. 1998. "A Movement Takes Office." In Meyer and Tarrow(1998b), pp. 173—194.

Klaus, Vaclav. 1992. *Dismantling Socialism: A Preliminary Report (A Road to a Market Economy II)*. Prague: Top Agency.

1997. *Renaissance: The Rebirth of Liberty in the Heart of Europe*. Washington, DC: The Cato Institute.

Knight, Alan. 1992. "Mexico's Elite Settlement: Conjuncture and Consequences," pp. 113—145 in *Elites and Democratic Consolidation in Lation America and Southern Europe*, edited by John Higley and Richard Gunther. New York: Cambridge University Press.

Knopf, Jeffrey W. 1989. "From Elite Activism to Democratic Consolidation: The Rise of Reform Communism in West Bengal," pp. 367—415 in *Dominance and State Power in Modern India*, Vol. 2, edited by Francine Frankel and M. S. A. Rao. Oxford: Oxford University Press.

1993. "Beyond Two-Level Games: Domestic-International Interaction in the Intermediate-Range Nuclear Forces Negotiations." *International Organization* 47:599—628.

Koopmans, Ruud. 1995. *Democracy from Below: New Social Movements and the Political System in West Germany*. Boulder, CO: Westview Press.

1996. "Explaining the Rise of Racist and Extreme Right Violence in Western Europe: Grievances or Opportunities?" *European Journal of Political Research* 30:185—216.

1997. "Dynamics of Repression and Mobilization: The German Extreme Right in the 1990's." *Mobilization* 2:149—165.

Koordinacni Centrum OF Praha [Coordination Center of Civic Forum, Prague].

1990. Mimeo draft of membership principles. Private collection of Ivan Havel.

Krejčí, Oskar. 1995. *History of Elections in Bohemia and Moravia*. Boulder, CO: East European Monographs; New York, distributed by Columbia University Press.

Kriesi, Hanspeter. 1995. "The Political Opportunity Structure of New Social Movements: Its Impact on Their Mobilization." In Jenkins and Klandermans, pp. 167—198.

Kriesi, Hanspeter, Ruud Koopmans, Jan W. Duyvendak, and Marco G. Guigni. 1995. *New Social Movements in Western Europe: A Comparative Analysis*. Minneapolis: University of Minnesota Press.

Kubik, Jan. 1992. "The Infirmity of Social Democracy in Postcommunist Poland: A Cultural History of the Socialist Discourse, 1970—1991." Program on Central and Eastern Europe Working Paper Series, #20, Harvard University, Cambridge, MA.

1998. "Institutionalization of Protest during Democratic Consolidation in Central Europe." In Meyer and Tarrow(1998b) pp. 131—152.

Kumar B. G. 1982. *Government Intervention and Levels of Living in*

Kerala, India. Unpublished D. Phil. dissertation, Oxford University.

Kunhi Krishnan, V. 1993. *Tenancy Legislation in Malabar 1880—1970*. New Delhi: Northern Book Centre.

Kurzman, Charles. 1996. "Structural Opportunities and Perceived Opportunities in Social Movement Theory: Evidence from the Iranian Revolution of 1979." *American Sociological Review* 61:153—170.

Landry, David M. and Joseph B. Parker. 1976. *Mississippi Government and Politics in Transition*. Dubuque, IA: Kendall/Hunt.

Lau, Rubén. 1991. "Historia política del CDP," pp. 11—67 in *Movimientos populares en Chihuahua*, edited by R. Lau and V. Quintana. México: Universidad Autonoma de Ciudad Juarez.

Laushey, David. 1975. *Bengal Terrorism and the Marxist Left: Aspects of Regional Nationalism in India, 1905—1942*. Calcutta: Firma K. L. Mukhopadhyay.

Leff, Carol. 1997. *The Czech and Slovak Republics: Nation versus State*. Boulder, CO: Westview Press.

Lewis, Paul G. 1998. "Party Funding in Post-Communist East-Central Europe," pp. 137—179 in *Funding Democratization*, edited by Peter Burnell and Alan Ware. Manchester and New York: Manchester University Press.

Lichbach, Mark. 1987. "Deterrence or Escalation?: The Puzzle of Aggregate Studies of Repression and Dissent." *Journal of Conflict Resolution* 31:266—297.

Lichbach, Mark and Ted Robert Gurr. 1987. "The Conflict Process: A Formal Model," *Journal of Conflict Resolution* 25:3—29.

Lindenberg, Siegwart. 1989. "Social Production Functions, Deficits, and Social Revolutions: Pre-revolutionary France and Russia." *Rationality and Society* 1:50—76.

Linz, Juan. 1975. "Totalitarian and Authoritarian Regimes," pp. 175—411 in *Handbook of Political Science*, vol. Ⅲ, edited by Fred Greenstein and Nelson Polsby. Reading, MA: Addison-Wesley.

Lipset, Seymour Martin and Stein Rokkan. 1967. "Cleavage Structures, Party Systems and Voter Alignments," pp. 1—64 in *Party Systems and Voter Alignments: Cross-National Perspectives*, edited by S. M. Lipset and S. Rokkan. New York: Free Press.

Lo, Clarence Y. H. 1982. "Countermovements and Conservative Movements in the Contemporary U. S." *Annual Review of Sociology* 8: 107—134.

1990. *Small Property versus Big Government: Social Origins of the Property Tax Revolt*. Berkeley: University of California Press.

Loaeza, Soledad. 1999. *El Partido Acción Macional: La larga marcha, 1939—1994*. México: FCE.

Logan, William [1887]. 1951. *Malabar*, vol. 2. Madras, India: Superintendent Government Press.

Lowi, Theodore. 1964. "American Business and Public Policy: The Politics of Foreign Trade" [review]. *World Politics* 16:677—715.

Loyo, Aurora. 1979. *El movimiento Magisterial de 1958 en México*. México: Era.

Loyola, Rafael and Samuel Léon. 1992. "El Partido Revolucionario Institucional: los intentos del cambio," pp. 53—80 in *El nuevo Estado mexicano*, vol. 2, edited by J. Alonso, A. Aziz, and J. Tamayo. México: Nueva Imagen.

LSA(Lousiana State Archives). 1965. Letter from Jack N. Rogers to Mr. Anderson(April 29, 1965), Box #1, JLCUA(Joint Legislative Committee on Un-American Activities); Folder: Ku Klux Klan.

Lublin, David. 1997. *The paradox of Representation: Racial Gerrymandering and Minority Interests in Congress*. Princeton, NJ: Princeton University Press.

Luders, Joseph E. 2000. "The Politics of Exclusion." Ph. D. dissertation, New School for Social Research.

Lukes, S. 1974. *Power: A Radical View*. London: Macmillan.

Maciel, Carlos. 1990. *El Movimiento de Liberación Nacional: Vicisitudes y aspiraciones*. México: Universidad Autónoma de Sinaloa.

Macín, Raúl. 1985. "Los protestantes y las luchas populares en México," pp.313—327 in *Religión y política en México*, edited by M. d. l. Rosa and C.A. Reilly. México: Siglo Veintiuno Editores.

Maguire, Diarmuid. 1995. "Opposition Movements and Opposition Parties: Equal Partners of Dependent Relations in the Struggle for Power and Reform?" In Jenkins and Klandermans, pp.199—228.

Mallick, Ross. 1993. *Development Policy of a Communist Government*. Cambridge: Cambridge University Press.

Markoff, John. 1996. *Waves of Democracy: Social Movements and Political Change*. London and Thousand Oaks, CA: Sage/Pine Forge Press.

Marván, Ignacio. 1990. "La dificultad del cambio," pp.255—290 in *El partido en el poder. Seis ensayos*, edited by IEPES. México: El Día.

Marwell, Gerald and Pamela Oliver. 1993. *The Critical Mass in Collective Action*. Cambridge: Cambridge University Press.

Marx, Gary T. 1982. "External Efforts to Damage or Facilitate Social Movements: Development, Participation, and Dynamics," pp. 181—200 in *Social Movements*, edited by J. Wood and M. Jackson. Belmont, CA: Wadsworth Publishers.

Mathews, Jessica T. 1997. "Power Shift." *Foreign Affairs*, January—February, pp.50—66.

McAdam, Doug. 1982. *Political Process and the Development of Black Insurgency: 1930—1970*. Chicago: University of Chicago Press.

1995. "Initiator and Derivative Movements: Diffusion Processes in Protest Cycles," pp.217—239 in *Repertoires and Cycles of Collective Action*, edited by Mark Traugott. Durham, NC: Duke University Press.

1996. "Conceptual Origins, Current Problems, Future Directions," In McAdam, McCarthy, and Zald, pp.23—40.

McAdam, Doug, John D. McCarthy, Susan Olzak, and Sarah A. Soule. 1997. "NSF Grant Proposal: The Dynamics of Collective Protest." Unpublished manuscript.

McAdam, Doug, John D. McCarthy, and Mayer N. Zald. 1988. "Social Movements," pp.695—737 in *Handbook of Sociology*, edited by Neil Smelser. Beverly Hills, CA: Sage.

eds. 1996. *Comparative Perspectives on Social Movements: Political Opportunities, Mobilizing Structures and Cultural Framings*. New York: Cambridge University Press.

McAdam, Doug, Sidney Tarrow, and Charles Tilly. 2001. *Dynamics of Contention*. Cambridge: Cambridge University Press.

McCarthy, John D., Jackie Smith, and Mayer N. Zald. 1996. "Accessing Public, Media, Electoral, and Governmental Agendas." In McAdam, McCarthy, and Zald, eds., pp.291—311.

McCarthy, John D. and Mayer N. Zald. 1977. "Resource Mobilization and Social Movements: A Partial Theory." *American Journal of Sociology* 82:212—241.

McManus, Susan and Lawrence Morehouse. 1997. "Redistricting in the Multiracial Twenty-First Century: Changing Demographic and Socioeconomic Conditions Pose Important New Challenges," in *Race and Representation*, edited by Georgia Persons. New Brunswick, NJ: Transaction Publishers.

McMillan, George. 1960. *Racial Violence and Law Enforcement*. Atlanta: Southern Regional Council.

1962. "The South's Pattern of Violence Has Changed." *Washington Post*, October 7, pp.E1, E7.

McMillen, Neil R. 1971. *The Citizens' Council: Resistance to the Second Reconstruction*. Urbana: University of Illinois Press.

1973. "Development of Civil Rights 1956—1970," pp. 154—176, in *A History of Mississippi*, vol. 2, edited by Richard Aubrey McLemore. Jackman, MS: University and College Press of Mississippi.

McVeigh, Rory. 1999. "Structural Incentives for Conservative Mobilization: Power Devaluation and the Rise of the Ku Klux Klan, 1915—1925." *Social Forces* 774:1461—1496.

Melucci, Alberto. 1989. *Nomads of the Present*. London: Hutchinson Radius.

Menon, Dilip. 1994. *Caste, Nationalism and Communism in South India*. Cambridge: Cambridge University Press.

Meyer, David S. 1990. *A Winter of Discontent: The Nuclear Freeze and American Politics*. New York: Praeger.

1993. "Institutionalizing Dissent: The United States Structure of Political Opportunity and the End of the Nuclear Freeze Movement." *Sociological Forum* 82:157—179.

Meyer, David S. and Suzanne Staggenborg. 1996. "Movements, Countermovements, and the Structure of Political Opportunity." *American Journal of Sociology* 101:1628—1660.

Meyer, David and Sidney Tarrow. 1998a. "A Movement Society: Contentious Politics for a New Century." In Meyer and Tarrow(1998b), pp. 1—28.

eds. 1998b. *The Social Movement Society: Contentious Politics for a New Century*. Lanham, MD: Rowman & Little field.

Meyer, David S. and Nancy Whittier. 1994. "Social Movement Spillover." *Social Problems* 422: 277—298.

Meyer, John W., John Boli, George M. Thomas, and Francisco O. Ramirez. 1997. "World Society and the Nation-State." *American Journal of Sociology* 103: 144—181.

Meyer, Lorenzo. 1977a. "El estado Mexicano contemporáneo," pp. 5—36 in *Lecturas de política mexicana*, edited by C. d. E. Internacionales. México: El Colegio de México.

1977b. "Historical Roots of the Authoritarian State in Mexico," pp. 3—22 in *Autoritarianism in Mexico*, edited by J. L. Reyna and R. S. Weinert. Philadelphia: Institute for the Study of Human Issues.

Michels, Robert. 1958. *Political Parties: A Sociological Study of the Oligarchical Tendencies of Modern Democracy*. Glencoe, IL: Free Press.

1962. *Political Parties: A Sociological Study of the Oligarchical Tendencies of Modern Democracies*. New York: Free Press.

Minkoff, Debra C. 1997. "The Sequencing of Social Movements." *American Sociological Review* 625:779—799.

Misztal, Bronislaw and J. Craig Jenkins. 1995. "Starting from Scratch Is Not Always the Same: The Politics of Protest and the Post-Communist Transitions in Poland and Hungary." In Jenkins and Klandermans, pp. 324—340.

Mlynar, Vladimir. 1992 "Jak bohate jsou nase strany? [How rich are our parties?]" *Respekt* No. 48, November 11:4.

Molinar, Juan. 1990. *El tiempo de la legitimidad*. México: Cal y Arena.

Mollenkopf, John H. 1983. *The Contested City*. Princeton, NJ: Princeton University Press.

Molotch, Harvey. 1970. "Oil in Santa Barbara and Power in America." *Sociological Inquiry* 40:131—144.

Montes de Oca, Rosa Elena. 1977. "The State and the Peasants," pp. 47—63 in *Autoritarianism in México*, edited by J. L. Reyna and R. S. Weinert. Philadelphia: Institute for the Study of Human Issues.

Moore, Barrington. 1966. *Social Origins of Dictatorship and Democracy*. Boston: Beacon Press.

Moravcsik, Andrew. 1993. "Introduction: Integrating International and Domestic Explanations of World Politics," pp. 3—42 in *Double-Edged Diplomacy: International Bargaining and Domestic Politics*, edited by Peter B. Evans, Harold K. Jacobson, and Robert D. Putnam. Berkeley: University of California Press.

Morris, Aldon D. 1984. *The Origins of the Civil Rights Movement*. New York: Free Press.

Mottl, Tahi L. 1980. "The Analysis of Countermovements." *Social Problems* 27:620—635.

Muller, Edward N. 1985. "Income Inequality, Regime Repressiveness, and Political Violence." *American Sociological Review* 50:47—61.

Muller, Edward N. and Erich Weede. 1990. "Cross-National Variation in Political Violence: A Rational Action Approach." *Journal of Conflict Resolution* 34:624—651.

Muse, Benjamin. 1964. *Ten Years of Prelude: The Story of Integration since the Supreme Court's Decision*. New York: Viking Press.

Namboodiripad, E. M. S. 1976. *How I Became a Communist*. Trivandrum: Chinta Publishers.

National Archives of India, New Delhi. Home Political Files, 1930 to 1947.

National Democratic Institute for International Affairs. 1996. "What Is the National Democratic Institute for International Affairs?" *Mission statement*. Washington, DC.

National Research Council Committee on National Statistics. 1996. *Spotlight on Heterogeneity: The Federal Standards for Racial and Ethnic Classification*. Washington, DC: National Academy Press.

NCDAH (North Carolina Division of Archives and History). 1958a. Papers of Governor Hodges, Box 313, File: Segregation, Ku Klux Klan and Governor Hodges Papers, General Correspondence, Box 227, File: Segregation, General.

1958b. Statement by Governor Hodges (30 January 1958). Hodges Papers, Box 313, Folder: Segregation: Ku Klux Klan.

1960. News Release (10 March 1960). Governor Hollings Papers, Box

1, Folder 36.

1963a. Report on Goldsboro 23, September 1963. Sanford Papers, Box 112, Folder: Segregation W. Ⅱ.

1963b. Report of State Highway Patrol(12 September 1963). Sanford Papers, Box 348, Folder: Segregation, W. Ⅱ.

Neidhardt, Friedhelm. 1989. "Gewalt und Gegengewalt. Steigt die Bereitschaft zu Gewaltaktionen mit zunehmender staatlicher Kontrolle und Repression?" pp. 233—243 in *Jugend-StaatGewalt. Politische Sozialisation von Jugendlichen, Jugendpolitik und politische Bildung*, edited by W. Heitmeyer, K. Möller, and H. Sünker. Weinheim: Juventa.

Nelson, Barbara J. 1984. *Making an Issue of Child Abuse: Political Agenda Setting for Social Problems*. Chicago: University of Chicago Press.

New York Times. 1957. "Klan Pickets in South Dispersed." September 2, p.26.

1958. "Klan Charged in Dynamite Plot." February 22, p.32.

1961a. "Biracial Unit Tells of Beating in South." May 11, p.25.

1961b. "Negroes Get Service: Eat at Formerly Segregated Counter in Columbia, S.C." May 31, p.23.

1961c. "Police Guard 32 on Freedom Ride."June 15, p.38.

1963. "Tear Gas in Carolina." September 12, p.30.

1964. "2 Held for Trying to Burn North Carolina Church." July 15, p.16.

1965. "Clean Bill of Health." August 1, p.57.

Nicholls, William. 1960. *Southern Tradition and Regional Progress*. Chapel Hill: University of North Carolina Press.

Núñez, Oscar. 1990. *Innovaciones democrático-culturales del movimiento urbanopopular*. México: UAM.

Nye, Mary Alice and Charles S. Bullock Ⅲ. 1992. "Civil Rights Support: A Comparison of Southern and Border State Representatives." *Legislative Studies Quarterly* 17:81—94.

Oberschall, Anthony. 1993. *Social Movements*. New York: Transaction Books.

1994. "Rational Choice in Collective Protests." *Rationality and Society* 6:79—100.

1996. "Opportunities and Framing in the Eastern European Revolts of 1989." In McAdam, McCarthy, and Zald, pp. 93—121.

O'Donnell, Guillermo and Philippe Schmitter. 1986. *Transitions from Authoritarian Rule: Tentative Conclusions about Uncertain Democracies*. Baltimore: Johns Hopkins University Press.

1993. "Vivan Los Suburbios!" *American Demographics* 30—37.

Oliver, Pamela. 1989. "Bringing the Crowd Back In. The Non-Organizational Elements of Social Movements," pp. 1—30 in *Research in Social Movements, Conflict and Change*, Vol. 11., edited by L. Kriesberg. Greenwich, CT: JAI Press.

Oliver, Pamela, Gerald Maxwell, and Ruy Teixeira. 1985. "A Theory of the Critical Mass I. Interdependence, Group Heterogeneity, and the Production of Collective Action." *American Journal of Sociology* 91:522—556.

Olson, David M. 1993. "Dissolution of the State: Political Parties and the 1992 Election in Czechoslovakia." *Communist and Post-Communist Studies* 26:301—314.

Olzak, Susan. 1989. "Analysis of Events in the Study of Collective Action." *Annual Review of Sociology* 15:119—141.

Opp, Karl-Dieter and Wolfgang Roehl. 1990. "Repression, Micromobilization, and Political Protest." *Social Forces* 2:521—547.

Orozco, Victor. 1976. "Las luchas populares en Chihuahua." *Cuadernos Políticos* 9:49—66.

Ortíz, Orlando. 1972. *Genaro Vázquez*. México: Diógenes.

Ost, David. 1991. "Shaping a New Politics in Poland." Program on Central and Eastern Europe Working Papers Series #8, Harvard University, Cambridge, MA.

Overstreet, Gene. D. and M. Windmiller. 1959. *Communism in India*. Berkeley: University of California Press.

Paige, Jeffrey. 1975. *Agrarian Revolution*. New York: Free Press.

Panebianco, Angelo. 1988. *Political Parties: Organization and Power*. Cambridge: Cambridge University Press.

Panikkar, K. N. 1989. *Against Lord and State: Religion and Peasant Uprisings in Malabar, 1836—1921*. Delhi: Oxford University Press.

Peck, James. 1962. *Freedom Ride*. New York: Simon & Schuster.

Pellicer, Olga. 1968. "La revolución Cubana en México." *Foro Internacional* 8:360—383.

Pereira, Bresser, Luiz Carlos, Jose Maria Maravall, and Adam Przeworski. 1993. *Economic Reforms in New Democracies: A Social-Democratic Approach*. Cambridge: Cambridge University Press.

Peterson, Paul E. 1981. *City Limits*. Chicago: University of Chicago Press.

ed. 1995. *Classifying by Race*. Princeton, NJ: Princeton University Press.

Pinto-Duschinsky, Michael. 1991. "Foreign Political Aid: The German Political Foundations and Their U. S. Counterparts." *International Affairs* 67:33—63.

1997. "Consolidating the Third Wave Democracies," pp. 295—324 in *Consolidating Third Wave Democracies*, edited by Larry Diamond, Marc F. Plattner, Yun-han Chu, and Hung-mao Tien. Baltimore: Johns Hopkins University Press.

Pozas Horcasitas, Ricardo. 1997. "La observación electoral: Una modalidad de la militancia ciudadana." *Revista Mexicana de Sociología* 59:23—40.

Presidencia de la República. 1987. *Las razones y las obras: Gobierno de Miguel de la Madrid*, vol.4. México: FCE.

1994. *Crónica del Gobierno de Carlos Salinas de Gortari*. Sexto año. México: FCE.

Pridham, Geoffrey. 1995. "Parties and Their Strategies in the Transition," pp. 1—28 in *Party Formation in East-Central Europe: Post-communist Politics in Czechoslovakia, Hungary, Poland, and Bulgaria*, edited by Gordon Wightman. Brookfield, VT: Edward Elgar.

1996. "Transnational Party Links and Transition to Democracy: Eastern Europe in Comparative Perspective," pp. 187—219 in *Party Structure and Organization in East Central Europe*, edited by Paul G. Lewis. Cheltenham, U.K. :Edward Elgar.

Przeworski, Adam. 1985. *Capitalism and Social Democracy*. Princeton, NJ: Princeton University Press.

1990. "The Games of Transition." Center for Social Theory and Comparative History Colloquium, UCLA.

1991. *Democracy and the Market*. Cambridge: Cambridge University Press.

Purcell, Susan Kaufman. 1977. "The Future of the Mexican System," pp.173—191 in *Autoritarianism in Mexico*, edited by J. L. Reyna and R. S. Weinert. Philadelphia: Institute for the Study of Human Issues.

Putnam, Robert. 1993. "Diplomacy and Domestic Politics: The Logic of Two-Level Games," pp. 431—468 in *Double-Edged Diplomacy: International Bargaining and Domestic Politics*, edited by Peter B. Evans, Harold K. Jacobson, and Robert D. Putnam. Berkeley: University of California Press.

1996. "The Strange Disappearance of Civic America." *American Prospect* 24:34—48.

2000. *Bowling Alone: The Collapse and Revival of American Community*. New York: Simon & Schuster.

Quigley, Kevin F.F. 1997. *For Democracy's Sake: Foundations and Democracy Assistance in Central Europe*. Washington, DC: Woodrow Wilson Center Press.

Ramsden, William E. and John C. Montgomery. 1990. *Biblical Integrity and People Power: A New Look at Church-Based Community Organizing in the 1990s*. Chicago: Institute on the Church in Urban-Industrial Society.

Ranga, N. G. 1939. "Jenmi System Doomed in Malabar," *Congress Socialist* vol.4, no.4.

Rascón, Marco and Patricia Ruíz. 1986. "Chihuahua: La disputa por la dependencia." *Cuadernos Políticos* 47:25—39.

Rasler, Karen. 1996. "Concessions, Repression, and Political Protest in the Iranian Revolution." *American Sociological Review* 61:132—52.

Rasul, M. A. 1969. *History of the All India Kisan Sabha*. Calcutta: National Book Agency.

Ravelo, Renato. 1978. *Los Jaramillistas*. México: Nuestro Tiempo.

Reitzes, Donald D. and David C. Reitzes. 1987. *The Alinsky Legacy: Alive and Kicking*. Greenwich, CT: JAI Press.

Reyna, José Luis. 1977. "Redifining the Authoritarian Regime," pp.155—171 in *Autoritarianism in México*, edited by J. L. Reyna and R.S. Weinert. Philadelphia: Institute for the Study of Human Issues.

Rhode, David W. 1991. *Parties and Leaders in the Post-reform House*. Chicago: University of Chicago Press.

Robinson, William Ⅰ. 1966. "Globalization, the World System, and 'Democracy Promotion' in U.S. Foreign Policy." *Theory and Society* 25:615—655.

Robles, Rosario and Julio Moguel. 1990. "Los nuevos movimientos rurales, por la tierra y por la apropriación del ciclo productivo." pp. 377—450 in *Historia de la cuestón agraria: Los tiempos de la crisis 1970—1982* (segunda parte), vol. 9, edited by J. Moguel. México: Siglo Veintiuno-CEHAM.

Rogozinski, Jacques. 1993. *La privatización de empresas paraestatales*. México: FCE.

Rondfeldt, David. 1984. *The Modern Mexican Military: A Reassessment*. La Jolla: University of California Press.

Root, Maria P. P. 1996. *The Multiracial Experience*. London: Sage.

Rose, Richard. 1984. *Do Parties Really Matter?* 2nd ed. London: Macmillan.

Rosenbaum, H. Jon and Peter C. Sederberg. 1974. "Vigilantism: An Analysis of Establishment Violence." *Comparative Politics* 6: 541—570.

Rothschild, Joseph. 1974. *East Central Europe between the Two World Wars*. Seattle: University of Washington Press.

Roy, Subodh, ed. 1976. *Communism in India: Unpublished Documents, 1935—1945*. Calcutta: National Book Agency.

Rucht, Dieter. 1990. "Campaigns, Skirmishes and Battles: Anti-Nuclear Movements in the USA, France and West Germany." *Industrial Crisis Quarterly* 4: 193—222.

1998. "The Structure and Culture of Collective Protest in Germany since 1950." In Meyer and Tarrow (1998b), pp. 29—57.

Rueschemeyer, Dietrich, John Stephens, and Evelyn Huber Stephens. 1992. *Capitalist Development and Democracy*. Chicago: University of Chicago Press.

Rusch, Thomas A. 1973. *The Role of the Congress Socialist Party in the Indian National Congress, 1931—1942*. Unpublished Ph. D. dissertation, University of Chicago.

Rusk, David. 1995. *Cities without Suburbs*. Washington, DC: Woodrow Wilson Center Press.

Russell, Cheryl. 1996. *The Official Guide to Racial and Ethnic Diversity*. Ithaca, NY: New Strategist.

Sale, Kirkpatrick. 1973. *SDS*. New York: Vintage Books.

Sanders, Elizabeth. 1999. *Roots of Reform: Farmers, Workers, and the American State 1877—1917*. Chicago: University of Chicago Press.

Santoro, Wayne A. 1995. "Black Politics and Employment Policies." *Social Science Quarterly* 76:794—806.

Sanyal, Hitesranjan. 1979. "Congress Movements in the Villages of East Midnapore, 1921—1931," pp. 169—78 in *Asie du sud: Traditions et changements*, edited by Marc Gaborieau and Alice Thorner. Paris: CRNS.

Sarkar, Sumit. 1983. *Modern India: 1885—1947*. New Delhi: Macmillan India Ltd.

Sarkar, Tanika. 1987. *Bengal: 1928—1934: The Politics of Protest*. Oxford: Oxford University Press.

SCDAH(South Carolina Department of Archives and History). 1963. Letter from William Lowndes to Governor Russell (March 26, 1963), Governor Russell Papers, Folder: College Presidents.

n.d.[a]. "Overall Plan for Law Enforcement at Clemson College," Governor Russell Papers, Folder: Clemson Case to Council of College Presidents.

n.d.[b]. Oral History, Governor Robert McNair Papers(n.d), p. 29.

Schattschneider, E.E. 1960. *The Semisovereign People: A Realist's View of Democracy*. New York: Holt, Rinehart and Winston.

Schmitter, Philippe C. 1992. The Consolidation of Democracy and Representation of Social Groups. *American Behavioral Scientist* 35: 422—449.

1996. "The Influence of the International Context upon the Choice of National Institutions and Policies in Neo-Democracies," pp. 26—54 in *The International Dimension of Democratization: Europe and the Americas*, edited by Laurence Whitehead. Oxford: Oxford University Press.

Scott, James. 1976. *The Moral Economy of the Peasant*. New Haven, CT: Yale University Press.

Seidman, Gay. 2001. "Guerrillas in Their Midst: Armed Struggle in the South African Anti-Apartheid Movement." *Mobilization* 6:111—127.

Sen, Sunil. 1972. *Agrarian Struggle in Bengal, 1946—1947*. New Delhi: People's Publishing House.

SERS(Southern Education Reporting Service). 1964. *Statistical Summary of School Segregation-Desegregation in the Southern and Border States*. Nashville, TN: SERS.

Sikkink, Kathryn. 1993. "Human Rights, Principled Issue-Networks, and Sovereignty in Latin America." *International Organization* 74:411—441.

Skocpol, Theda. 1996. "Unravelling from Above," pp. 292—301 in *Ticking Time Bombs*, edited by Robert Kuttner. New York: New Press.

Skocpol, Theda and Morris P. Fiorina. 1999. *Civic Engagement in American Democracy*. Washington, DC, and New York: The Brookings Institution and the Russell Sage Foundation.

Snow, David A., E. Burke Rochford, Jr., Steven K. Worden, and Robert D. Benford. 1986. "Frame Alignment Processes, Micromobilization, and Movement Participation." *American Sociological Review* 51:464—481.

Sorensen, Elaine. 1994. *Comparable Worth*. Princeton, NJ: Princeton University Press.

Spencer, Rainer. 1999. *Spurious Issues: Race and Multiracial Identity Politics in the United States*. Boulder, CO: Westview Press.

Staniszkis, Jadwiga, 1991. *The Dynamics of the Breakthrough in Eastern*

Europe: The Polish Experience. Berkeley: University of California Press.

Stevens, Evelyn P. 1970. "Legality and Extra-Legality in Mexico." *Journal of Inter-American Studies and World Affairs* 12:62—75.

1974. *Protest and Response in Mexico*. Cambridge, MA: MIT Press.

Stohl, Michael and George A. Lopez, eds. 1986. *Government Violence and Repression: An Agenda for Research*. Westport, CT: Greenwood Press.

Suárez, Luis. 1976. *Lucio Cabañas, guerrillero sin esperanza*. México: Roca.

Sullivan, William C. with Bill Brown. 1979. *The Bureau: My Thirty Years in Hoover's FBI*. New York: W. W. Norton.

Swain, Carol. 1993. *Black Faces, Black Interests: The Representation of African-Americans in Congress*. Cambridge, MA: Harvard University Press.

Swarts, Heidi. 2001. "Boxed In: The U. S. Multiracial Movement." Ph. D. dissertation, Cornell University.

Synnott, Marcia. 1980. South Carolina Library, *Modern Political Collections, Oral History Project*, July 8.

Tarrow, Sidney. 1989. *Democracy and Disorder: Protest and Politics in Italy, 1965—1975*. Oxford: Oxford University Press.

1996. "States and Opportunities." In McAdam, McCarthy, and Zald, pp. 41—61.

1998a. *Power in Movement: Social Movements and Contentious Politics*. Cambridge: Cambridge University Press.

1998b. "'The Very Excess of Democracy': State-Building and Contentious Politics in America." In Costain and McFarland, pp. 20—38.

In press. "Contentious Politics in Western Europe and the United States." In *Governing Europe: Essays in Honor of Vincent Wright*, edited by Jack Hayward and Anand Menon. Oxford: Oxford University Press.

Taylor, Verta. 2000. "Mobilizing for Change in a Social Movement Society." *Contemporary Sociology* 29:219—230.

Tesoro, Jose Manuel. 1999. "Who's in Charge of East Timor?" *Asiaweek*, April 30.

Tharakan, P.K. Michael. 1984. "Intra-Regional Differences in Agrarian Systems and Internal Migration of Farmers from Travancore to Malabar, 1930—1950." Working Paper No. 194. Trivandrum, India: Center for Development Studies.

The John Lewis Mumford Center for Comparative Urban and Regional Research. 2001(July 9). "The New Ethnic Enclaves in America's Suburbs." http://mumford 1. dyndns. org/cen2000/suburban/SuburbanReport/page 1. html.

The State, (Columbia, SC), June 8, 1961.

Tilly, Charles. 1978. *From Mobilization to Revolution*. Reading, MA: Addison-Wesley.

1984. "Social Movements and National Politics," pp. 297—317 in *Statemaking and Social Movements*, edited by Charles Bright and Susan Harding. Ann Arbor: University of Michigan Press.

1995. *Popular Contention in Great Britain 1758—1834*. Cambridge, MA: Harvard University Press.

1998. "Democratization." New York: Columbia University and Center for Advanced Study in the Behavioral Sciences.

Tilly, Charles and Lesley Wood. In press. "Contentious Connections in Great Britain." In *Relational Approaches to Collective Action*, edited by Mario Diani and Doug McAdam. Oxford: Oxford University Press.

Tolnay, Stewart E. and E.M. Beck. 1992. *A Festival of Violence: An Analysis of Southern Lynchings, 1882—1930*. Chicago: University of Chicago Press.

U. S. Bureau of the Census. 1959—1986. *Statistical Abstract of the United States*, 80th(1959), 84th(1963), 89th(1968), 95th(1974), 101st (1980), 106th(1986), and 111th(1991) eds. Washington, DC: U. S. Government Printing Office.

1990. Census of Population and Housing of the United States. Summary Tape File 1(STF-1), Tables P-006 and P-008. Washington, DC: U. S. Government Printing Office.

1960, 1970, 1980. *Subject Reports on Marital Status*. Washington, DC: U. S. Bureau of the Census.

1991, 1992. *Current Population Reports*, Series P-20, nos. 461 and 468. Washington, DC: U. S. Bureau of the Census.

1994. *County and City Data Books*. Washington, DC: Office of Management and Budget.

1998a. "Marital Status and Living Arrangements." *Current Population Reports*, Series P-20, No. 514, March. Washington, DC: U. S. Bureau of the Census.

1998b. "Composition of State Legislatures by Political Party Affiliation: 1990 to 1996." *Statistical Abstract of the United States*, 118th ed. Washington, DC: U. S. Government Printing Office.

2000. Census of Population and Housing of the United States. Summary File 1(SF-1), Tables P7 and P8. Washington, DC: U. S. Government Printing Office.

2001a. "Composition of State Legislatures by Political Party Affiliation: 1994 to 2000." *Statistical Abstract of the United States*, 121st edition. Washington, DC: U. S. Government Printing Office.

2001b. *Percent of Population by Race and Hispanic or Latino Origin, for the United States, Regions, Divisions, and States, and for Puerto Rico: 2000*. Washington, DC: U. S. Bureau of the Census.

U. S. House of Representatives. 1967. Committee on Un-American Activities, *The Present-Day Ku Klux Klan Movement*. Washington, DC: U.S. Government Printing Office.

1974. Hearing before the Civil Rights and Constitutional Rights Subcommittee of the Committee on the Judiciary, 3rd Congress, Second Session on FBI Counterintelligence Programs.

United States v. Guest. 383 vs 745(1966).

United States v. Price. 383 vs 787(1966).

United States White House Central Files. 1964. Memorandum for the President, Johnson Presidential Library, White House Central Files, Box 26, File January 1-July 16, 1964.

Valencia, Guadalupe. 1994. "Guanajuato," pp. 64—83 in *La República Mexicana. Modernización y democracia de Aguascalientes a Zacatecas*, vol. Ⅱ, edited by P. González Casanova and J. Cadena-Roa. México: La Jornada-CIIH-UNAM.

1998. *Guanajuato: Sociedad, economía, política y cultura*. México: CEIICH-UNAM.

Valenzuela, J.S. 1989. "Labor Movements in Transition to Democracy." *Comparative Politics* 2:445—472.

Vander Zanden, James W. 1965. *Race Relations in Transition: The Segregation Crisis in the South*. New York: Random House.

Van Dyke, Nella. 1998. "Hotbeds of Activism: Locations of Student Protest." *Social Problems* 452:205—220.

Van Dyke, Nella and Sarah A. Soule. 2000. "Explaining Variation in Levels of Patriot and Militia Organization." Paper presented at the annual meeting of the American Sociological Association, August 12—16.

Varghese, T. C. 1970. *Agrarian Change and Economic Consequences*. Bombay: Allied Publishers Private Ltd..

Verba, Sidney, Kay Lehman Schlozman, and Henry E. Brady. 1996. *Voice and Equality*. Cambridge, MA: Harvard University Press.

Voss, Kim. 1993. *The Making of American Exceptionalism: The Knights of Labor and Class Formation in the Nineteenth Century*. Ithaca, NY: Cornell University Press.

Walsh, Edward J. 1981. "Resource Mobilization and Citizen Protest in Communities Around Three Mile Island." *Social Problems* 29:1—21.

Walton, Carl. 1995. "The Congressional Black Caucus and Its Liberal Ideology: A Search for Explanation." Paper presented at the annual meeting of the American Political Science Association, Chicago.

Walton, John. 1984. *Reluctant Rebels*. New York: Columbia University Press.

Wapner, Paul. 1995. "Politics beyond the State: Environmental Activism and World Civil Politics." *World Politics* 47:311—340.

Weede, Erich. 1987. "Some New Evidence on Correlates of Political Violence: Income Inequality, Regime Repressiveness, and Economic Development." *European Sociological Review* 3:97—108.

Welsh, Helga. 1996. "Dealing with the Communist Past: Central and East European Experiences after 1990." *Europe-Asia Studies* 48: 413—428.

Wheaton, Bernard and Zdenek Kavan. 1992. *The Velvet Revolution: Czechoslovakia*. Boulder, CO: Westview.

Whipple, Tim, ed. 1991. *After the Velvet Revolution: Vaclav Havel and the New Leaders of Czechoslovakia Speak Out*. New York: Freedom House Press.

Whitby, Kenny J. and Franklin D. Gilliam, Jr. 1991. "A Longitudinal Analysis of Competing Explanations for the Transformation of Southern Congressional Politics." *Journal of Politics* 53:504—518.

White, Robert W. 1989. "From Peaceful Protest to Guerrilla War: Micromobilization of the Provisional Irish Republican Army." *American Journal of Sociology* 94:1277—1302.

1999. "Comparing State Repression of Pro-State Vigilantes and Anti-

State Insurgents: Northern Ireland, 1972—1975." *Mobilization* 4: 189—202.

Wightman, Gordon. 1991. "Czechoslovakia," pp. 53—69 in *New Political Parties in Eastern Europe and the Soviet Union*, edited by Bogdan Szajkowski. Harlow, U.K.: Longman Press.

Williams, Kim. 2001. "Boxed In: The U. S. Multiracial Movement." Ph.D. dissertation, Cornell University.

Wolchik, Sharon. 1995. "The Politics of Transformation and the Breakup of Czechoslovakia," pp. 225—244 in *The End of Czechoslovakia*, edited by Jiri Musil. Budapest: Central European University Press.

Wolf, Eric. 1969. *Peasant Wars of the Twentieth Century*. New York: Harper & Row. 1987. *The Moplah Rebellion and Its Genesis*. New Delhi: People's Publishing House.

World Bank. 1998. *Reducing Poverty in India: Options for More Effective Public Services, 1988—1991*. Economic Report. No. 17881. Washington, DC: World Bank.

Wyn, Craig Wade. 1987. *The Fiery Cross: The Ku Klux Klan in America*. New York: Simon & Schuster.

Young, Lisa. 1996. "Women's Movements and Political Parties." *Party Politics* 22:229—250.

Zack, Naomi, ed. 1985. *American Mixed Race: The Culture of Microdiversity*. London: Rowman & Littlefield.

Zak, Vaclav. 1995. "The Velvet Divorce-Institutional Foundations," pp. 245—268 in *The End of Czechoslovakia*, edited by Jiri Musil. Budapest: Central European University Press.

Zald, Mayer and Bert Useem. 1987. "Movement and Countermovement Interaction: Mobilization, Tactics, and State Involvement," pp. 247—272 in *Social Movements in an Organizational Society*, edited by Mayer N. Zald and John D. McCarthy. New Brunswick, NJ: Transaction.

图书在版编目(CIP)数据

国家、政党与社会运动/(美)戈德斯通
(Goldstone，J.A.)著；章延杰译.—2版.—上海：
上海人民出版社，2015
(东方编译所译丛)
书名原文：States，Parties，and Social
Movements
ISBN 978-7-208-12955-9

Ⅰ.①国… Ⅱ.①戈… ②章… Ⅲ.①政党-关系-
社会运动-研究-世界 Ⅳ.①D564

中国版本图书馆CIP数据核字(2015)第091257号

责任编辑 徐晓明
封面装帧 王小阳

国家、政党与社会运动
[美]杰克·A.戈德斯通 著
章延杰 译

出　　版 上海人民出版社
(201101 上海市闵行区号景路159弄C座)
发　　行 上海人民出版社发行中心
印　　刷 上海商务联西印刷有限公司
开　　本 635×965 1/16
印　　张 20
插　　页 4
字　　数 268,000
版　　次 2015年5月第2版
印　　次 2023年1月第4次印刷
ISBN 978-7-208-12955-9/D·2675
定　　价 75.00元

States, Parties, and Social Movements 1E by (ISBN 978-0-521-01699-5) by Jack A. Goldstone first published by Cambridge University Press 2003.

This **simplified Chinese** edition for the People's Republic of China is published by arrangement with the Press Syndicate of the University of Cambridge, Cambridge, United Kingdom.

东方编译所译丛·政治科学

国家、政党与社会运动	[美]杰克·A.戈德斯通　主编 章延杰　译	75.00元
论政治平等	[美]罗伯特·A.达尔　著 谢　岳　译	25.00元
政治学博弈论	[美]詹姆斯·D.莫罗　著 吴澄秋　等译	56.00元
俄罗斯未竟的革命 ——从戈尔巴乔夫到普京的政治变迁	[美]迈克尔·麦克福尔　著 唐贤兴　等译	58.00元
政治社会学导论(第四版)	[美]安东尼·奥罗姆　著 张华青　等译	45.00元
早期现代世界的革命与反抗	[美]杰克·A.戈德斯通　著 章延杰　等译	75.00元
政党:组织与权力	[意]安格鲁·帕尼比昂科　著 周建勇　译	48.00元
国家与权力	[美]理查德·拉克曼　著 郦　菁　等译	30.00元
国家与社会革命 ——对法国、俄国和中国的比较分析	[美]西达·斯考切波　著 何俊志　等译	52.00元
社会运动、政治暴力和国家 ——对意大利和德国的比较分析	[意]多娜泰拉·德拉波尔塔　著 王　涛　等译	45.00元
不平等的民主 ——新镀金时代的政治经济学分析	[美]拉里·M.巴特尔斯　著 方　卿　译	48.00元
商业与联盟 ——贸易如何影响国内政治联盟	[美]罗纳德·罗戈夫斯基　著 杨　毅　译	36.00元
参与和民主理论	[美]卡罗尔·佩特曼　著 陈　尧　译	22.00元
政治科学研究方法(第八版)	[美]W.菲利普斯·夏夫利　著 郭继光　等译	32.00元
权力与社会 ——一项政治研究的框架	[美]哈罗德·D.拉斯韦尔　等著 王菲易　译	40.00元
共识与冲突	[美]西摩·马丁·李普塞特　著 张华青　等译	52.00元
政治人 ——政治的社会基础	[美]西摩·马丁·李普塞特　著 张绍宗　译	56.00元

政治科学中的制度理论:“新制度主义”(第二版)	[美]B.盖伊·彼得斯 著 王向民 等译	28.00 元
民主与再分配	[美]卡莱斯·鲍什 著 熊 洁 译	33.00 元
现代化的政治	[美]戴维·E.阿普特 著 陈 尧 译	42.00 元
民主的经济理论	[美]安东尼·唐斯 著 姚 洋 等译	32.00 元
利维坦的诞生 ——中世纪及现代早期欧洲的国家与政权建设	[美]托马斯·埃特曼 著 郭台辉 译	48.00 元
城市政治学理论	[英]戴维·贾奇 等编 刘 晔 译	38.00 元
政治与构想 ——西方政治思想的延续和创新(扩充版)	[美]谢尔登·S.沃林 著 辛亨复 译	78.00 元
民主	[美]查尔斯·蒂利 著 魏洪钟 译	40.00 元
选举制度与政党制度	[美]阿伦·李帕特 著 谢 岳 译	24.00 元
腐败征候群:财富、权力和民主	[美]迈克尔·约翰斯顿 著 袁建华 译	33.00 元
国家的艺术	[英]克里斯托弗·胡德 著 彭 勃 等译	27.00 元
变化社会中的政治秩序	[美]塞缪尔·P.亨廷顿 著 王冠华 等译	42.00 元
国家:本质、发展与前景	[美]贾恩弗朗哥·波齐 著 陈 尧 译	24.00 元
强制、资本和欧洲国家(公元 990—1992 年)	[美]查尔斯·蒂利 著 魏洪钟 译	30.00 元
集体暴力的政治	[美]查尔斯·蒂利 著 谢 岳 译	24.00 元
经济制度与民主改革	[丹麦]奥勒·诺格德 著 孙友晋 等译	28.00 元
政治学理论与方法	[挪威]斯坦因·U.拉尔森 主编 任 晓 等译	42.00 元

欲了解更多相关书目,请浏览上海人民出版社网址:www.spph.com.cn。